周易筆記

孔繁大 著

齊魯書社
· 濟南 ·

图书在版编目（ＣＩＰ）数据

周易笔记 / 孔繁大著． -- 济南：齐鲁书社，2023.4
ISBN 978-7-5333-4687-4

Ⅰ．①周… Ⅱ．①孔… Ⅲ．①《周易》－通俗读物
Ⅳ．① B221-49

中国版本图书馆 CIP 数据核字（2023）第 046035 号

责任编辑：贺　伟
责任校对：赵自环　王其宝
装帧设计：赵萌萌

周易笔记
ZHOUYI BIJI

孔繁大　著

主管单位	山东出版传媒股份有限公司
出版发行	齊魯書社
社　　址	济南市市中区舜耕路 517 号
邮　　编	250003
网　　址	www.qlss.com.cn
电子邮箱	qilupress@126.com
营销中心	（0531）82098521　82098519　82098517
印　　刷	日照日报印务中心
开　　本	700mm×1000mm　1/16
印　　张	23.5
插　　页	3
字　　数	348千
版　　次	2023年4月第1版
印　　次	2023年4月第1次印刷
标准书号	ISBN 978-7-5333-4687-4
定　　价	68.00元

前　言

我读《周易》最初是出于好奇，想知道《周易》这部被人们称为"诸经之首"、称为"天书"的神秘之书究竟是一部什么样的书。

那《周易》是一部什么样的书呢？

《周易》分为"经"和"传"两个部分，"经"分上经和下经，上经三十卦，下经三十四卦，共六十四卦。"传"是解释"经"的文字，共十篇，分别是《彖传》上下篇、《象传》上下篇、《系辞》上下篇、《文言传》、《说卦传》、《序卦传》、《杂卦传》。古人把这十篇"传"叫作"十翼"，意思是说"传"是附属于"经"的羽翼，是用来解说"经"的内容的，被称作《易传》。

《周易》因为被奉为儒家五经之一，因此又被称作《易经》，而后来《周易》的概念，又往往被认为包括《易经》和《易传》两部分。

关于《周易》的"周"字的意思历来有多种说法。有人认为《周易》的"周"字是"周延普遍"的意思，因为《易经》六十四卦三百八十四爻笼罩万事万物，无所不包，无所不容，自然是周延普遍的。也有人认为"周"是指周朝，理由是《易经》创作完成于殷末周初。对于《周易》的"易"字，解释则更多，有人认为"易"字由日月组成，"易"是讲阴阳变化的。有人认为"易"古义为蜥蜴，蜥蜴因环境而改变颜色，故"易"为变化之义。有人认为"易"有两义，一为交易，象四季循环往复；二为变易，万物无不处在变化之中。还有种解释为多数人所接受，郑玄（东汉著名经学家）《易赞》曰："易一名而含三义，易简一也，变易二也，不易三也。""易简"指"易"所讲的关于事物本质的道理虽然深刻,但这些事物本质之理都是人们在日常活动中所经历的,所以"易"是简易的。"变易"是指《易》是讲变化之道的。"不易"是指《易》讲世间万物无不在变化之中,但永恒不变的正是这变化之道。事物的变化是永恒不变的。而高亨先生经多方考证,力排众议,认为《易经》是占筮之书,"易"是古代负责卜筮的官名。所以"易"为卜筮的官名,亦为书名。高亨先生曰:"《周易》系辞上曰:'生生之谓易。'以变易之义解释筮书之名,恐不可从,郑玄《易赞》及《易论》云:'易一名而含三义:易简一也,变易二也,不易三也。'更属骈枝之说矣。"(高亨《周易古经通说》)《周礼·春官·大卜》曰:"(大卜)掌三易之法:一曰连山,二曰归藏,三曰周易。"意思是负责卜筮的人同时掌握三种易书,即《连山》《归藏》《周易》(《连山》《归藏》已佚失不存)。这三部易书出书年代不同。《玉海》引《山海经》曰:"伏羲氏得河图,夏后因之曰《连山》;黄帝氏得河图,商人因之曰《归藏》;列山氏得河图,周人因之曰《周易》。"根据以上所述,《周易》书名所表达的意思是否可以这样理解:《周易》之"周"是指《易经》产生于周代。《系辞传》曰:"易之为书也,原始要终以为质也。"意思是说《易》是告诉人们如何通过探究事物产生、发展变化的过程以探求事物的本质与事物发展的规律的。易是讲变化的,据其变化以推演判断人事之吉凶,所以古人以变化之义取"易"为掌管卜筮的官员的名称,又以易之官名为筮书之名,故《周易》的"易"还是理解为"交易"(往复运化)变化之义为妥帖,至于"简易""不易",是对"易"义的拓展、引申和发挥而已。

《周易》的成书过程与成书年代是怎样的呢?《汉书·艺文志》云:"易,人更三圣,事历三古。"意思是说《周易》是先后由伏羲氏、文王、孔子三位圣人创作而成,时间历经三古(伏羲为上古,文王为中古,孔子为下古)。《系辞传》曰:"古者包牺氏之王天下,仰则观象于天,俯则观法于地,观鸟兽之文与地之宜,近取诸身,远取诸物,于是始作八卦。"

司马迁《报任安书》："文王拘而演周易。"朱熹（南宋哲学家）认为，当初伏羲氏画卦时，并无文字，后周文王见其不可晓，故为此作彖辞（卦辞）；或占得爻处不可晓，故周公（周文王之子周公旦）为此作爻辞；又不可晓，故孔子为之作"十翼"。"十翼"即《易传》。《易传》大概产生于春秋战国时期，这一时期中国社会经济文化都发生了巨大变化，《易经》受到了一批先进思想家的重视，这些思想家发现《易经》是古人探索宇宙万物生成变化规律极有价值的结果，他们用自己时代的新思维为《易经》写了传，这就是被后人称作"十翼"的《易传》。相传《易传》是孔子所作，但诸多研究者认为《易传》非孔子所作，至少不全为孔子之作。《易传》中《文言传》《彖传》《系辞传》从行文章辞以及史料分析判断，或可能是孔子所作。由以上所述，《周易》是历时几千年，由多位圣贤经过不断创造、不断丰富、不断完善而完成的历史巨著。

　　《易经》究竟是部什么性质的书呢？最早提出这一问题的是南宋时期的朱熹及其门人。朱熹认为《易经》是卜筮的书。卜筮的书简单明了，没有多少道理可说，只是到了孔子作《易传》才衍生出许多道理来的。"今人读《易》，当分为三等，伏羲自是伏羲之易，文王自是文王之《易》，孔子自是孔子之《易》。……伏羲画八卦，那里有许多文字言语，只是说八个卦有某象……其大要不出于阴阳刚柔吉凶消长之理。……只是使人知卜得此卦如此者吉，彼卦如此者凶。……及文王周公分为六十四卦，添入'乾元亨利贞''坤元亨利牝马之贞'，早不是伏羲之意，已是文王、周公自说他一般道理了。……及孔子系易，作《彖》《象》《文言》，则以'元亨利贞'为乾之四德，又非文王之易矣。到得孔子，尽是说道理。"（《朱子语类》卷第六十六）近代对于《周易》性质的讨论多了起来，其中最具代表性的是李景春教授和现代易学家李镜池教授。李景春认为："在中国的古代，辩证法的宇宙观产生是很早的，它在纪元前十二世纪就已经形成为哲学著作了，这就是周易哲学。它以阴阳说明矛盾，说明对立面，说明肯定和否定。"（《周易哲学及其辩证法因素》）显然他认为《易经》是哲学书。李镜池的观点基本继承了朱熹的观点，他认为《易经》是卜筮书，《易传》是哲学书。宋祚胤先生则认为《周易》本来就是作者表达自己的哲学思想和政治思想的著作，不但每一卦都有一个中心思想，而且合起来还有一个完整的思想体系。（《周易新论》）而高亨先生认为："周易古经，盖非作于一人，亦非著于一时也。其中有为筮事之记录。古代卜与筮皆有记录。……当时有人将举一事，筮人为之筮，遇某卦爻，论断其休咎，及事既举，休咎有验，筮人（或史官）记录其所筮之事要，与其筮时之论断与其事之结果，此即筮事之记录也。……周易古经中有为筮事之记录也。其中亦有撰人之创作，即有人取筮人之旧本加以订补，将其对于事物之观察，对于涉世之经验，对于哲理之见解，纂入书中。其表达方法，或用直叙，或用比喻，或用历史故事。其目的在显示休咎之迹象，指出是非之标准，明确取舍之途径。"（《周易古经通说》）

还有人把《周易》与现代多学科联系起来研究，认为《周易》是气功经典著作，是医学著作，是管理学著作，是控制论，是决策学，是生物化学，是军事学，是伦理学，是气象学，是天文学，是地震学，是音乐学，是化学元素周期表的产生之源，与电子计算机的原理有关联，云里雾里的，笔者水平太低，横竖看不懂。

思考《周易》究竟是一部什么性质的书这一问题，似乎有如下思路。

伏羲氏用"—"和"--"两种符号，通过组合画出了八个图像，这八个图像☰、☷、☳、☶、☵、☲、☱、☴可能代表自然界的八种现象，也可能代表八种物质。这八个图像是占筮的工具或者说是占筮之断语的依据。这八个图像都蕴含着阴阳两面的对立统一和相互变易转化之道。正如《系辞传》所说"一阴一阳谓之道"。你说它是占筮之卦，或者说是哲学之卦，恐怕都有失偏颇。应该说是八卦是用来占筮的，但其中含有朴素的哲学道理。

八卦重卦为六十四卦，并有了卦名、卦辞、爻辞。六十四卦包含的内容十分广泛。《系辞传》曰："夫《易》何为者也？夫《易》开物成务，冒天下之道，如斯而已者也。是故圣人以通天下之志，以定天下之业，以断天下之疑。”“《易》之为书也，原始要终以为质也。”《易经》提示事物本质及发展规律，从而成就人的事业，决断天下的疑惑，可见《易经》卦名、卦爻辞中含有较为丰富的哲学道理，六十四卦就是六十四篇“杂文”或者“散文”，每一篇都有其“中心思想”。卦名——文之题目，卦辞——文之要义或文之提要，爻辞——文之内容，爻象及爻位——文之行文顺序。整篇六十四卦又成一篇大文章，讲出一番自然人间万物终始的大道理，那么六十四卦各自不同的图像是做什么的呢？金景芳教授说：“卜筮不过是它的躯壳。”六十四幅图像为占筮提供了占断的依据，也为表达占断之义和卦爻辞提供了框架和支撑，因此说《易经》既是用来占筮的也是用来表达思想、讲道理的，好比人穿衣服，既为遮体，又为传递某种信息——性别、职业、个性、民族等。

　　《易传》对“经”做了系统全面的解释。周易大家金景芳教授说过：“没有《易传》的话，我们今日便不可能看懂《易经》。”《易传》是解开《易经》的金钥匙。

　　《易传》把《易经》各卦、各爻辞的意思，以及所预示的吉、凶、悔、吝、厉、咎的道理，爻的时位，比、应、承、乘等做了完美的解释，把占筮的结果与人生的哲理相统一、相印证，把《易经》升华到一个新的高度。《易传》借《易经》讲了许多做人做事和治国理政的深刻哲理，表达了作者的思想道德准则，以及世界观、价值观、人生观。《易传》中的名言警句随处可见，如“积善之家必有余庆，积不善之家必有余殃”“天行健，君子以自强不息”“地势坤，君子以厚德载物”“仁者见之谓之仁，智者见之谓之智”，等等。《易传》文辞精美，使晦涩的《易经》呈现出典雅、明丽、畅达的色彩，对《周易》的流传起了巨大作用。《易传》是以儒家思想为指导的对《易经》进行解释的。对于“经”中蕴含的某些精神方面的内容或者某些象征意义，仅通过图文没有完全表达出来的，《易传》进行了表达，例如“乾”“坤”两卦，“乾”六爻全为阳，阳为刚健，“坤”六爻全为阴，阴为柔顺，两卦居于六十四卦前两位。这些设计安排是有寓意的，其寓意在卦爻辞中均无充分表达，《象传》则表达了出来，"天行健，君子以自强不息""地势坤，君子以厚德载物"。这一解释对于乾坤之解似有拔高，但也言之成理，人们很乐意接受，并成为中华民族千百年来不屈不挠、虚怀若谷、奋勇向前的动力。《易传》对"经"的解释注入了过多的儒家思想，对"经"义做了引申、扩展、拔高，甚或有牵强之嫌，例如《象传》对卦辞的解释均以"君子以……"或"大人以……"或"先王以……"的形式，阐述卦辞之义以儒家仁、义、礼、智观念贯穿其中，这就使得《周易》有了"载圣人道"的特征。尽管释经有牵强附会之嫌，但我们从《易传》中仍可吸取其修德向好的精华。这些在读学《易经》时，可多加辨析。把《易经》和《易传》看作一个整体，那便是内容丰富、立意弘大的《周易》。

孔子曾曰："吾与史巫同涂而殊归者也。"意思是说，我学易是究其义理，巫学易是用来占筮，我们所取的途径相同，目的却是不同的。孔子的话对于我们客观地认识易的性质有很好的提示。以全面、务实的态度来看《周易》究竟是一部什么性质的书，我的答案是，《周易》是集占筮、载圣人之道、讲阴阳以明理于一身的伟大著作。

学习《周易》从何处入手呢？这就需要了解易学中的象数派和义理派。

《周易》的"象"有三个方面的含义：（1）指"易"中的八卦、六十四卦及三百八十四爻的形状，卦为卦象，爻为爻象。（2）指八卦所象征的事物。如乾象征天，坤象征地，坎象征水，艮象征山等。（3）指卦辞、爻辞中说的具体事物，如乾卦中的龙，坤卦中的牝马等。这三层含义统称为象。易数也有三层含义：（1）表示一卦中各爻属性的数，一共有六、七、八、九四个数，奇数为阳爻，偶数为阴爻，这四个数分别表示为少阳七，老阳九，少阴八，老阴六。（2）表示爻位顺序的数，一卦六个爻，其排列顺序由下向上数，第一爻称初，依次而上分别称为二、三、四、五，第六爻不称六而称上。（3）占筮求卦的方法，即通过占筮工具的数计算推导出所需要的卦象。所谓象数学派就是注重于对卦象卦变的研究，以其所理解的道理而推导人事吉凶的学术派别。义理学派的"义"是意义，"理"是道理，义理学派注重发掘卦名、卦爻辞中蕴含的意义和道理。其实两派在某些意义上说是殊途同归，都是取卦义以断吉凶，只是研习的方式及侧重点不同而已。程颐说得好："得于辞而不达其意者有矣，未有不得于辞而能通其意者也。"（《程氏易传》）我学《周易》直奔卦名、卦爻辞而去，稍注意象数，如过多涉入象数便头昏脑涨，不知其然，更不知其所以然，难怪有著名易学家感叹：搞了一辈子《周易》，也没完全弄懂《周易》。

《周易》在中华传统文化史上占有与众不同的特殊地位。其一，《周易》被称为"群经之首"，中国古代再也没有比它更古老的书籍了。其二，它被称为"广大悉备，无所不包"的一部书。它以图像、数字、文字来表现事物的机理，探求事物的本质，阐述事物发展规律，告诉人们如何促进事物向有利于自身的方向发展的道理，结构独特。其三，中国历史上流传至今的易学研究书籍较其他诸经为最多最繁，仅《四库全书总目》所录经部易类（含存目）四百多种，而《续修四库全书提要》所录经部易类五百多种。历史上自汉至今散佚的易类图书更是不计其数。其四，《周易》是最不容易理解的一部书。历代治易者对易理的解释众说纷纭，各执一词，给今天易学的学习和研究带来巨大的困难。

《周易》对于生活在现代文明社会的人们还有什么积极的意义呢？其一，《周易》体现了一种仁慈的人文关怀，这种关怀通过据事说理来实现。所谓"事"几乎涉及人生所遇到的所有问题和事物，告诉你在遇到某种事物该怎么做、不该怎么做的道理，在据事说理过程中透露、阐述和运用了诸如对立统一、循环往复、物极必反等朴素的哲学思想。这些哲学概念对于今人耳熟能详，只不过"百姓日用而不知"。《周易》对世间万物的道理娓娓道来，有事有理有诫语，非常接地气，难怪孔子曰："加我数年，五十以学易，可以无大过矣！"（《论语·述而》）《周易》之理对于今人世界观的完备、道德修为的提升、处世为人准则的把握、事业推进的指导等意义并未过时。其二，《周易》崇尚"君子""大人""先王"的道德和行为，倡导和谐的君臣关系、君民关系，《否卦·象传》："天地不交而万物不通也，上下不交而天下无邦也。"对"君子""大人""君主"在道德修养、爱民施政等方面提出了很高的要求，"圣人感人心而天下和平"（《咸卦·象传》），"贵而无位，高而无民，贤人在下位而无辅，是以动而有悔也"（《乾卦·文言传》）。这些内容在《周易》中俯拾皆是。这些思想观念对于今日建设和谐社会、法治社会、民主社会也有其积极意义。其三，《周易》常以自然界的日月星辰、寒暑四季以及风雷山泽等自然现象喻事说理，蕴含着人与自然相同相通、人与自然和谐共处、人与自然实为一体的观念。提醒人们要尊重自然、敬畏自然、顺应自然，从而从大自然的某些规律中悟出人世间万事的发展规律，从而遵从这些规律而为，这些观念对今人来说并不陌生也不过时。

有人认为《周易》中占筮的内容是迷信，是糟粕，对于这个问题，如果我们从多侧面多角度去思考，或许也可以找到其积极意义。

古时卜筮是两种不同的预测方式，卜是烧灼龟甲或其他兽骨取兆以断吉凶，筮是通过蓍草取数进行演算得到卦象，然后通过分析卦象、卦爻辞推测占断事物的吉凶。古代卜筮曾参与帝王的决策。《尚书·洪范》记载箕子向武王陈述治理国家的九条大法中的第七条就是中国古代帝王的决策方式。帝王的行为处在犹豫不决的时候，为了确定做还是不做，帝王就召集卿士、庶民、卜人、筮人来和自己一齐商议进行决策。让卜筮参加人的"民主决策"则是为了在人之外，还要听听神灵的意见，请神灵来佑助决策，可见卜筮在古代帝王理政中起到了一定的积极作用。因为理政决策之事不是行恶事，行恶事是不会请神灵的，神灵也不会助行恶事。卜筮有时被利用为工具，利之则用，不利则弃之。周武王伐纣，占曰"大凶"。姜太公推毁蓍草，践踏龟甲，说："枯骨死草怎么就知道不吉利呢？"姜太公不相信枯骨死草，那为什么还去卜筮呢？如果卜筮得"大吉"，姜太公必曰：灭纣乃天意，天佑我也，以此鼓舞士气。有时卜筮之人借助卜筮来实现其早已设定好了的行为目标。《左传》记载："晋献公欲以骊姬为夫人，卜之不吉，筮之吉，公曰：'从筮。'"可见晋献公心意已定，借卜筮为我所用而已。对卜筮断语的理解及解释有很强的主观性，某件事做与不做不完全由神灵说了算，有时还是当事者说了算。

《论衡·卜筮》记载："鲁将伐越，筮之，得'鼎折足'。子贡占之以为凶。何则？鼎而折足，行用足，故谓之凶。孔子占之，以为吉。曰：'越人水居，行用舟不用足，故谓之吉。'"可见占之断语是主观选择的，吉凶、悔咎为我所用。

笔者学习《周易》是粗线条的，从卦名、卦爻辞入手，阅读了一些注释《周易》的书籍，摘取其中与笔者"品味"相同或相近的部分做了笔记，其中还有个人对"经"或"传"的解释。每卦之后，还有自己学习此卦的心得，名之曰"易语杂谈"。既是杂谈，就较为随意，所谈只是有感而发罢了。今结集成册，以求方家指教。

学习《周易》，你会感到《周易》并非那么深奥难懂，高不可攀。《周易》像一位慈祥、可亲的长者、智者，在和你促膝谈心，向你叙事说理，深入浅出，娓娓道来，使你顿悟、感叹，有所收获，欲罢不能。有位学者总结学习中华优秀传统文化的八字经验："入乎其内，出乎其外。"这八字说得好，"入乎其内"就是要深入到所学篇章之内里，真正认识理解文中之精髓。"出乎其外"就是说要把学到的东西在实践中加以运用和发挥。"入乎其内，出乎其外"，两者相辅相成，缺其一就不能达到学习的目的。

孔子说："加我数年，五十以学易，可以无大过矣！"这句话笔者深有同感。《周易》所阐述的阴阳之道，所说的事与理离我们现实生活不是遥远而是太近了。学习《周易》，会使你视野开阔，智慧充盈，处事稳妥，忧虑解除，人生目标明确，万事吉顺。孔子又说："逝者如斯夫，不舍昼夜。"人生过去的已经过去，明天若无大过，也算人生之幸吧！

目 录

《周易》的基本概念

卦的基本形状和基本要素

以随卦为例。

随，元亨利贞，无咎。

▬▬　▬▬　上六：拘系之，乃从维之，王用亨于西山。

▬▬▬▬▬　九五：孚于嘉，吉。

▬▬▬▬▬　九四：随有获，贞凶。有孚在道，以明，何咎？

▬▬　▬▬　六三：系丈夫，失小子。随有求得，利居贞。

▬▬　▬▬　六二：系小子，失丈夫。

▬▬▬▬▬　初九：官有渝，贞吉。出门交有功。

一、"▬▬"为阳爻，"▬ ▬"为阴爻，随卦由六条爻组成，三条阳爻，三条阴爻。

二、卦名谓"随"。卦辞为："随，元亨利贞，无咎。"爻辞是附在初九、六二、六三、九四、九五、上六这六条爻后面的文字。如，六二的爻辞是："系小子，失丈夫。"

三、读卦按自下而上的顺序来读，即：先初九，后六二，再六三、九四、九五、上六。

四、初九的"初"指自下而上的第一爻。第一爻是阳爻称为"初九"，是阴爻称为初六。上面各爻也是阳爻称九，阴爻称六。第六爻，即最上一爻，称"上"，是阳爻谓上九，是阴爻谓上六。

五、随卦由震卦（☳）和兑卦（☱）两卦重叠而成。震卦处下，为下卦，也称为内卦；兑卦处上，为上卦，也称为外卦。

太　极

宇宙万物，森罗列布，各具其秉性。空中日月星辰，人间黄、白、黑各色人种，海中鱼鳖、山中虎豹、花草树木、细菌病毒，各显其相。这万物最初从何而来，又是如何产生的？依现代科学，无人能说得清楚。老子曰："有物混成，先天地生。寂兮寥兮，独立不改，周行而不殆。可以为天地母，吾不知其名，字之曰'道'。"（《道德经》第二十五章）又说："道生一，一生二，二生三，三生万物。"（《道德经》第四十二章）老子的意思是"道"生万物，道在天地形成之前就有了，道是天地的母亲。《系辞传》曰："易有太极，是生两仪，两仪生四象，四象生八卦。"老子所说的"道"和《系辞传》所说的"太极"所指的意思相同。"太极"为宇宙的创始、万有的根源，一切事物的变化、成长、生灭、盈虚、盛衰，皆由太极演变而产生。

太极先于天地，居阴阳之上，无形无象，无声无息，甚至无法用语言来形容。直到宋代才有图像以表示太极之义，这个图称为太极图。

先天太极图与古太极图

"先天太极图"亦称"天地自然图""卦气图"。据易学家考证，此图出自陈抟（五代宋初易学家）之手。图中黑白两条鱼形，乃阴阳二气环抱之状。阴气盛于北方，为纯阴，居坤卦之位；阳气盛于南方，为纯阳，居乾卦之位。阴气盛于北方，阳气始生，居东北震卦之位，卦象为一阳二阴，表示阳气尚薄弱。其后经过东方离卦位，东南兑卦位，至乾卦位，卦象为三阳，阳气极盛。阳气极于南，阴气初生，居西南巽卦位，卦象一阴二阳，表示阴气尚薄弱，其后经过西方坎卦位、西北艮卦位，至坤卦位，卦象为三阴，阴气极盛，如此循环不已。图中黑白两鱼眼表示阳中有阴，阴中有阳。

古太极图亦称"伏羲八卦方位太极图"最早见于明初赵仲全《道学正宗》一书。该图与几乎同时见世的先天太极图相类似，只多出表示方位的指示线，其余均相近。

古太极图、先天太极图蕴含极深的哲理，对后世影响极大，在太极图学中有重要地位。

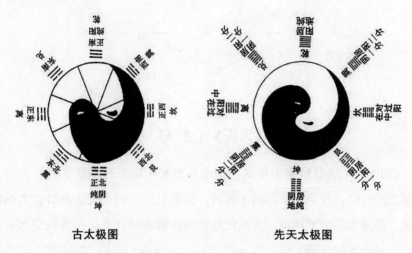

古太极图   先天太极图

两仪、四象、八卦

《系辞传》曰："易有太极，是生两仪，两仪生四象，四象生八卦。"由太极混沌境界而分出阴阳二气，是为两仪。仪者，容也，匹也，有一对一双之义。以成万物之"能"的即为阳，爻象为"▬▬"；以成万物之"质"的即为阴，其爻象为"▬ ▬"。阴阳互相之间自然会回环复合，如阳气与阳气复合，两两皆阳谓之"太阳"（太为大而又大之义）。阴气与阳气相复合，阴附于阳，一阳一阴谓之"少阳"。阳气与阴气相复合，阳附于阴，一阴一阳谓之"少阴"。阴气与阴气相复合，两两皆阴，谓之"太阴"。所有两仪之间的复合，不外乎上述四项途径，这就是四象。四象代表春、夏、秋、冬四时。少阳代表春温，太阳代表夏暑，少阴代表秋凉，太阴代表冬寒。于四象的爻画之上复生一阴一阳，即成八卦，其顺序是：

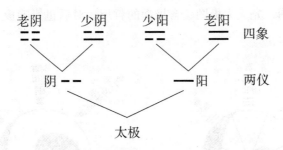

《河图》《洛书》

　　《河图》《洛书》是中华文化易经八卦和阴阳五行术数之源。相传在中国上古时代，有龙马负图出于黄河，伏羲见之，创为先天八卦。大禹治水时，洛河中浮出了神龟，大禹依龟纹所示做九畴（九畴指传说中天帝赐给禹治理天下的九类大法，即《洛书》）。后来人们就以"河出图""洛出书"表示太平时代的祥瑞。

　　《河图》是用黑白圆点表示阴阳五行、四象。里面单数为白点，为阳，双数为黑点，为阴。其图为四方形。分别为：北方1个白点在内，6个黑点在外，表示玄武星象，五行为水。东方3个白点在内，8个黑点在外，表示青龙星象，五行为木。南方2个黑点在内，7个白点在外，表示朱雀星象，五行为火。西方4个黑点在内，9个白点在外，表示白虎星象，五行为金。中央5个白点在内，10个黑点在外，表示时空奇点，五行为土。按古人坐北朝南的方位为正位就是：前朱雀，后玄武，左青龙，右白虎，是地理象形之源。

　　《河图》的10个数，1、3、5、7、9为阳，2、4、6、8、10为阴，阳数相加为25，阴数相加得30，阴阳相加共为55数，故《系辞传》曰："凡天地之数五十有五，此所以成变化而行鬼神也。"即万物之数皆由天地之数化成，五行之形成是由天地之数生成：天一生水，地六成之；地二生火，天七成之；天三生木，地八成之；地四生金，天九成之；天五生土，地十成之。万物有生数，当生之时方能生，万物有成数，能成之时方能成，所以万物皆有其数。

若将《河图》方形化为圆形，木火为阳，金水为阴，阴土阳土各为黑白鱼眼，就是太极图了。此时水为太阴，火为太阳，木为少阳，金为少阴，为太极四象，所以《河图》为《易》阴阳之道之源。

《洛书》的数，1、2、3、4、5、6、7、8、9阴阳和为45，为五行天地万物生死存亡之数，五行水一，火二，木三，金四，土五，阳数和为9，阴数和为6，故卦爻里阳爻称九，阴爻称六。阳数、阴数和为15，是天、地、人三才五行之数。

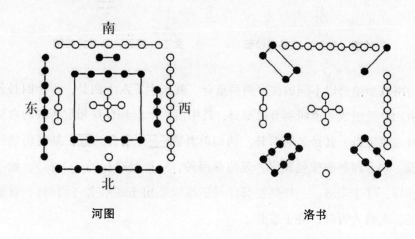

河图   洛书

先天八卦、后天八卦和六十四卦

"八卦"就是把宇宙间的八种自然现象分别用"——"、"— —"组成三画的图象，把这个图象挂起来称作"卦"，这样的卦共有八个，称作"八卦"，这种由三画组成的卦叫作经卦或单卦。

八卦分别为：乾象征天，用 ☰ 表示；坤象征地，用 ☷ 表示；震象征雷，用 ☳ 表示；巽象征风，用 ☴ 表示；坎象征水，用 ☵ 表示；离象征火，用 ☲ 表示；艮象征山，用 ☶ 表示；兑象征泽，用 ☱ 表示。

先天八卦传说为伏羲所创，其顺序为乾兑离震巽坎艮坤，后天八卦就是文王八卦，方位顺序与先天八卦不同，顺序为：震巽离坤兑乾坎艮。

伏羲（先天）八卦方位图　　**文王（后天）八卦方位图**

由八个单卦以不同的次序两两重合，就产生了六十四卦，六十四卦分别由六个爻组成，也叫别卦或重卦，其中由八个单卦自身相重所成的六爻之卦也叫纯卦，其卦名同单卦。例如单卦震 ☳，重合为 ䷲，卦名仍然称为震。六十四卦的排列顺序，现传有两种，一种是通行的《周易》，始于乾、坤，终于未济。一种是在长沙马王堆汉墓出土的帛书《周易》，首卦为乾，次卦为否卦，终于益卦。

承、乘、比、应、中、正

承、乘、比、应、中、正，反映的是卦象内部相关两爻之间的关系。

所谓"承"就是下承上，烘托之意。多指阴爻上承阳爻，象征柔弱者顺承刚强者，或贤臣辅佐君之意。"承"有三种情况，在六爻卦中，若一个阳爻在上，一个阴爻在下，则此阴爻对于上面的阳爻来说称为"承"，如离卦，卦中阴卦六五，在阳卦上九之下，六五爻承上九爻古人称"王承上"。在一个六爻卦中，一个阳爻在上，数个阴爻在下，则下面几个阴爻对于上面这个阳爻来说，可称为"承"。例如谦卦，阴爻初六、六二都在阳爻九三之下，故初六、六二爻对九三爻来说，皆称"承"，即初承三、二承三。有时阴阳相同的两爻也可称"承"。

所谓"乘"是乘凌，居高临下之意。凡上爻乘凌下爻谓之"乘"。多指阴爻乘阳爻，即"柔乘刚"，象征臣下欺辱君主，小人乘凌君子，义多不吉善。阳爻居阳爻之上则不言乘而称"据"，认为符合常理。乘有两种情况：一是在六爻卦中，一个阴爻在上，一个阳爻在下，则此阴爻对于下面的阳爻来说称为"乘"。例如，随卦，初九为阳爻，六二为阴爻，为六二乘初九。二是在六爻卦中，几个阴爻都在一个阳爻之上，则这几个阴爻对于这一个阳爻来说称为"乘"，例如无妄卦，六二、六三均在初九之上，称为二乘初、三乘初。

所谓"比"是指比邻、亲近、比肩之意。在卦的六爻中，相邻两爻若有一种亲密关系称为"比"。相邻两爻，一爻为阴爻，一爻为阳爻，则为善比，若以刚比刚，以柔比柔，则无相求相得之情。阴阳相遇为朋友类，若阳遇阳，阴遇阴，则皆为敌。

所谓"应"，是指上下卦爻对应的关系。在六爻卦中，初爻与四爻、二爻与五爻、三爻与上爻之间有一种相感、相呼应或同盟的关系，故称之为"应"。相"应"也是指阴与阳之间、阳与阴之间的相应，阳与阳、阴与阴之间称不相应，例如同人卦，六二与九五相应，而初九与九四则不相应。一般的卦都是以刚柔两爻相应，也有卦中的一爻与数爻有相应关系的状况，如比卦九五为刚，为阳，其余五爻皆为柔为阴，是上下五柔阴应一刚阳之象。

所谓"中"是指六爻卦中内卦的第二爻、外卦的第五爻，因为在中间所以称为"中"，又称"得中"。

所谓"正"，是指在六个爻中，初、三、五属于阳位，若阳爻在阳位，称作"正"，也称为"当位"。二、四、六属于阴位，若阴爻在阴位，称作"正"，也称为"当位"。反之阳爻在阴位、阴爻在阳位，则为"不正"或"不当位"。如阴爻处二位或者阳爻处五位，则既中又正，因此称作"中正"，中正在《易》中尤具美善的象征。中象征事物守持中道，行为不偏。凡阳爻居中位，象征刚中之德，凡阴爻居中位，象征柔中之德。正象征事物发展遵循正道，符合规律。中与正比较，中优于正，中比正更可贵。

例如家人卦☲☴中，初九与六四相应，六二与九五相应，九三与上九不相应。六二居中位，九五居中位。初九、九三、九五，阳爻在阳位，属正也当位，六二、六四，阴爻在阴位，属正也当位。上九阳爻在阴位，不当位。

《易经》中的占辞

《易经》中的占辞，也称断语，有九个，即吉、亨、利、无咎、悔、吝、厉、咎、凶。"吉"是吉祥。"亨"是亨通、畅通、顺利。"利"是有益、适宜。"无咎"是没有过错，没有咎害。"悔"是有过失而悔恨。能接受教训，可走向无咎。"吝"是羞辱，虽不是凶，但不知羞辱会走向咎害。"厉"是危险。"咎"是出了过失，要承担责任，比"凶"的后果要好一些，相当于咎灾。"凶"是凶恶、凶险，是最坏的结果。

《易经》卦爻辞中的吉、凶等预测未来结果的断语，大多是有条件的。只有注意到所限定的条件，才能得出正确的判断。

五 行

五行指金、木、水、火、土。古人认为宇宙是由金、木、水、火、土这五种最基本的物质构成的，宇宙间各种事物和现象的发展、变化都是这五种不同属性的物质不断运动和相互作用的结果。

五行的概念最早见《尚书·洪范》："五行：一曰水，二曰火，三曰木，四曰金，五曰土。水曰润下，火曰炎上，木曰曲直，金曰从革，土爰稼穑。"这里不但把世间各种事物分别归于五行，并且对五行的性质与特征都做了界定。"水曰润下"是说水具有滋润向下的特性；"火曰炎上"是说火具有发热向上的特性；"木曰曲直"是说木具有生长、升发的特性；"金曰从革"是说金属具有肃杀、变革的特性；"土爰稼穑"是说土具有长养、化育的特性。

古人还认为五行之间存在着相生相克的规律，相生是指两类不同的事物之间相互滋生、相互促进的关系；相克是指两类不同属性的事物间相互制约、克制和抑制。

相生：木生火，火生土，土生金，金生水，水生木。相克：木克土，土克水，水克火，火克金，金克木。

五行的相生相克，犹如阴阳一样，是事物不可分割的两个方面，没有生就没有事物的发生和成长，没有克就不能维持事物的发展和变化中的平衡与协调，所以生中有克，克中有生，相反相成，相互为用。

天干地支

天干地支是中国古代用来计算历法的一套符号，也是我国古代研究宇宙自然界和社会界相互关系的一套符号，并为《易经》的预测体系奠定了数理基础。

天干有十个，即甲、乙、丙、丁、戊、己、庚、辛、壬、癸。

地支有十二个，即子、丑、寅、卯、辰、巳、午、未、申、酉、戌、亥。《世本》说，"容成造历""大挠作甲子"。二人皆黄帝之臣，盖自黄帝以来，始用甲子纪日，每六十日而甲子一周。天干地支与太阳出没有关。十天干中甲、丙、戊、庚、壬为阳天干，乙、丁、己、辛、癸为阴天干；地支中，子、寅、辰、午、申、戌为阳支，丑、卯、巳、未、酉、亥为阴支。

历法上用天干地支组合编排年序或日期，以一个天干和一个地支相配，阳干配阳支，阴干配阴支，总共有六十个组合，所以六十年后（或六十天后）又要回头一次，称为"六十甲子"。

年序的编排方法：天干，从甲、乙、丙、丁开始与地支子、丑、寅、卯两两相配，如：甲子、乙丑……至癸酉，十天干用完，地支余戌亥，然后天干再从甲、乙开始分别与地支戌、亥相配，继而以天干的顺序与地支子、丑、寅、卯配下去：

甲子	乙丑	丙寅	丁卯	戊辰	己巳	庚午	辛未	壬申	癸酉
甲戌	乙亥	丙子	丁丑	戊寅	己卯	庚辰	辛巳	壬午	癸未
甲申	乙酉	丙戌	丁亥	戊子	己丑	庚寅	辛卯	壬辰	癸巳
甲午	乙未	丙申	丁酉	戊戌	己亥	庚子	辛丑	壬寅	癸卯
甲辰	乙巳	丙午	丁未	戊申	己酉	庚戌	辛亥	壬子	癸丑
甲寅	乙卯	丙辰	丁巳	戊午	己未	庚申	辛酉	壬戌	癸亥

揲蓍布卦法

在《易经》古筮方法中，最古老的就是揲蓍布卦法，"蓍"是指蓍草，占筮时用其茎揲蓍，就是数蓍草的数目，把它分成几份进行演算，用来占卦，进而得出卦象。

《系辞传》中说："极数知来之谓占。"即通过揲蓍的方法，尽天地大衍之数的演算来起卦，以推知事物。并论述了揲蓍的演卦过程和含义："大衍之数五十，其用四十有九。分而为二以象两（指两仪）；挂一以象三（指三才）；揲之以四以象四时；归奇于扐（手指之间）以象闰；五岁再闰，故再扐而后挂……是故四营而成易，十有八变而成卦。"

它说的方法是取蓍草五十根（或五十五根），也可用火柴棍、竹棍等代替。抽出一根（用五十五根时抽出六根）不用，占筮时只用余下的四十九根。

把四十九根蓍草，在手中任意分成两份，左手一份象天，右手一份象地，即"以象两仪"。而后从右手蓍草中任取一根，置于左手小指间，象征人，这就是"挂一以象三"。再以四根蓍草为一组，先用右手分数左手的蓍草，然后再以左手分数右手的蓍草。这样一组组分数完两只手中的蓍草，即所谓"揲之以四，以象四时"。揲为数的意思，是以四根蓍草为一组分数左右两手蓍草，象征春夏秋冬四时。

这样分数完后，每只手中的蓍草或余一根，或余两三根，或余四根。"奇"就是以四根蓍草一组分数完后的余数。"扐"，宋人解作"勒"，就是将左手蓍草的余数，置于左手无名指与中指间，将右手蓍草的余数，置于左手中指与食指间。以这余数象征积余日而成闰月，前后两次闰月相去大约三十二个月，在五岁之中，故称"五岁再闰"。

这时两手蓍草的剩余数：左手若余一根，则右手必余三根；左手若余两根，右手必余两根；左手若余三根，右手必余一根；左手若余四根，右手必余四根。这样，置于左手指缝间剩余的蓍草数（连同置于小指缝中象征人的那根）不是五根就是九根。也就是说，这样分数完后，去掉余数，左右手中的蓍草数还余四十四根，或四十根。到这里，算是完成了以蓍草演算的第一道程序，古人称之为"一变"。

然后再将两手的蓍草合在一起（四十根或四十四根）再分成两份，与第一次分时一样，将右手的蓍草取一根置于左手小指缝间，再用右手四四一组分左手的蓍草，然后用左手去分右手的蓍草，其他亦同第一变。待第二变完成后，两手中的蓍草：若左手余一根，则右手必定余两根；左手余两根，右手必定余一根；左手若余三根，右手必余四根；左手若余四根，右手必余三根。第二变后置于左手指缝的蓍草余数之和（连同第二变开始时取出的那根蓍草）不是四根就是八根。这样左右两手的蓍草总数在去掉此余数四或八后，还将有四十根，或三十六根，或三十二根。演算的第二道手续至此结束，此谓"二变"。

然后将两手的蓍草（四十根，或三十六根，或三十二根）再合在一起，而后分成两份，仍取右手一根放在左手小指缝间，用右手四四一组先数左手的蓍草，再用左手去数右手的蓍草，两只手中的蓍草以四根为一组，一组组分数完后，其余数的处置亦完全同于第一、第二变。这时，左手若余一根，右手必余两根；左手若余两根，右手必余一根；左手若余三根，右手必余四根；左手若余四根，右手必余三根，其余数之和（连同开始从右手取出夹在左手小指的那根）不是四根便是八根。第三变至此结束。

三变后，两手的蓍草总数在去掉此余数四或八之后，将会出现下面四种情况中的一种：①还余三十六根；②还余三十二根；③还余二十八根；④还余二十四根。再以四除之（取四象之意），一爻遂定：

36÷4＝9（此老阳之数，以○表示）

32÷4＝8（此少阴之数，以— —表示）

28÷4＝7（此少阳之数，以——表示）

24÷4＝6（此老阴之数，以×表示）

老阳须变少阴，老阴须变少阳。这就是"老变少不变"。《易经》以变为占，故以老阳数九作为卦中阳爻的标志，以老阴数六作为卦中阴爻的标志，这样经过三变，才得出一个爻画。一个"大成之卦"六个爻，得经过十八变。

例如经过十八变得出一卦——大畜卦：

老阳变少阴，形成另一卦，称为变卦，即泰卦：

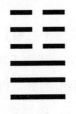

这样得到两个卦，一个是大畜卦，一个是泰卦，大畜卦是主卦，泰卦为变卦，推演占卜吉凶，以主卦为主，变卦辅之。

以钱代蓍法

古人占筮用蓍草，通过三演十八变才求得一卦，其方法不但繁杂、费时间，还不易掌握。后人化繁为简，用铜钱摇掷的方法代替了古人复杂的蓍草布卦法。这种以钱代蓍法，相传是战国时鬼谷子所创。

以钱代蓍法必须先准备三枚相同的铜钱（或用硬币代替），将三枚铜钱置入容器之内，或直接将铜钱合在手掌中。在摇晃铜钱之前，口中诚心默想欲问之事。问事之后，摇晃铜钱，顺势将铜钱轻轻丢到桌案前。在丢掷铜钱之前，先定阴阳两仪。一般以面为阴，以背为阳。事实上，以哪一面为阴阳都没关系，只要事先定出阴阳之后，不再反复改动即可。

此时三枚硬币会出现四种可能的情况。

第一种：三枚都是阳面，叫作老阳（记成〇）；第二种：三枚都是阴面，叫作老阴（记成×）；第三种：一阴二阳时，叫作少阴（记成－－）；第四种：二阴一阳时，叫作少阳（记成－）。

看看自己的硬币是上述哪种情况，并记下结果。用同样的方法再做五次，将结果由下而上分别记下来，如此便可得到六爻。

画卦时，从下往上画，从初爻至六爻，第一次摇钱为初爻，最后一次摇钱为上爻。老阳为阳极变阴，老阴为阴极变阳。变卦的方法同"揲蓍布卦法"。还有其他的起卦法，在此就不一一介绍了。

易经（上）

◎ 乾卦　乾(天)上　乾(天)下

乾，元亨利贞。

用九：见群龙无首，吉。

上九：亢龙有悔。

九五：飞龙在天，利见大人。

九四：或跃在渊，无咎。

九三：君子终日乾乾，夕惕若，厉，无咎。

九二：见龙在田，利见大人。

初九：潜龙勿用。

《序卦传》曰："有天地然后万物生焉"，"有天地然后有万物"。乾卦象征天，坤卦象征地，有了天和地，然后才产生万物，万物才生生不息。

《序卦传》中"万物生焉"的"生"字指乾主万物之生成，"然后有万物"的"有"字指坤主万物之养育，故六十四卦之首卦为乾卦，继之以坤卦。

卦辞：乾，元亨利贞。

【注释】

乾（qián）：乾字本义为草木初生时由地底向地面冲破阻力掀开泥土

上出的健壮之状。这里乾是刚健的意思。乾在《周易》中象征天，象征万物之始，象征阳，象征父，象征君等。　元：本义为人头，人出生头先面世，引申为开始。　亨：通达，亨通。　利：和宜。　贞：贞固，正。

卦辞解读：乾卦的元亨利贞象征四种美好的道德境界，表示事物经过元始、通达、和宜、贞固四个发展阶段达到一种美好的境界；也象征世间万事万物的发展规律像大自然春夏秋冬四季变化一样，由开始到通达生长，到和宜有收获，以至贞固收藏以利于来年重新开始，循环往复，永不停息。

对这条卦辞有多种解释，有解释为：万物开始，有亨通的力量，能够和谐共生有利于物，拥有光明正大的品格。《左传·襄公九年》记载穆姜曰："元，体之长也；亨，嘉之会也；利，义之和也；贞，事之干也。体仁足以长人，嘉德足以合礼，利物足以和义，贞固足以干事。"程颐曰："元亨利贞谓之四德。元者万物之始，亨者万物之长，利者万物之遂，贞者万物之成。"等等。

初九：潜龙勿用。

【注释】

潜：潜藏。　龙：喻有德有才能的人。

爻辞解读：有德有才能的人犹如潜伏的龙，处在初始阶段，时机不到，势态不利，不能贸然行事，暂时不能施展才能，有所作为，不能轻易展示才能，要隐以待时。

九二：见龙在田，利见大人。

【注释】

见（xiàn）：出现。　利：宜。　大人：指有大德有作为的人。

爻辞解读：龙已出潜离隐，见到大德且有地位的人是有利的。喻事物在初始阶段，已有前进上升的时机，有大德且有权势的人扶持，向好的方向发展。

九三：君子终日乾乾，夕惕若，厉，无咎。

【注释】

乾乾：健而又健。乾，刚健。　惕：警惕，小心谨慎。　若：语气助词。　厉：危。　咎：灾患，过错。

爻辞解读：君子终日自强努力，即使到了晚上，也是心怀忧惕，不敢有一点松懈，这样做，虽处危地，也不会遭受灾患。

这一爻辞也有另解："夕惕若"的"惕"字，帛书《易传》作"沂"。沂，析，惕其义一也，是解除的意思，引申有"安闲""休息"之义。乾九三爻辞强调的是一个"时"字，要求君子因时而为，白天勤勉努力，晚上静以养息，而不是讲忧患意识。

九四：或跃在渊，无咎。

【注释】

或：表示不确定之义。　渊：深水。　跃：跳跃。

爻辞解读：龙或者跳跃而离渊，或者在渊不动，要视情势而动。这样就会无灾患无错。谨慎抉择，事关进退吉凶。

另解为：有了前面的勤勉努力，当下不论跳跃求进，还是暂时在渊固守，都不会有咎错。

九五：飞龙在天，利见大人。

爻辞解读：飞龙在天喻大德之人成功上位，出现贤德之人辅佐他是有利的，可与其共成大事。也喻事物发展到最好的状态。

上九：亢龙有悔。

【注释】

亢：过甚，极度。　悔：悔恨。

爻辞解读：巨龙高飞至极，有所悔恨。人事发展到极盛之时，要审时度势，知机进退，否则就会因过失而悔恨。"有悔"有自省有过、有过知改之意。过而能改，善莫大焉！

用九：见群龙无首，吉。

【注释】

见（xiàn）：出现。　　吉：美好，吉祥。

爻辞解读：出现一群巨龙，都不居首争先，看不出谁是首领。

怎样理解"群龙无首"呢？群龙怎么会无首呢？人类社会中任何群体怎么可能"无首"呢？《象传》的答案是："用九，天德不可为首也。"由此我们恍然大悟，天体中日月星辰无一为首，却能相互作用，各司其职，春去秋来，运转不息。"天德"就是天具有的德行，喻人类最高的德行就是虽在首位，但不以首自居，而是竭力为民，与民浑然一体，看不出谁为首。

《文言传》曰："乾之用九，天下治也。"至群龙无首则天下大治。天下大同，是"和谐社会"的极致。可见"见群龙无首"之意有二：一是群龙都不自以为首，二是出现的群龙看不出谁是首，其义深焉！另外，乾卦用九"见群龙无首，吉"与坤卦上六"龙战于野，其血玄黄"相对应，表达了两种截然相反的形态与境况。

易语杂谈

乾卦的特质是"刚健"，正如《象传》所说："天行健，君子以自强不息！"君子像天体的运动那样强健有力，循"元亨利贞"规律自强不息。大哉乾卦！包容万物，气势恢弘，而又平实易懂。乾卦以龙喻人事，表述了事物在发展的不同阶段的四个特征，提出了深刻的哲理和警示，平实之语，隐深邃之意。

当今社会有的人初入社会，自大不谦，遭辱碰壁者有之；不求上进，不近贤德，潦草一生者有之；稍有成就，狂妄自大，不知自律，贪腐堕落者有之。余过"耳顺"之年，回忆往事，曾有诸多悔事、憾事，如今唏嘘不已。诸君是否有同感呢？作为人之个体或社会团体"终日乾乾，夕惕若"是何等重要，"亢龙有悔"应为警钟，"群龙无首"则是人类所向往的美好境界！

◎ 坤卦　坤(地)上　坤(地)下

坤，元亨，利牝马之贞，君子有攸往，先迷后得主，利。西南得朋，东北丧朋，安贞吉。

用六：利永贞。

▆▆ ▆▆ 上六：龙战于野，其血玄黄。

▆▆▆▆▆ 六五：黄裳，元吉。

▆▆ ▆▆ 初四：括囊，无咎无誉。

▆▆▆▆▆ 初三：含章可贞，或从王事，无成有终。

▆▆▆▆▆ 初二：直方大，不习，无不利。

▆▆ ▆▆ 初六：履霜，坚冰至。

卦辞：坤，元亨，利牝马之贞，君子有攸往，先迷后得主，利。西南得朋，东北丧朋，安贞吉。

【注释】

坤（kūn）：象征大地，德性为柔顺。　牝马：雌性的马。　攸："所"的意思。　丧：亡失。　安：安定，安顺。　贞：贞正。　吉：吉祥，美好。

卦辞解读：坤象征地，元始亨通，利于像雌马那样守持贞正。君子有所前往，如果抢先居首，必然迷入歧途，若随从其后，必然有利。往西南将得到朋友，往东北将失去朋友。安顺守正，可获吉祥。

理解坤卦的卦辞要和乾卦相联系。乾象征天，属阳，其性刚健、刚强；坤象征地，属阴，其性柔顺。乾是主导，坤是顺从、辅助。坤若阳刚就会迷失方向，柔顺跟随才能发挥作用而有所得有所利。依后天八卦的方位，坤在西南，所以"坤"往西南方可以得到同属于阴的朋友，往东北就会失去同属于阴的朋友。"坤"具备承辅之德，辅助之位，属阴，只有丧其朋类，趋附于阳，才能有所作为，得其常而安，安于常则贞，贞以正则吉。

坤卦告诉我们，就个体或团体在社会活动中，摆正位置，认清方向很重要。当好自身的角色，端正位置，方向正确，就会安顺、贞正、吉祥。

初六：履霜，坚冰至。

【注释】

履：踩，走。

爻辞解读：脚踏秋霜，当知寒冬坚冰将至。表示见微知著，防微而杜渐。

初二：直方大，不习，无不利。

【注释】

直：正直。　方：端正。　大：宏大。　习：温习，练习。

爻辞解读：具有正直、端正、宏大的品格，不需习练而无所不能，无所不利。体现坤地之性，承载万物，任物自成。喻道德高尚的人，不需刻意而习为，自然会遇事无不利。

另解："直"乃凭借目力测度，以取材削料，引申制造。"方"乃并船也。"直方大"，意谓"直大方"制造大船。不习，乃不习水。爻辞的意思是：有了大方平头船以济不通，虽不习水，亦无不利。喻意与上解相似。

初三：含章可贞，或从王事，无成有终。

【注释】

含：蕴含。　章：文采绚丽。　或：表示两可。　王事：指大事，古代以战争和祭祀为大事。　无成：意为勿以功劳而自居。

爻辞解读：蕴含文采与美德，以守持贞正，若辅助君王的事业，成功不居功，而谨守辅道，就会有好的结果。做人含蓄、内敛，做事不张扬，不居功自傲，尽到辅助之责，是难能可贵的。

初四：括囊，无咎无誉。

【注释】

括囊：束紧口袋。括，捆扎。　咎：错，伤害。

爻辞解读：自己将获得的财物装进口袋里捆好，免得别人说好说坏的。喻不可轻易言说与动作，不炫其才智，显露锋芒，这样做既不会招致咎害，也不会得到赞誉。孔子曰："多闻阙疑，慎言其余，则寡尤；多见阙殆，慎行其余，则寡悔。言寡尤，行寡悔，禄在其中矣。"（《论语·为政》）大概也是这个意思吧。

六五：黄裳，元吉。

【注释】

黄裳（cháng）：黄色服饰。裳，下服，古代服装上称衣，下称裳。

爻辞解读：穿黄色下服，大吉。黄是中之色，裳是下之服，谦逊居中，则大吉。穿黄色衣服表示有了高的地位。

上六：龙战于野，其血玄黄。

【注释】

玄：赤黑色，泛指黑色。

爻辞解读：龙在原野上交战，流出黑黄相杂的鲜血。象征在阴阳对抗中，双方矛盾发展到最后形成了争战，造成两败俱伤的局面。提醒人们阴柔走向极端必然凶险，上下不睦，必有争斗，其结果是两败俱伤。

用六：利永贞。

爻辞解读：宜永远保持贞正之心。

易语杂谈

《易经》有六十四卦，每个卦有一幅卦图象。每个卦都有其卦辞。每个卦有六爻，其中乾坤各加一条爻辞，即乾卦"用九"、坤卦"用六"，六十四卦，共三百八十六条爻辞。这些卦、爻辞与卦图象相配合，来解说占筮的义理。笔者看来，每个卦的卦爻辞就是一篇如现代所谓的"杂文"。这一篇篇杂文，有叙事有说理，有议论有辨析，其内容大到天地自然万物、社会万象，小到百姓家事、婚丧嫁娶，无所不包，灿烂纷呈，而六十四卦的卦爻辞又合成一篇大的篇章，读来兴趣盎然，欲罢不能。

乾坤两卦乃是整个大篇章的"总论"或者说是"概论"。孔子曰："键川也者，易之门户也。"（长沙马王堆出土《帛书周易》"键"即通行本《周易》之"乾"，"川"即通行本《周易》之"坤"）为什么说乾坤是易之门户，是大篇章的总论、概论呢？《序卦传》曰："有天地然后万物生焉。"乾代表天，坤代表地，乾坤是万物生成的根源。乾坤之意可谓深远、宏大，这是其一。其二，乾卦六爻皆阳，坤卦六爻全阴，《系辞传》曰："一阴一阳之谓道。"而"道"与阴阳有什么关联呢？老子曰："道生一，一生二，二生三，三生万物，万物负阴而抱阳，冲气以为和。"乾坤两卦揭示了万物生成、存在的内在基因即阴阳之和。阴与阳，刚健与柔顺互为依存，平衡则利，失衡则斗，斗则两伤。只有"冲气以为和"，各尽其责，才能大吉大利，这个阴阳之道，可解释天地万物发展变化的内在动因。其三，乾坤两卦阐述了"元亨利贞"的事物发展规律，这是事物向好的、不可能改变的发展规律，在这一规律之中又有"亢龙有悔""龙战于野"等矛盾对立和惨烈斗争，但最终会实现"群龙无首"天下大治、万国咸宁的理想境界，而实现这一崇高美好理想，则必须"利永贞"。乾坤两卦可谓立意高远，哲理深远。其四，乾坤两卦对个人和团体体现出人文关怀、道德指引。乾坤象征君臣关系、老板与下属关系、夫与妻关系、主导与辅佐的关系，等等。这种关系是客观存在的，阴阳双方谁也离不开谁，只有和谐共存，事物才能吉祥顺利。在个人、团体的发展过程中，也应注意"潜龙勿用""飞龙在天""履霜坚冰至""黄裳元吉"诸阶段中的因时而为，以趋利避害。

综上所述，站在天地之高处，推开易之门，理解了乾坤之"概论"，我们就可以更加清晰地窥视其他诸卦的精彩之处，较为容易地理解其他诸卦所表达的平实而深刻之意义。

读乾坤，感慨不已。自古至今，人类社会在相争相和的反复往来中，步履蹒跚地向着美好与文明之目标不停地前进！这种趋势永远不会改变。但愿天下之人像乾之天，恒之以动，自强不息；像坤之地，厚德弘大，载以万物。乾坤相携，以强劲之力，成万国咸宁之功，以达天下永吉。

◎ 屯卦　坎（水）上　震（雷）下

屯，元亨利贞。勿用有攸往，利建侯。

▌▌▌　上六：乘马班如，泣血涟如。
▌▌▌　九五：屯其膏。小贞吉，大贞凶。
▌▌▌　六四：乘马班如，求婚媾。往吉，无不利。
▌▌▌　六三：即鹿无虞，惟入于林中。君子几不如舍，往吝。
▌▌▌　六二：屯如邅如，乘马班如，匪寇婚媾。女子贞不字，十年乃字。
▌▌▌　初九：磐桓，利居贞，利建侯。

《序卦传》曰："有天地然后万物生焉，盈天地之间者唯万物，故受之以屯。屯者，盈也。屯者，物之始生也。"意思是乾坤两卦象征天地，有了天和地，然后产生万物，万物充塞于天地之间。屯含有充塞、万物初生阶段的意思，所以继乾坤两卦之后安排屯卦。

卦辞：屯，元亨利贞。勿用有攸往，利建侯。

【注释】

屯（zhūn）：屯是春的本字，草木初生之状，萌芽冒出地，而有艰难之过程。象征事物初生或事业初创阶段的艰难。　　攸：所。　　勿用有攸往：不要到远处去。　　建侯：建国封侯。

卦辞解读：乾是天，地是坤，天地交会，万物生成，萌芽破土而出，充满艰难，前景亨通。喻社会人事，初始阶段需贞固守正，不要轻举妄动，盲目冒进，向外扩张。宜把重点放在解决自身内部问题上，巩固加强自我建设。

初九：磐桓，利居贞，利建侯。

【注释】

磐桓：磐本也作盘。磐桓，徘徊，难进之貌。　　利：宜。　　居：守。　贞：贞固。

爻辞解读：初创时期，徘徊难进，处于困难之时，不能轻举妄动，宜安定自守，这样有利于建功立业。

六二：屯如邅如，乘马班如，匪寇婚媾。女子贞不字，十年乃字。

【注释】

屯如：困顿的样子。如，语气助词。　　邅（zhān）如：难行不进的样子。邅，本义转、改变方向。　　乘马：四匹并列的马。　　班如：马行动不一致，徘徊不进的样子。班，旋也。　　匪：通"非"。　　字：喻女子出嫁。　　婚媾：婚配。　　贞：正。

爻辞解读：来者徘徊困顿，乘骑步调不一致。不是盗寇，而是来求婚的。女子守持正固，不急于出嫁，待十年后再嫁。含义是指在初创艰难的困境中，要积极努力求索成功之路，不能急于求成，要待条件成熟，争取成功。

六三：即鹿无虞，惟入于林中。君子几不如舍，往吝。

【注释】

即鹿：逐鹿。　虞：掌管山林的官。这里指向导。　几：近之义，借为"祈"。几、祈古通用。祈，求也。　舍：舍弃。　吝：阴塞不通，有惜、恨、耻的含义。

爻辞解读：逐鹿没有向导，进入林中，君子与其冒险逐鹿，不如舍弃。如冒险追下去，必致悔恨。爻辞告诉人们在艰困之时应当知机明辨取舍，不可冒险行动。

六四：乘马班如，求婚媾。往吉，无不利。

爻辞解读：大队人马徘徊前去求婚，大胆果断地去做，就会吉祥，没有不利的。说明进退两难之时，只要条件成熟，应当积极向前追求，没有不利的。

九五：屯其膏。小贞吉，大贞凶。

【注释】

屯（tún）：屯集。　膏：脂油，喻财物。

爻辞解读：初创积累了一定的财富，但不宜过求。小的积累，保持贞正还是吉祥的，如果追求大的富有，即使守持贞正，也会有凶险。爻辞告诫人们，在根基不甚牢固、能力和实力尚且不足之时，不可自不量力、逞强好胜，追求过高的东西。

上六：乘马班如，泣血涟如。

【注释】

涟：落泪的样子。

爻辞解读：乘马徘徊求得前行，激动地落泪。喻事业初创，度过艰难阶段，喜极而泣。"乘马班如"，意为仍在探索中艰难前行。

易语杂谈

屯卦喻事物初生之时的艰难过程，意在阐明初创之艰难。整卦贯穿处"屯"求"通"的精神，三处出现"乘马班如"，言初创时期在踟躇徘徊中探索前进。创业虽艰难，如果正确把握事物发展规律，审时度势，居正慎行，明辨取舍，大势必通。

事业初创事关成败，也是最艰难的阶段。多少创业者"开门"即"关门"。根基不牢，求胜心切，盲目冒进，稍有进步便不知南北，膨胀扩张，求大求强，结果一塌糊涂，以失败告终。处于创业之时的朋友若以"屯"卦为鉴最好！

对于屯卦九五"屯其膏"之义，笔者理解与诸多解释有异，非"恩泽难以布施"之义。上六"乘马班如，泣血涟如"非"陷入绝境而泣"之义，也非"奔丧事悲痛而泣"之义。

◎ 蒙卦　艮(山)上　坎(水)下

蒙，亨，匪我求童蒙，童蒙求我。初筮告，再三渎，渎则不告。利贞。

上九：击蒙，不利为寇，利御寇。

六五：童蒙，吉。

六四：困蒙，吝。

六三：勿用取女，见金夫，不有躬，无攸利。

九二：包蒙，吉。纳妇，吉。子克家。

初六：发蒙，利用刑人，用说桎梏，以往吝。

《序卦传》曰："物生必蒙，故受之以蒙。蒙者，蒙也，物之稚也。"意思是说，万物在创生之初，自然是蒙昧无知的，因此屯卦之后是蒙卦。蒙是蒙昧无知、幼稚可笑的意思。

卦辞：蒙，亨，匪我求童蒙，童蒙求我。初筮告，再三渎，渎则不告。利贞。

【注释】

蒙（méng）：本为草名，也指草木萌芽的状态，引申为幼稚、蒙蔽、蒙昧、无知等义。　筮（shì）：古代用蓍草占卜，叫作筮。　渎（dú）：亵渎，轻慢，对人不恭敬。　童蒙：幼稚的儿童。

卦辞解读：虽为蒙昧，然而终可通达。不是我去求童蒙施教启蒙，而是童蒙来求教于我。被教者第一次来问我，我告诉他，第二次第三次问同一问题，则不告诉他。这就像占筮，第一次占筮不予相信，说明占者诚意不够，再多次占筮问同一事物，则不灵验了。施教者和求教者都宜诚心守正。

蒙卦所表达的意思是"启蒙"。启蒙一方面是指教育童蒙，开启童蒙的智慧；另一方面就社会意义来说，是摒弃蒙昧，消除落后观念，开启民智，宣扬先进思想与科学，促进文明进步与发展。

"匪我求童蒙，童蒙求我"，意思是，童蒙求学求教应主动诚心，才会有成效。社会落后愚昧到严重程度，到了非启蒙与改革不可的地步，那么，改革与启蒙就是社会文明进步的必然要求和必需。

关于"初筮告，再三渎，渎则不告。利贞"，孔子曰："反复问之而渎，渎弗敬，故曰'不吉'（注：'渎'则不告，'告'在帛书《周易》中为'吉'）。弗知而好学，身之赖也，故曰'利贞'，仁义之道也……日夜不休，终身不倦，日日载载，必成而后止。故易曰：'蒙，亨。'"（帛书《缪和》篇）孔子的意思是没有见识而好学多问，虽有不敬但好学是仁义之道，学习勤奋日夜不休，终身不倦，长年累月，必定成功而后达到学习的目标，所以说"蒙"是通达的。孔子从另一侧面解释了"蒙，亨""再三渎"的意义。

我们对于《周易》的理解，要学习参考诸多学者大家的解释，不可偏颇和狭隘，要有自己的分析、判断和认识。

初六：发蒙，利用刑人，用说桎梏，以往吝。

【注释】

发蒙：启发蒙昧。　刑人：因犯罪受惩罚的人。　说：通"脱"。
桎梏：古代刑具，在足曰桎，在手曰梏。　以往吝：长此以往会有咎害。

爻辞解读：启发蒙昧，以因犯罪受到处罚的人为例，说明蒙昧无知是会产生犯罪的，只有去除蒙昧才不至于桎梏加身，或者说去除蒙昧就像罪人脱去桎梏一样，才能获得自由，如果不去除蒙昧，长此以往必有咎害。这句爻辞意乃使受教者知戒知畏。

九二：包蒙，吉。纳妇，吉。子克家。

【注释】

包蒙：包容蒙昧者的缺点而教化之。　子克家：儿辈能胜任，治理家事。克，胜任。

爻辞解读：要包容一些蒙昧落后的东西，这样启蒙才能吉顺。包容女子的缺点，娶进门做媳妇家庭才和睦吉祥，儿子也能治理好家庭。

初六谓之"利用刑人"施以戒惧，九二则以纳妇、治家为例，说明"包蒙"的重要性，以明"启蒙"之多种方法，防止偏颇。

六三：勿用取女，见金夫，不有躬，无攸利。

【注释】

取：娶。　金夫：有钱、有权势的人。　不有躬：即失去个人操守、原则。躬，身体。

爻辞解读：一味追求有钱有势的男人的女子，不能娶为妻，因为这样的女子为追求物质利益不惜失去操守和做人的原则，娶这样的女子为妻是不利的。

结合九二来理解这句爻辞，九二是"包蒙"，而像六三这样的女子却不能包容，可见包容是有条件的，有原则的。另，九三指出，蒙昧的原因之一是来自自身追求物质利益的欲望过度。人的所有蒙昧，首先由价值取向错误造成。

六四：困蒙，吝。

【注释】

困：阻碍，困扰。　吝：恨惜。

爻辞解读：因困扰而产生的蒙昧是很让人恨惜的。

六三所指由于欲望所致蒙昧，六四爻辞所指由于"困"所致蒙昧。欲望所致蒙昧的结果是"无攸利"，而"困"所致蒙昧则是"吝"，"困"所致蒙昧更难以启蒙。因知识有限形成蒙昧，是无知，情有可原，有了一定的知识水平，甚至是高级知识分子，也"困"于蒙昧，究其根源是世界观、价值观的问题，困于这种情势的蒙昧难以改善，更为令人恨惜。

六三、六四两爻辞，把蒙昧之原因全盘托出，且简明清晰。六四另解为：困于蒙昧之中，如同陷于困境之中。

六五：童蒙，吉。

爻辞解读：幼童天真无邪，不为利益所蒙蔽，虽蒙昧无知，也是吉祥的。若成年人不为现实利益所蒙蔽，始终有赤子之心，单纯、正直、纯洁、美好，忘我忘忧也是吉祥的。

另解：幼童受启蒙，吉利。

上九：击蒙，不利为寇，利御寇。

【注释】

利：宜。　御：防御。

爻辞解读：以责罚的方式，强烈的态势改变蒙昧，不能让蒙昧形成"寇"，而要防止成"寇"。防患于未然，防止因蒙昧造成严重恶果。

易语杂谈

蒙昧是人犯错最重要的根源之一，是人类文明进步的最大障碍。蒙昧与恶如影随形，蒙是恶之根，恶是蒙之果。蒙卦所示蒙昧之困有二：一是追求私利。私欲膨胀，为金钱、地位不择手段，伤天害理，违法违纪，丧失人格"不有躬"。二是困而迂腐，思想观念陈旧，井底之蛙，不看世界之文明大势，钻进笼子，自锢自闭，自以为是，实在令人讨厌至极。开启心智，去除愚昧，仍是当今推进改革开放、实现民族伟大复兴的迫切需要。

发生在18世纪欧洲的启蒙运动，促使人们从宗教神学和落后封闭思想的束缚下解放出来，为欧美的资产阶级革命做了思想和舆论的准备，对人身的解放和思想的解放，其历史意义深远而重大。

1868年在日本发生的明治维新运动是一次重大的社会改革，其改革的基础不乏其思想的启蒙与解放。

发生在中国的20世纪70年代以来的改革开放，首先是一次思想大解放的运动。我们要实现伟大的民族复兴的"中国梦"，也要与时俱进，不断解放思想，改革创新，让文明之光照耀我们光明的前途。

陈旧的由新的代替，愚昧必将败给科学，文明必将战胜邪恶，这是规律，不可逆转！

启蒙从幼童开始，对幼童的启蒙不仅仅是教以知识，更重要的是开启智慧，育以德义情操。如今的幼童启蒙令人焦虑担忧。多种因素严重束缚了孩子的天性，重负压得儿童透不过气来。试问我们成年人一日工作几个小时，而儿童一日用在"学习"上的时间是几个小时？许多儿童从小缺乏独立思考能力，某些学校填鸭式的教育有害而无益。多种因素使许多幼童私欲渐长，重利轻义，更缺乏助他精神和人文情操，这种状况应引起高度重视。启蒙，启蒙，儿童在呼唤启蒙！社会在呼唤启蒙！

◎ 需卦　坎(水)上　乾(天)下

需，有孚，光亨，贞吉，利涉大川。

▅▅ ▅▅　上六：入于穴，有不速之客三人来，敬之，终吉。

▅▅▅▅▅　九五：需于酒食，贞吉。

▅▅ ▅▅　六四：需于血，出自穴。

▅▅▅▅▅　九三：需于泥，致寇至。

▅▅▅▅▅　九二：需于沙，小有言，终吉。

▅▅▅▅▅　初九：需于郊，利用恒，无咎。

《序卦传》曰："蒙者，蒙也，物之稚也。物稚不可不养也，故受之以需。需者，饮食之道也。"这段话的意思是说，蒙卦讲的是对童蒙的教育，而需卦则讲给童蒙以供养、给用，这是比喻之言。根本的意义在于，事物处于萌芽之时有了需求。有了需求如何去探求而获得之，这就是需卦要表达的。

卦辞：需，有孚，光亨，贞吉，利涉大川。

【注释】

需 (xū)：本义指等待。等待必有所求，故引申为需要、需求。孚：诚信。　光亨：光明而亨通。　利涉大川：有利于渡过大河，这里意为干出大事业。

卦辞解读：追求所需要的目标，要以诚信为本，保持正直之心，才能光明通达，做出一番事业。

初九：需于郊，利用恒，无咎。

【注释】

郊：古时城邑之外曰郊，这里指旷远之地。　恒：久也，指恒心。

爻辞解读：求索在旷野之地，要有恒心就不会有咎害。事业之初，或者作为个体为生活而计，犹如在旷野中拓荒一般，还未遇到艰难险阻，只要有恒心，打好基础，等待时机，就不会有咎害。

九二：需于沙，小有言，终吉。

【注释】

小有言：谓小受诃谴也。

爻辞解读：求索如在沙滩上行走般困难，虽然受到一些小的责备，但最终是吉顺的。由旷野到了沙滩，遇到一些困难阻力，最终无大碍。

九三：需于泥，致寇至。

爻辞解读：求索如深陷泥潭之中，很可能引来盗寇。在艰难中奋争，又招致来自外部的祸患。这般境遇，自主创业者不为鲜见吧！

六四：需于血，出自穴。

【注释】

血：血泊，这里指伤得重，付出代价很大。　出：离开。　穴：洞，这里指居所。

爻辞解读：为实现所需求的目标，付出了沉重的代价，甚至失去了起码的生存条件和生存保障。这样的困境创业者遇到过吗？

九五：需于酒食，贞吉。

爻辞解读：求索而得以酒食，守正则吉祥。人生最基本的需求乃吃、穿、住、行，具备这样的生存条件仍需守正才能吉祥。事业有了收获要守正，要懂得与他人分享。一个国家只有施惠于民，才能更加强盛。九五之义，在于懂得分享发展成果。

上六：入于穴，有不速之客三人来，敬之，终吉。

爻辞解读：回到住所，有不速之客三人来访，恭敬以待，最终吉祥。

这是需卦的诫语，需求得到满足，或者说事业有所成就，常常会有意外事件发生，只要能够敬而待之，恭而处之，终会吉祥。

易语杂谈

理解需卦之义，关键在于对"需"字的理解。如把"需"字理解为"等待"，就与六个爻的渐进之义相矛盾。初爻在"郊"等待如何进到"沙"，在"沙"等待如何进到"泥"，而且是到了泥的险境，是什么条件下由"沙"到"泥"的呢？所以"需"理解为"等待"讲不通。"需"就是需要，需要想得到满足就要去探求、去追求。探求、追求可以是为民，也可以是发展自己的事业，也可指探求真理与科学，促进人类文明与进步。

读需卦，懂得探求美好事物，诚信守正极为重要。探求过程中艰难险阻不可避免，有了成效，懂得与人分享，对于意外之事件要敬而待之，才能化险为夷。其中"敬之"尤为重要。比如外部势力来寻衅滋事，你能"敬之"吗？竞争对手不择手段损害你的利益，你能"敬之"吗？昔日好友陷你于不义，夺你资产，你能"敬之"吗？意外患害不胜枚举，然而"敬之"内涵繁杂丰富。一个"敬"字耐人寻味，一个"敬"字表现出你的修养、智慧、格局、境界、力量，以"敬"化干戈为玉帛为最高德行之境界！

◎ 讼卦　乾(天)上 坎(水)下

讼，有孚窒惕，中吉，终凶。利见大人，不利涉大川。

▅▅▅▅▅ 上九：或锡之鞶带，终朝三褫之。

▅▅▅▅▅ 九五：讼，元吉。

▅▅▅▅▅ 九四：不克讼，复即命，渝，安贞吉。

▅▅ ▅▅ 六三：食旧德，贞。厉终吉。或从王事无成。

▅▅▅▅▅ 九二：不克讼，归而逋，其邑人三百户，无眚。

▅▅ ▅▅ 初六：不永所事，小有言，终吉。

《序卦传》曰："需者，饮食之道也。饮食必有讼，故受之以讼。"饮食指获取财物，以满足生活之必需。有了财物，难免发生争议，即诉讼，所以讼卦排在需卦之后。《序卦传》提出卦的排列次序有其内在必然联系，富有逻辑性。

卦辞：讼，有孚窒惕，中吉，终凶。利见大人，不利涉大川。

【注释】

讼（sòng）：诉讼，争讼。　孚：诚信。　窒惕：阻塞而忧惧。

卦辞解读：遇到讼事，诚信受到窒碍，心存忧惧。讼事中道而止为吉，争讼不休必凶。宜于有大人之助。讼非和平之事，其间不利于涉大川，即不宜做大事、难事，以免陷于更加危险的境地。

初六：不永所事，小有言，终吉。

【注释】

永：永久。　小有言：这里的"小有言"与需卦的"小有言"之义有别，这里的"小有言"，应是不要多去争辩、稍作解释之义。

爻辞解读：不要长时间纠缠于争议之事，不做过多的争辩。稍做解释，使争端早日顺利解决，这样做最终结果是吉祥的。

这句爻辞不曰"不永讼事"而曰"不永所事"，应是指起了争端还没有到诉讼的程度，这时不要长久地去争辩，而是稍做解释，以求问题早日和平解决，这是好的结果。

九二：不克讼，归而逋，其邑人三百户，无眚。

【注释】

克：胜。　归：还。　逋（bū）：逃亡。这里是摆脱之义。　无眚（shěng）：眼睛没生翳，意为明辨是非。眚，眼睛生翳。

爻辞解读：不专注于争讼的胜负，尽快摆脱争讼之累，是非曲直，邑人看得清楚。

对这句爻辞的解释诸家各不相同，笔者以为遇到讼事，不专注于胜负，以澄清事情的真相为重。若我之错，尽快纠错，若对方之错，我也怀退让之德，做些必要的让步，尽快摆脱争讼之累。稍有冤情不去计较，周围人会有明察。这样的理解大概是《易》作者的原意吧！

若理解为争讼失败，逃回小邑中，邑中百姓或讼败者无灾难，好像难以说得通。败讼就要逃亡吗？不逃不会给邑人带来灾难吗？逃到小邑中就安全吗？这应不是《易》作者的本意吧！

六三：食旧德，贞。厉终吉。或从王事无成。

【注释】

永：永久。　德：通得。　厉：危难。　王事：辅助君王做事。　无成：辅助成功不争功。

爻辞解读：安享自己固有所得，守持正固，虽有危难终将获得吉祥。若辅助君王做事成功，也不去争功。六三爻辞讲了持守正义，守其应有所得禄，不求额外之利、意外之财，不争功自傲，如此一来或会避免出现争讼之事，即使有危难，最终是吉祥的。

九四：不克讼，复即命，渝，安贞吉。

【注释】

不克讼：这里的"不克讼"与九二"不克讼"之义不同，这里的"不克讼"是讼不胜也。　复：返。　即：就。　命：天命，即正理。渝：改变。

爻辞解读：争讼失利，回归正理，改变争讼的念头，安心守正可获吉祥。

　　九五：讼，元吉。

【注释】

讼：意为"决讼"。　元：大。

爻辞解读：明决争讼，大为吉祥。

　　上九：或锡之鞶带，终朝三褫之。

【注释】

锡：通"赐"，赏赐。　鞶（pán）带：古代皮制的束衣的大带。褫（chǐ）：夺衣为褫，引申为剥夺之义。

爻辞解读：诉讼获得了胜利，得到了服饰大带之类的赏赐，但在一天之内几次被剥下身来。诉讼或取胜，也可能带来不良后果，得到的可能很快失去。

易语杂谈

　　讼事自古有之，夏商即有处理诉讼的司法制度。讼卦体现了对百姓的关怀，其中道理仍然适用于当今社会。当今社会讼事更为繁杂，涉及经济、政治、外交、伦理，社会各个层次无一缺席，形成的讼事不计其数。讼事险恶复杂，因此对讼事的判决，实难达到客观上的圆满。输了或有冤情，赢了也许有理亏之处；输了官司可能赢了声誉，赢了官司也许失去更多。讼卦劝人止讼免争的道理平实而意义深邃。《大象传》曰："君子以作事谋始。"意思是说做事前对后来之事考虑周全，使讼无生起。孔子曰："听讼，吾犹人也，必也使无讼乎？"（《论语·颜渊》）意思是说，审理案件，我同别人一样没有什么高明之处，如果一定要说什么不同的话，那就是尽量使诉讼的案件不发生。

◎ 师卦　坤(地)上 坎(水)下

师，贞，丈人吉，无咎。

　　▬▬ ▬▬ 上六：大君有命，开国承家，小人勿用。

　　▬▬ ▬▬ 六五：田有禽，利执言，无咎。长子帅师，弟子舆尸，贞凶。

　　▬▬ ▬▬ 六四：师左次，无咎。

　　▬▬ ▬▬ 六三：师或舆尸，凶。

　　▬▬▬▬▬ 九二：在师中吉，无咎。王三锡命。

　　▬▬ ▬▬ 初六：师出以律，否臧，凶。

《序卦传》曰："讼必有众起，故受之以师，师者众也。"人类的演进，由争夺导致战争，所以在讼卦之后是师卦。

卦辞：师，贞，丈人吉，无咎。

【注释】

师（shī）：古代称军队为师。　　丈人：这里指老成持重的贤明长者。

卦辞解读：用兵征战，守持正固，任用贤明长者统兵，或获吉祥，必无咎害。出师征战要符合道义，为正义而战，任用资历、威望、能力、功绩很高，能服众的人为统帅才能致胜，这与《孙子兵法》"将者，智、信、仁、勇、严也"所言略同。

初六：师出以律，否臧，凶。

【注释】

律：军纪。　　否（pǐ）：坏，恶。　　臧（zāng）：本义为奴隶，男奴，引申为善，有功。

爻辞解读：出征当军纪严明，不然无论胜败都是凶。

九二：在师中吉，无咎。王三锡命。

【注释】

在：处于。　中：中道。　锡：赐。

爻辞解读：统兵率众刚毅中正则获得吉祥，不会遭到灾祸。君王多次奖赏委任。领兵将帅在外持中正之道，君王赏赐，意为君臣互信，不相猜忌，则战事吉顺。

六三：师或舆尸，凶。

【注释】

舆尸：运载尸体。舆，车。

爻辞解读：出师若运尸体归来，这是有凶险了。这里讲战争的惨烈。

六四：师左次，无咎。

【注释】

左：古时尚右，"左"有退避之意。　次：驻扎。

爻辞解读：军队退守，不会有灾祸。因战事不利，度势撤退，以减少伤亡，不失常理。

六五：田有禽，利执言，无咎。长子帅师，弟子舆尸，贞凶。

【注释】

田：狩猎。　禽：泛指禽兽。　执：持守，依据，遵照。

爻辞解读：狩猎捕获禽兽，宜持守诺言，不会遭遇灾祸。长子统帅兵众，次子运输尸体。虽持正，也有凶险患害。阐明战争结束取得胜利，要信守战前诺言，不妄为妄取，形成兵患。虽持正义而战并取得胜利，也给自己带来伤亡灾祸，战争无论胜败，双方均有灾难。

上六：大君有命，开国承家，小人勿用。

【注释】

大君：君王。　开国承家：开国谓封为诸侯。承家谓封为卿大夫。承，受也。

爻辞解读：君王颁发命令，封诸侯，赏赐大夫，小人不可重用。战后论功行赏，踢出小人勿用，警惕小人战后争功作乱，给社会带来动荡不安。

易语杂谈

师卦是讲用兵征战的。争夺资源、扩张领土、种族和宗教矛盾等，都是引起战争的根源。无论战争正义与否，胜败如何，都会给人类带来巨大灾难。人类5000多年文明史中，有记录的战争就有14000多次，伤亡人数36亿之多。发生于20世纪的第二次世界大战，死亡7000多万人。在世界死亡人数最多的10次战争中，7次都有中国参与其中。人类很伟大，被称作高级动物；人类很渺小，在杀戮中像蝼蚁般生命瞬间消失。人与人同类，为何刀枪相对，相互残杀，以夺取对方生命为胜呢？诸宗教其教义无不推崇人之间的情爱互助，但由宗教引发的战争至今仍然不断。世上有恶魔，有争夺心，就不会避免战争和杀戮，而要消除战争和杀戮，就要铲除邪恶产生的根源，这也是阴阳之道、世间常理。但愿人类去除私欲，摒弃傲慢仇恨，推崇谦让互助，博爱相望，那将是和平而充满阳光温暖的美好世界。

◎ 比卦　坎(水)上 坤(地)下

比，吉。原筮，元永贞，无咎。不宁方来，后夫凶。

上六：比之无首，凶。

九五：显比，王用三驱，失前禽，邑人不诫。吉。

六四：外比之，贞吉。

六三：比之匪人。

六二：比之自内，贞吉。

初六：有孚比之，无咎。有孚盈缶，终来有它，吉。

《序卦传》曰："师者，众也。众必有所比，故受之以比。比者，比也。"意思是，师是聚众，人众必有所亲附，所以师卦之后继之以比卦。比是亲附的意思。

卦辞：比，吉。原筮，元永贞，无咎。不宁方来，后夫凶。

【注释】

比（bǐ）：本义夫妇并肩匹合，引申为并列、亲近等义。这里是指相亲相辅的意思。　原筮：原，有推原、寻其本、推究、考究的意思。原筮指对占卜的内容进行认真推究。　宁：安宁。

卦辞解读：相亲相辅是好的，吉祥的。要像认真探究占筮之意那样审视相比之事，这样从开始持久地执持贞正，就会无有错咎。心神不安宁、心术不正或因处于逆境而来相附的，最后结果是凶险的。

对"不宁方来，后夫凶"有多种解释，其中"方"解释为诸侯小国，"不宁方来"即不安宁的诸侯国都来依附于我，或者解释为从不安宁的诸侯国那里跑来依附于我。"后夫凶"解释为先来的得到好处，后来的失去先机，会是凶险的。还有解释为诸侯朝王，后至者诛。还有解释为"昔禹致群神于会稽山，防风氏后至，禹杀而戮之"的历史故事。

比卦本义是讲人间良好的相亲相辅关系的，来晚了就有凶险，似乎不合常理，怀有私欲而来接近相附，会有凶险之隐患是讲得通的。

比卦相"比"，即有被人亲近和对他人亲近的双重意义。

初六：有孚比之，无咎。有孚盈缶，终来有它，吉。

【注释】

孚：诚信。　缶：瓦罐。　终来有它：终有其他意外的来相亲近的人或吉祥的事。

爻辞解读：有诚信而亲辅，没有错咎灾祸。高尚的品德像美酒溢出盛酒的瓦罐那样充盈饱满，最终会有意外的亲比者到来，这是吉祥的。

六二：比之自内，贞吉。

爻辞解读：发自内心的亲近，贞正、吉祥。

六三：比之匪人。

【注释】

匪人：行为不端的人。匪，本义为似竹筐的盛物之器，假借为"非"，表示否定。

爻辞解读：与行为不端的人亲近。这句爻辞后面无断语，但实已有了结论，即可能会有灾祸发生，或许比之中途停止，可避免灾祸发生。

六四：外比之，贞吉。

爻辞解读：表面上亲近，固守贞正，是吉祥的。

外表亲近，非知心朋友，乃一般关系，但只要执持贞正之心，也是吉祥的。这句爻辞虽平实，却道出了人与人之间普遍关系的真实情况。心心相印、感情真挚、生死之交的朋友，一生有二三足矣！国与国之间亦是如此，各为其利而谋，互不侵犯，和平共处，就是正常的国际关系了。

九五：显比，王用三驱，失前禽，邑人不诫。吉。

【注释】

显比：彰显亲比之道。　　三驱：指田猎时三面驱赶合围而网开一面。

失前禽：由于三驱网开一面，或许会失去前面跑得快的禽兽。　　邑人不诫：不告诫邑人。

爻辞解读：彰显亲比之道，君王田猎时三面合围，网开一面，前面的禽兽失去了。比喻人的亲比追求自然而来，无需勉强，来者不拒，去者不追。不告诫邑人（治下的百姓）必来亲附自己。勤政爱民，治国有方，百姓自然拥戴你，亲附于你。

上六：比之无首，凶。

【注释】

首：本义即头。引申出"首领""首要""首先""首位"等义，这里有"要领"之义。

爻辞解读：相亲相附，不得要领，后果是凶险的。"比之无首"与初六"有孚比之"相对应。亲比的关键要领是真诚，缺乏真诚的"亲比"必有隐患，后果是凶险的。

易语杂谈

比卦谈人际关系的亲疏之道，也适用于君臣、君民关系以及国际关系等。"择善而从之曰比。"（《左传·昭公二十八年》）择善而从，与有诚信、感情真挚的朋友相比，彼此信任，分享温暖、愉悦与幸福。亲比不分地域，不分民族，可谓"海内存知己，天涯若比邻"。然而，亲比不能苛求，亲比是人的个性情感自然而然的选择和融合的结果，可谓"方以类聚，物以群分"（《周易·系辞》）。一个国家，一个家庭，一个人，贞正、坦荡、慈善爱人，自然会赢得他人的尊重和亲比，哪还用得着告诫邑人必来亲附呢？"强扭的瓜不甜"，也是这个道理。建立在有目的、有私欲、互相利用基础上的"亲附"是社会常态，这种亲附不会长久，有私欲就有利益失衡，其结果或是不欢而散，或是对抗生仇。

古人云："朋党比周，以环主图私为务，是篡臣者也。"（《荀子·臣道》）孔子曰："君子周而不比，小人比而不周。"（《论语·为政》）为结党营私、图谋不轨而"亲比"是最不道德、最危险的行为，历史上这种"亲比"少有好下场。比卦告诉人们，人不可不"比"，"比"要以贞正为基础，以诚信为要，所谓"近墨者黑，近朱者赤"，"高比所以广德也，下比所以狭行也。比于善者，自进之阶；比于恶者，自退之原也"（《韩诗外传》）。比于善则进，有善果，比于恶则有恶果。"比"关乎前途命运，要慎重，万不可草率大意！

◎ 小畜卦　巽(风)上 乾(天)下

小畜，亨。密云不雨，自我西郊。

　　▬▬▬▬▬　上九：既雨既处，尚德载。妇贞厉，月几望，君子征凶。
　　▬▬▬▬▬　九五：有孚挛如，富以其邻。
　　▬▬　▬▬　六四：有孚，血去，惕出，无咎。
　　▬▬▬▬▬　九三：舆说辐，夫妻反目。
　　▬▬▬▬▬　九二：牵复，吉。
　　▬▬▬▬▬　初九：复自道，何其咎？吉。

《序卦传》曰："比必有所畜，故受之以小畜。"比卦讲的是亲近，亲近有利于干事，干事必有小的积蓄，所以比卦之后是小畜卦。

卦辞：小畜，亨。密云不雨，自我西郊。

【注释】

小畜（xiǎo xù）：小有积蓄。　郊：邑外为郊。

卦辞解读：小有积蓄，亨通。天空积云密布，却没有下雨，云气在我们所处的西郊。

小畜卦的卦辞是讲在小有积蓄之前"密云不雨"，由于能力不足，时机未到，无所成绩，最终是亨通的。

初九：复自道，何其咎？吉。

【注释】

复：返。　咎：错，恨惜。

爻辞解读：返回本来应该走的道路，这有什么错呢？是吉祥的。曾经走过弯路，现在返回正道，是无错的，是吉祥的。

九二：牵复，吉。

【注释】

牵：引导，引领向前。这里有携手的意思。

爻辞解读：由他人引导着返回正道，或携手而行是吉祥的。

九三：舆说辐，夫妻反目。

【注释】

舆：大车。　说：通"脱"。　辐：古代车上固定车轮与车轴的掣栓。反目：失和。

爻辞解读：车轮与车轴脱离，夫妻为此失和，干事遇到阻碍困难，给家庭带来困顿不和。

六四：有孚，血去，惕出，无咎。

【注释】

孚：诚信。　血：同"恤"，忧虑。　惕：惊惧。

爻辞解读：凭着诚信，事业有发展，去除了忧虑，远离了惊惧，不会有灾咎。

九五：有孚挛如，富以其邻。

【注释】

挛（luán）：牵系。　如：语气助词。

爻辞解读：心怀诚信，牵挂他人，自己小富了，要照顾到乡邻四舍。

这句提醒非常重要，小畜不忘乡邻，富有不忘国家，仁之大爱，君子所为。

上九：既雨既处，尚德载。妇贞厉，月几望，君子征凶。

【注释】

既：已经。   处：中止，停止。   尚：矜夸，自负。   德：与"得"通，表示得到。   载：积满。   厉：严也。   几：接近。   望：古代历法，每月十五日月满为"月望"。   征：出征。这里意为贸然行事。

爻辞解读：密云已降雨，雨很快就停了。自以为得到很多。妇人要固守贞正，严以自处。月亮接近盈满，事情发展到一定程度，隐患也近了，这时贸然行事，会有凶险。

"既雨既处"与"密云不雨"相呼应，"妇贞厉"与"夫妻反目"相对比。爻辞阐释了在不同情况之下，所得到不同的结果。

"妇贞厉"中的"厉"字，多解释为"灾祸"，似乎说不通。妇人守正贞固，紧跟其后怎么出现灾祸呢？解释成持守贞正，以防灾祸，也牵强，难以通顺。小畜与灾祸没有必然联系和因果关系，因此这里不可能出现"厉"之灾祸的警语。笔者以为"厉"是"严"的意思，是说妇人有了小畜要持守贞正之道，严以自处，不妄作胡为，家庭才能和谐安宁。这个意思的后面，才警示"月几望"盈满之后，隐患可能出现，因有了小畜心高气盛，这时贸然行事则会出现凶险，这凶险和自傲失道有因果关系，"征凶"就讲得通了。

关于"厉"字的解释，《周易程氏传》曰："《易》中云贞厉，义各不同，随卦可见。"对《易》中字的理解，解释不能离字义去妄断。要联系上下文，力求符合或接近作者本义。

易语杂谈

小畜卦像一位慈善可亲的老人，对初涉世事的年少者就起步干事稍有积蓄之后如何趋吉避凶，谆谆教导，可谓用心良苦。小有收益，便不知节俭，挥霍无度，傲慢自负，盲目扩张，还有的有了小畜便贪欲增长，上当受骗以至于家财散尽，甚至家破人亡。这种事屡见不鲜，青年朋友当引以为戒！对于稍富者，"富以邻"也相当重要，与他人分享收获，给予社会以贡献，才是厚德之人所为。像吝啬鬼"葛朗台"式的人物自私、贪婪，对他人"铁公鸡一毛不拔"，实在令人不齿！

◎ 履卦　乾(天)上　兑(泽)下

履虎尾，不咥人，亨。

　　上九：视履考祥，其旋元吉。
　　九五：夬履，贞厉。
　　九四：履虎尾，愬愬，终吉。
　　六三：眇能视，跛能履，履虎尾，咥人，凶。武人为于大君。
　　九二：履道坦坦，幽人贞吉。
　　初九：素履往，无咎。

《序卦传》曰："物畜然后有礼，故受之以履。"意思是说，物资积蓄后，就要知礼知节，慎行履践。故继小畜卦之后为履卦。

卦辞：履虎尾，不咥人，亨。

【注释】

履（lǚ）：踩踏，履行，实践。　咥（dié）：咬。

卦辞解读：踩着老虎的尾巴，老虎没有咬人，亨通。履行中正之道，虽至危险之地，亦无所害，而且亨通。

初九：素履往，无咎。

【注释】

素：白也。

爻辞解读：本着无私欲质朴无华的志向而行，没有咎灾。

九二：履道坦坦，幽人贞吉。

【注释】

履道坦坦：践履在宽阔平坦的大道。　　幽人：幽静恬淡之人。

爻辞解读：行走在宽阔平坦的大道上，幽静安恬的人守持正固，可获吉祥。事业顺利，道路平坦，也要心静如水，深思明哲，守持正义，才能获得吉祥。

六三：眇能视，跛能履，履虎尾，咥人，凶。武人为于大君。

【注释】

眇（miǎo）能视：眼瞎却勉强要看。眇，盲一目。　　跛能履：腿瘸了却勉强要走。　　武人：勇武之人。　　大君：君主。　　为：作为。

爻辞解读：目盲勉强而视，脚跛勉强而行，踩在老虎尾巴上，被老虎咬伤，遭遇凶险。这就像勇武之人效力于大君，有勇无谋极易遭遇凶险，做能力所不及的事情是有风险的。

"武人为于大君"有诸多解释：其一，才智不够，勇猛直前，像那些勇武之人效力于君王。其二，勇武之人无大君之德而据大君之位，将以妄行遇祸，覆国杀身。其三，勇武之人往往拥权自重，自不量力，图谋不轨，遭遇杀身之祸。其四，勇武之人有勇无谋，在君侧，伴君如伴虎，极易陷于险境等。

九四：履虎尾，愬愬，终吉。

【注释】

愬（shuò）：恐惧的样子。

爻辞解读：踩到虎尾，畏惧，最后是吉祥的。遇险而惧，则化险为夷。

九五：夬履，贞厉。

【注释】

夬（guài）：分裂，决断。　贞厉：贞，正。厉，危险。

爻辞解读：决行不顾，其理虽正，其事则险。独断专行，刚愎自用，一意孤行，即或动机纯正，仍然危险。

上九：视履考祥，其旋元吉。

【注释】

视履：回顾所走过的路。　考祥：考察祸福得失。　旋：周旋完备，即圆满无瑕。

爻辞解读：回顾所走过的路，考察祸福得失，如果圆满无瑕，则是大有吉庆。爻辞告诫人们，成败福祸要看最后结果。

易语杂谈

人的一生有顺境，有逆境，有平坦大道，也有坎坷险滩。遇到阻碍或凶险在所难免，好的结果是"履虎尾，不咥人"。破困境而得顺，化险而为夷。这是履卦要告诉人们的重点。坦荡无私，心静如水，守礼践正，方可"其旋元吉"。而"其旋元吉"实属不易。回顾过去，顺事、吉事、憾事、错事相交相杂，在平坦大道前行，在逆境中挣扎，都是曾经的经历，最终问心无愧也就足矣！若早读《周易》之履卦，或许会避免一些旅途中的弯路。在涉世之初或正在"履践"之中的朋友们能读到《周易》并从中受益，实属幸事！

◎ 泰卦　坤(地)上 乾(天)下

泰，小往大来，吉，亨。

▬▬ ▬▬　上六：城复于隍，勿用师，自邑告命，贞吝。

▬▬ ▬▬　六五：帝乙归妹，以祉元吉。

▬▬ ▬▬　六四：翩翩，不富以其邻，不戒以孚。

▬▬▬▬▬　九三：无平不陂，无往不复，艰贞无咎，勿恤其孚，于食有福。

▬▬▬▬▬　九二：包荒，用冯河，不遐遗，朋亡，得尚于中行。

▬▬▬▬▬　初九：拔茅茹，以其汇，征吉。

《序卦传》曰："履而泰，然后安，故受之以泰。泰者，通也。"泰卦主旨是讲安定的。

卦辞：泰，小往大来，吉，亨。

【注释】

泰（tài）：安定，通达。　小：本义是细碎的沙尘微粒，引申出低微、低等、狭隘、轻视，指低级或品质不好的人，这里应是低微、低等、狭隘之意。　大：古通"泰"，有尊重、推崇之义。先秦无"太"字，以大为之。太通"泰"。泰，通达，安定，平安，这里应指通达、安定、好的环境或事物。

卦辞解读：泰表示安定、通达，小的去，大的来，吉祥亨通。意指国家安定的大势（大者）来到，颓势（小者）已去，所以万物吉祥而通泰。对于"小往大来"的解释有多种，有从阴（小）阳（大）之交说，即阴去而阳来，天地阴阳之气相交而万物通泰。有的认为，"小"指"小人"，"大"指君子，君子道长，小人道消，所以为泰。有的认为，小指失去，大指得到。从阴退阳来讲，阴阳平衡乃万物稳定、健康、通达，而阴去阳来，阴阳失衡，万物不通，这样的理解好像不好讲通。而君子小人互为依存，一去一来而相离，也与客观实际有悖。失去小的，得到大的之解，更是难以说得明白。

初九：拔茅茹，以其汇，征吉。

【注释】

茅茹：本义指喂牛马。 汇：聚集而成。

爻辞解读：拔茅草用以饲养牛马，聚集起来发挥大的作用，征战则吉祥。以"拔茅茹"作比，意指聚集人心，团结一致，积蓄力量，经营事业才能吉祥通达。

九二：包荒，用冯河，不遐遗，朋亡，得尚于中行。

【注释】

包荒：包容宽广。荒，本义指荒芜，有秽之义。 冯（píng）：徒步涉河。 不遐遗：不遗弃远方的人，遐，远。"不遐遗"为"不遗遐"的倒装。 朋亡：亡绝朋党之私。 尚：尊崇，注重。 中行：按中道而行。

爻辞解读：包容宽广，敢于徒步涉河之刚果勇猛之人，不忘远方的朋友，不结党营私，得利于崇尚遵从中道而行。

爻辞阐述了四项处泰之道：包容大度而人安之；用冯河之勇以济深越险，奋发革弊；深思远虑，周及庶事，虽遐远不可遗；绝朋党之患，政事清明。这四项皆以行中道作为基本要求。这处泰之道于当今似乎也有借鉴之义吧！

九三：无平不陂，无往不复，艰贞无咎，勿恤其孚，于食有福。

【注释】

陂（pō）：倾斜不平。 复：返回。 恤：忧虑。 孚：诚信。 艰贞：以艰难自处，以正道自守。

爻辞解读：没有只有平坦而无起伏的路，没有只有出去而不回来的人。在艰难环境中坚守正道，就不会有灾咎。不必忧虑诚信不为人知，衣食够用就是福。这句爻辞告诫人们，即使在"泰"之平安之世，事物也会有起有伏，有顺境也会有逆境，顺逆相互转化。在任何环境中，都要坚守正道，以诚信为本。有收获不论大小，就是福祉。这些处泰的道理对个人生活而言适用，对国家社会而言也同样适用。

　　六四：翩翩，不富以其邻，不戒以孚。

【注释】

　　翩翩：鸟儿轻盈飞翔的形态。　　不戒：不待告诫。

　　爻辞解读：行动祥和而轻松，不因为对方富有而相从，不需教诫而诚意相合。处"泰"之时，人与人之间不以利益为取舍，心诚意合，和睦相处，完全出于自然，不需告诫。这里"富以其邻"前面加一"不"字，与小畜卦之九五"富以其邻"不同。小畜言以富分享邻人，而"泰"讲不以"富"与众人共享，而众人依旧以诚信相待而和谐相处。因此对"泰"之六四与"小畜"之九五的解释是相宜的。诸家对这句爻辞断句不同，释意也有异。如，断句为："翩翩不富，以其邻，不戒以孚。"解释为：鸟儿疾飞，情势急转而降已不富有，邻人不再戒备，而以诚相待。断句为："翩翩不富以其邻，不戒以孚。"解释为本来是富家人今而不富，邻人掠取其财物，邻人不自戒，不讲道德诚信。如此等等。

　　六五：帝乙归妹，以祉元吉。

【注释】

　　帝乙：商纣王和微子的父亲。帝乙之父文丁杀了周文王的父亲季历，文丁死后，帝乙继位，成为商朝第三十位国君。季历死后，儿子昌继位，也就是后来的周文王。文王想借帝乙继位不久、国势待稳之机，攻打商朝以报杀父之仇。同时，商朝周边夷族强盛起来，如果周联合其他部落大举进攻商朝，帝乙就会处于东西两方受敌的局面。为了稳定局面，帝乙决定采取和亲的方式，在自己嫡系诸侯中选一女子嫁于文王，以修补其父杀季历而破裂的商周关系。周与商之间本是一种隶属关系，结为姻亲后，帝乙集中精力讨伐东夷族胜利而归。帝乙和文王差不多同时继位，帝乙在位三十年，其间商周未曾再兵戎相见，可见帝乙归妹的确促进了和平，起到了息兵的作用，所以是"以祉元吉"。　归妹：嫁女。归，女子出嫁曰"归"。妹，少女之称。　祉：福。

爻辞解读：帝乙嫁女子，获得福祉，大吉。此爻讲帝乙纡尊降贵，以求得和平稳定的环境，给百姓带来大吉大福。

上六：城复于隍，勿用师，自邑告命，贞吝。

【注释】

复：通覆。　隍：护城河。有水曰池，无水曰隍。　邑：国都。告：诰。

爻辞解读：城墙倾覆到干涸的护城河里，不要出兵征战。自国都发出诰命，持正固稳，虽如此，也足以蒙羞获灾。安泰为国家社会一切之根本，"城复于隍"象征国家已有不安定隐患，这种情势之下不能盲目冒进，甚或动用武力征伐。要把这些实情、道理告诉百姓，解释国之处境，安守正固，以防更大灾祸出现。

易语杂谈

泰卦不足百字，阐述治泰的道理却丰富深刻，这些道理既适宜于人们的生产生活，也适宜于理政治国。首先，大势平安稳定，是事物得以顺利发展的根本所在。其次，以"拔茅茹，以其汇"象征团结聚集，以"包荒……得尚于中行"象征包容、用贤刚果、处世高远、绝结党之患、行中正之道，这些阐述简明扼要，直指治国之要点，尤其"包荒"之意令人深思。而"中行"在实践中做到实属不易，为百姓谋利益谋幸福，这是高尚的初心，在实际行动中偏左、偏右都会造成偏颇的结果。再次，阐述了诚信为本的价值取向。当以获利作为杠杆撬开人的劳动生产积极性时，人的诚信意识就会有很大程度的丧失。这是影响社会进步的突出问题。

泰卦还揭示了一个重要的哲学概念。"无平不陂，无往不复"，即世间万物都处于"平"与"陂"、"往"与"复"的互相矛盾之中，矛盾又相互转化而统一，这种矛盾的转化统一是往返不止的。因此事物没有静止不变的，事物起伏变化，泰终否来是世间万物的常态。面对这不可避免、不断变化的客观规律，人们应选择坦然应对，守正固本，以避免遗憾或灾害的发生。

◎ 否卦　乾(天)上　坤(地)下

否之匪人，不利君子贞，大往小来。

上九：倾否，先否后喜。

九五：休否，大人吉。其亡其亡，系于苞桑。

九四：有命无咎，畴离祉。

六三：包羞。

六二：包承，小人吉，大人否，亨。

初六：拔茅茹，以其汇，贞吉，亨。

《序卦传》曰："泰者，通也。物不可以终通，故受之以否。"物极必反，通达平衡之后，接着就是闭塞紊乱了。

卦辞：否之匪人，不利君子贞，大往小来。

【注释】

否（pǐ）：闭塞不通。　小：本义是细碎的沙尘微粒，引申出低微、低等、狭隘、轻视，指低级或品质不好的人，这里应指低微、低等、狭隘之意。　大：古通"泰"，有尊重、推崇之义。先秦无"太"字，以大为之。太通"泰"。泰，通达、安定、平安，这里应指通达、安定、好的环境或事物。　匪：非。

卦辞解读：国之情势闭塞不通，紊乱不协调，非人道之时，不利于君子行正道。稳定的好的局面已去，坏的风气到来。

初六：拔茅茹，以其汇，贞吉，亨。

【注释】

茅茹：本义指喂牛马。　汇：聚集而成。

爻辞解读：拔茅草以饲养牛马，聚集起来，一起固守贞正，就会获得吉祥、亨通。以拔茅为喻，说明在"否"时，君子团结聚集起来，静守正义，最终会吉祥、顺利。这条爻辞之中"拔茅茹，以其汇"与泰卦初九相同，后边泰卦为"征吉"，意为征战、进取会吉祥，是引同类"有为"。"否"之谓"贞吉，亨"，意为同类同心静守"不为"，洁身持正，以待时机再有作为。

六二：包承，小人吉，大人否，亨。

【注释】

包：容。　承：奉迎。

爻辞解读：容忍、奉迎，小人获吉。大人身处否运，坦然承受，在道义上是亨通的。这条爻辞说明了处否两种态度：小人为一己之利容忍顺承，以获吉顺；有德之人面对否势则以正道自处，不肯枉己屈道，顺承邪恶。孔子曰："天下有道则见，无道则隐。"处否则隐，持守正义，不与邪恶同流合污，这种气节符合道义，是通达亨顺的。

六三：包羞。

爻辞解读：忍受羞辱。处否之时，邪恶势力泛滥无所不至，无耻至极。

九四：有命无咎，畴离祉。

【注释】

命：天命。　畴：同类。　离：附着、依附。　祉：福。

爻辞解读：循天命，无咎灾，同类（志同道合之人）依附着福祉。依自然规律（天命）否时将要消退，人们已看见"泰"的曙光（福祉）。

九五：休否，大人吉。其亡其亡，系于苞桑。

【注释】

休：止。　其亡：将亡。其，通"几"。几者，近也。　苞桑：丛生的桑根。

爻辞解读：消止天下之否，大人获得吉祥。它要亡，它要亡，因其系结在柔弱的桑条上。"否"势是邪恶的，没有根基，其生命力系在桑条上，不久将亡。在"否"接近于消亡之时，人们发出了"天下将亡"的惊叹！

上九：倾否，先否后喜。

【注释】

倾：倾覆。

爻辞解读：倾覆否运，先否极，后欢喜。物极必反，否极则倾，倾则泰来，泰来则喜。

易语杂谈

《杂卦传》曰："否、泰反其类也。"表明两卦之义相互反对，物有"泰"必有"否"，所谓否去泰来、泰极否来，就是说"否""泰"在一定条件下相互转化。老子曰："祸兮福之所倚，福兮祸之所伏。"也是此意。无论是个人生活，还是国之命运，都将摆脱不掉这种事物发展变化的规律。

否卦多从国运论述。中医讲阴阳失衡、气血淤滞，人则生病，社会有了否运则国运不济。"否"也可指外来侵害、自然灾害等对国势的危害。实践证明"否"可怕至极，有时会危及国之命运。这样的例子在中国历史上屡见不鲜。

处"泰"防"否"，居安思危，"否"来坚定意志，除邪扬正，乃国之有志之士义不容辞的大任！对"否"万不可懈而待之，掉以轻心！

◎ 同人卦　乾(天)上　离(火)下

同人于野，亨。利涉大川，利君子贞。

▅▅▅▅▅	上九：同人于郊，无悔。
▅▅▅▅▅	九五：同人先号咷而后笑，大师克，相遇。
▅▅▅▅▅	九四：乘其墉，弗克攻，吉。
▅▅▅▅▅	九三：伏戎于莽，升其高陵，三岁不兴。
▅▅ ▅▅	六二：同人于宗，吝。
▅▅▅▅▅	初九：同人于门，无咎。

《序卦传》曰："物不可以终否，故受之以同人。"突破闭塞不通的世界，需要人和人之间的和同团结，因此否卦之后以同人卦谈"同人"的道理。

卦辞：同人于野，亨。利涉大川，利君子贞。

【注释】

同人（tóng rén）：与人和同。同，亲也，也有聚集之意。　野：古代以都邑为中心，邑外为郊，郊外为牧，牧外为野。

卦辞解读：与人和同在远野，有利于渡过大河险滩，有利于君子修德行中正之道。"同人于野"象征志同道合的人视野广阔，立志高远，理想宏大，与这样的人聚集团结在一起，能够渡险滩创大业，君子以文明的德行行正道、干大事业。正如《彖传》所言："同人于野，亨。利涉大川，乾行也。文明以健，中正而应，君子正也。唯君子为能通天下之志。"

初九：同人于门，无咎。

爻辞解读：与邻近的邻居、同事和同亲密，不会有咎错。"同人于门"，这是个人最基础、最基本的行为需求。不与周边的人搞好关系，生活会闭塞不畅。国家之间也是这样，与周边国家搞好和同，有了安全的周边环境，才利于自身的发展、进步。

六二：同人于宗，吝。

【注释】

宗：宗族之人。

爻辞解读：与宗族的人和同，容易产生憾恨。这种情况在日常生活、生产活动中屡见不鲜。特别是与同宗同族、亲朋好友合作创业做生意，极易产生矛盾隔阂。

九三：伏戎于莽，升其高陵，三岁不兴。

【注释】

戎：军队。　莽：密林、草丛。　升：登上。　高陵：高地。　岁：年。　兴：指兴兵征战。

爻辞解读：伏兵于林莽之中，登上高地观察形势，多年不兴兵征战。初九、六二主要以个人生活工作中与人和同来说，之后三爻是以国之大事来说。关于九三爻辞有诸多解释。"三岁不兴"，多解释为多年不敢兴兵，笔者以为这句是讲国家对外提高警惕；"伏戎于莽"，养精蓄锐，积极备战，观察局势，随机而作，不主动兴兵作战，以求和平稳定的局面，对外求"和同"，避免战争发生。

九四：乘其墉，弗克攻，吉。

【注释】

乘：登上。　墉：城墙。　克：取胜。

爻辞解读：登上敌方城墙，不再为取得更大胜利而攻击，这样做是吉祥的。登上城墙不再继续向城内攻击，是道义所为。止战，有与百姓"和同"之义。这样做能避免士兵与城内百姓的伤亡和财产损失，可获得吉祥和顺的结果。

九五：同人先号咷而后笑，大师克，相遇。

【注释】

号咷：号叫哭泣。

爻辞解读：志同道合的人先大声哭泣，而后大笑，因为大军取得了胜利，胜利之时又相遇了。九四言战事当止则止，九五则讲胜利来之不易，可见战与和完全视情势而定。

上九：同人于郊，无悔。

爻辞解读：和同的人处于远郊，没有什么可后悔的。卦辞中"同人于野"是指同人志向高远，有着远大的抱负和崇高的理想。儒家对这一理想解释为实现大同社会。"郊"离城邑较"野"近，"野"远于"郊"，"同人于郊"意为伟大理想（可认为世界大同的理想）虽尚未实现，但已在"郊"了，离"野"靠近了一步，是值得欣慰的，因而无怨无悔。

易语杂谈

读同人卦想起毛泽东诗词二首。

七律·长征

红军不怕远征难，万水千山只等闲。

五岭逶迤腾细浪，乌蒙磅礴走泥丸。

金沙水拍云崖暖，大渡桥横铁索寒。

更喜岷山千里雪，三军过后尽开颜。

蝶恋花·答李淑一

我失骄杨君失柳，杨柳轻飏直上重霄九。

问讯吴刚何所有，吴刚捧出桂花酒。

寂寞嫦娥舒广袖，万里长空且为忠魂舞。

忽报人间曾伏虎，泪飞顿作倾盆雨。

同人同仁，同心之人。

同人同德，成功之和。

◎ 大有卦　离(火)上　乾(天)下

大有，元亨。

上九：自天佑之，吉，无不利。
六五：厥孚交如，威如，吉。
九四：匪其彭，无咎。
九三：公用亨于天子，小人弗克。
九二：大车以载，有攸往，无咎。
初九：无交害，匪咎。艰则无咎。

《序卦传》曰："与人同者，物必归焉，故受之以大有。"意思是：前同人卦是讲与人和同干事，必有收获，下一卦就是大有卦。大有卦主题不是以大获所有而相庆，而是说如何安保"大有"之道。

卦辞：大有，元亨。

【注释】

大有（dà yǒu）：盛大富有，大有收获。　　匪：非。

卦辞解读：大有收获，至为亨通顺利。

初九：无交害，匪咎。艰则无咎。

【注释】

交：结交，接近。　匪：非。　艰：以艰难自处。

爻辞解读：有了收获，富有了，与他人未涉及利益关系，或者没有沾染上有害的坏毛病，就没有咎灾；不忘创业的艰难，常怀忧惕之心，则无咎害。从反面说，处富不思艰难之时，易生骄矜之心，则会有咎灾。

九二：大车以载，有攸往，无咎。

【注释】

有攸往：有所往。

爻辞解读：财富丰厚，可以去干更大的事业，谋求更好的发展，无咎灾。另一解：有了大的收获，如大车载物般强壮，能承担更大的责任。任重道远，没有咎灾。

九三：公用亨于天子，小人弗克。

【注释】

公：指诸侯。　亨：通享。享为古代诸侯向天子献礼致敬的礼仪。克：能够。

爻辞解读：公侯有了收获，不独占，用来献于天子，与天子共享富有。小人则不会这样做，小人专其富有以为私，无奉献精神。这里讲富有了要与他人分享。

九四：匪其彭，无咎。

【注释】

彭：强壮、盛大的样子。

爻辞解读：富有了，不盛气凌人、自高自大、私欲膨胀，就没有咎灾。

六五：厥孚交如，威如，吉。

【注释】

厥：本义指憋气发力，引申为尽全力，也有厉害、严重的意思。

孚：诚信。　威如：威严的样子。

爻辞解读：很好地以诚信与人交流，受到人的尊重，威严自然形成，这是吉祥的。爻辞重点在于说明，富有了不是凭物质财富去获得别人的尊重，而是凭好的德行、凭诚信得到别人的敬重，这样做是吉祥的。

上九：自天佑之，吉，无不利。

【注释】

佑：助。

爻辞解读：由上天佑助，是吉祥的，做事没有不利。

爻辞把"大有"者之所以获得成功归之于来自天的佑助。"大有"者，德行好，众人信之助之。农业"大有"，风调雨顺使然。"自天佑之"的"天"还是来自自身德行，有时也真的来自大自然的赏赐。

易语杂谈

人安贫固然难，而安享富贵比安贫更难。金钱是衡量人品的重要工具。同仁一起艰苦创业时能够努力拼搏，和谐相处，但有了财富便容易滋生矛盾，甚至反目成仇，相互残害。有的人有了财富为富不仁，坑害他人；有的人有了财富吃喝嫖赌，违法乱纪；有的人有了财富六亲不认。财富给人以富贵，也会给人以耻辱和堕落。

君子爱财，取之有道。有了财富当以仁为先，济困扶贫，贡献社会。如此才可以"威如"，受人尊敬。财富如水，能载舟，也能覆舟！

◎ 谦卦　坤(地)上　艮(山)下

谦，亨。君子有终。

　　▬▬　▬▬　　上六：鸣谦，利用行师征邑国。
　　▬▬　▬▬　　六五：不富以其邻，利用侵伐，无不利。
　　▬▬　▬▬　　六四：无不利，撝谦。
　　▬▬▬▬▬　　九三：劳谦，君子有终，吉。
　　▬▬　▬▬　　六二：鸣谦，贞吉。
　　▬▬　▬▬　　初六：谦谦君子，用涉大川，吉。

《序卦传》曰："有大者，不可以盈，故受之以谦。"有大成就的人，不可以自满，要谦虚。所以继大有卦之后是谦卦。

卦辞：谦，亨。君子有终。

【注释】

谦（qiān）：谦虚、谦卑、谦让。

卦辞解读：谦虚行事能亨通顺利。君子自始至终保持谦虚的德行。"君子有终"，意为只有君子的谦虚才是发自内心的，所以能做到始终如一，行事亨通，而小人则反之。

初六：谦谦君子，用涉大川，吉。

【注释】

谦谦：谦之又谦。笔者以为此谦字叠用，是表示谦虚温和的样子。

爻辞解读：谦虚温和的君子，能够涉险渡大川，是吉祥的。具有谦虚德行的君子，临大事而惕栗，戒慎不盲动，避免遭遇不测之患。

六二：鸣谦，贞吉。

【注释】

鸣谦：可理解为谦的好名声远近闻名，还可理解为宣扬谦的品德。还有的解释为谦的品德得到赞誉，这些解释均通。鸣，本义是鸟鸣叫，后引申指一般的鸣响。

爻辞解读：谦虚的品德远近闻名，守正得到吉祥。

九三：劳谦，君子有终，吉。

【注释】

劳：功劳。

爻辞解读：有了功劳而谦虚不骄，君子始终如一，保持谦虚的德行，是吉祥的。

六四：无不利，㧑谦。

【注释】

㧑（huī）：发挥。

爻辞解读：发扬谦虚的品德，做事没有不利的。

六五：不富以其邻，利用侵伐，无不利。

【注释】

侵：渐进。   伐：自我夸耀。

爻辞解读：不凭借富有得到邻近人的拥戴而自我炫耀，做事没有不利的。即有了成就不自我夸耀，会得到别人的帮助，做事没有不顺利的。

上六：鸣谦，利用行师征邑国。

【注释】

行：往，出去。   师：教导，教化。   征：本义指远行的。   邑国：古代大夫、诸侯的封地。

爻辞解读：谦虚的品德得到赞誉、弘扬，要到周边邑国去教化那里的民众百姓。

这句爻辞多解释为，因谦虚有了好的名声，有利于兴兵作战去征伐邑国。但谦虚与征伐之间没有逻辑关系。

易语杂谈

今日读谦卦，惊闻"杂交水稻之父"袁隆平院士和"中国肝胆外科之父"吴孟超院士先后逝世！看到长沙成千上万市民呼喊着"袁爷爷一路走好"追着灵车奔跑的视频，看到上海及全国各地医务人员、普通百姓自发来到上海东方医院悼念吴院士的场景，心情沉痛，眼泪涌出。

袁隆平是世界上第一个成功利用水稻杂交优势进行研究并取得重大成果的科学家。2020 年袁隆平领衔的杂交水稻双季测产达到了亩产1530.76 公斤，袁隆平被誉为"稻田里的守望者"。他的研究成果不仅让中国人"端牢了饭碗"，而且惠及世界 26 个国家和地区的百姓。袁隆平三次申报科学院院士三次落选，无怨无悔，美国却评选他为有200 多位诺贝尔获奖者的美国科学院外籍院士。袁隆平是中国的，也是世界的。"民以食为天"，还有比解决人的吃饭问题更重要、更伟大的贡献吗？他抱着稻穗、带着微笑、站在农田的肖像，永远定格在笔者的脑海里。

吴孟超院士，使我国肝胆外科技术走在了世界的前列。医者仁心，吴老无愧于"人民医学家"称号，他以父子之爱对待病人，以赤子之心对待肝胆外科事业。九十六岁时每周做三台手术，九十八岁做完了一生最后一台手术。他微笑着在病人床前俯身为病人拾起鞋子的举动，感动了无数人，这一举动总在笔者的心里闪光。

两位院士之所以受到百姓的爱戴和敬仰，不仅是因为他们对人类做出特殊的巨大贡献，还因为他们具有伟大的仁爱之心和伟大的奉献精神。他们谦虚、平易、和蔼，像春风细雨，润泽着百姓的心田，谦虚仁爱是其取得伟大成就的根本所在。"谦虚使人进步，骄傲使人落后"的名言，"谦受益，满招损"的古训，成为中华民族最为显著的民族性格之一。袁隆平院士、吴孟超院士就是这种谦谦君子的榜样。有的人活着却已经死了，有的人死了却还活着，两位院士永远活在百姓心中。

与"谦虚"相反的是骄傲、傲慢。骄傲使人落后，傲慢使人堕落、失败、遭殃！做一个谦谦君子，就会事无不利！

◎ 豫卦　震(雷)上　坤(地)下

豫，利建侯行师。

六二：冥豫，成有渝，无咎。
六五：贞疾，恒不死。
九四：由豫，大有得，勿疑。朋盍簪。
六三：盱豫，悔迟有悔。
六二：介于石，不终日，贞吉。
初六：鸣豫，凶。

《序卦传》曰："有大而能谦，必豫，故受之以豫。"富有且谦虚，当然愉快，所以继谦卦之后是豫卦。

卦辞：豫，利建侯行师。

【注释】

豫（yù）：快乐、安逸。

卦辞解读：安逸、快乐宜建功立业，宜行师。卦辞开明宗义阐明安逸、快乐不能过分，不能无所事事，快乐的心境如此之好，理应更加奋发努力，有所建树。这里行师喻发展上进，与战事无关。

下面六爻围绕"豫"从正反两方面予以警示。

初六：鸣豫，凶。

【注释】

鸣：发于声也。

爻辞解读：自鸣得意，得意忘形，因逸豫而有闻，凶险。谦卦六二"鸣谦"，是指因谦虚而获得好的声望，是吉祥的，这是因豫有闻，快乐逸豫过了头，会导致凶险的结果。

六二：介于石，不终日，贞吉。

【注释】

介：本义铠甲，引申指特立、坚定。如"耿介之臣"。　于：介词，犹"如"。　不终日：不到一天的时间。

爻辞解读：耿介正直，中正不移，坚如磐石，明白欢乐必须适中的道理，远离安乐之快不待日终。守持正固可获吉祥。

《象传》曰："不终日贞吉，以中正也。"意思是，之所以不到一日悟出欢乐有度的道理，原因在于居中持正。

六三：盱豫，悔迟有悔。

【注释】

盱（xū）：张目，仰视。　有：古同"又"。

爻辞解读：仰视，无所顾忌地追求欢乐，会有悔恨。悔恨时又悔恨其来得太迟了。

九四：由豫，大有得，勿疑。朋盍簪。

【注释】

由：本义表示根本之来历。　盍：通"合"。　簪（zān）：古代用以束头发的首饰。

爻辞解读：欢乐逸豫是自然而然的，大有所得也是自然的，无需疑虑和怀疑。若是至诚的朋友合聚，何需像以簪整饰头发那样勉强呢？这句爻辞强调了欢乐和"大有"是自然而然的，无需刻意相求。

六五：贞疾，恒不死。

【注释】

恒：长久。

爻辞解读：贞正，即使有病，也会长久不死。这句爻辞未出现"豫"字，其意在爻辞内。品德端正，乐观安适，欢乐逸豫，纵使有病，仍可久活，说明"豫"在生活中的真实意义。

上六：冥豫，成有渝，无咎。

【注释】

冥：愚昧，昏暗。　成：终。　渝：改变。

爻辞解读：昏昧不明，沉溺于安乐，最终唯有改变这种境况才能无咎害。

易语杂谈

孔子主张："乐而不淫，哀而不伤。"（《论语·八佾》）逸豫、安乐是物质和精神有所收获之后的自然状态。努力工作以求安逸快乐的生活，系人之常情，而有了物质条件便去刻意追求过度的享乐，寻求刺激，贪图享受，挥霍无度，离祸害就不远了。贪官如此，暴富者亦多有之。黄、赌、毒，无不是追求所谓"快感"而形成的恶习。就国家而言，安而知忧患，强而能御敌，富而能恤民，事关国家安危，事关民族复兴。对于过度宣扬高消费、过度享乐，必须加以制止。

读豫卦更加认识到生于忧患死于安乐的道理，我们应以此为诫。

最近"躺平"一词引起热议，其意为部分年轻人吃苦拼搏仍满足不了购房、娶妻生子、就医养老所需，兼之"996""内卷"现象，因而对于通过拼搏奋斗取得幸福生活失去信心，不再去努力工作。"躺平"的出现，绝非偶然或者个例，它反映了一定的社会问题。这样的"躺平"有何欢乐可言！任何"心灵鸡汤"再也不会对此产生催化的作用。俗语说"饱汉子不知饿汉子饥"，那些不考虑实际问题，站在道德制高点侃侃而谈的人，可否去亲自体验一下普通劳动者的艰辛与付出！

◎ 随卦　兑（泽）上　震（雷）下

随，元亨利贞，无咎。

▬▬　▬▬	上六：拘系之，乃从维之，王用亨于西山。
▬▬▬▬▬	九五：孚于嘉，吉。
▬▬▬▬▬	九四：随有获，贞凶。有孚在道，以明，何咎？
▬▬　▬▬	六三：系丈夫，失小子。随有求得，利居贞。
▬▬　▬▬	六二：系小子，失丈夫。
▬▬▬▬▬	初九：官有渝，贞吉。出门交有功。

《序卦传》曰："豫必有随，故受之以随。"豫为安逸、欢乐，则从者众多，所以豫之后为随。

卦辞：随，元亨利贞，无咎。

【注释】

随（suí）：跟随，随从。

卦辞解读：随卦象征具有大的亨通，而"元亨"必宜具有贞正的德性，这样便没有咎灾。卦辞首先阐明随得其正，致大亨，利在于贞正，大亨无咎灾。反之，随失其正，则有灾咎，岂能亨通。

随有几种指向：一是为众人所追随，二是追随他人，三是临事随机选择随之人或随之事。

初九：官有渝，贞吉。出门交有功。

【注释】

官：古代指"吏事君也"，也谓执掌之职。人心之长与"官"同称，故人心所主谓之官，程颐解释"官"为"主守"，犹现在所说的思想观念。　渝：改变。　　出门交：意谓门内为私，门外为公；门内视野狭隘，门外见识广阔。

　　爻辞解读：人的思想观念会随时变化，只要守持正义，可获吉祥。出门与人交往可获成功，阐明"随"要随时机的变化而变化，最根本的是思想要贞正，要开阔视野，随社会大势而行。

六二：系小子，失丈夫。

【注释】

系：附从。　　小子：指年轻人。　　丈夫：指成年人。

　　爻辞解读：随附年轻人，就失去与成年人的随附，这里指人之追随往往有其两面，顾此失彼，得一方或将失去一方。

六三：系丈夫，失小子。随有求得，利居贞。

　　爻辞解读：随从成年人，就会失去与年轻人的随附，追随必然是有所求得，追随宜居守正道。六二、六三是说明追随要随时机与情境而有所选择，不能贪求太多。随，必然有所求，但动机要纯正，追随文明大势，追随比自己优秀的人，对自己修德居正有帮助。

九四：随有获，贞凶。有孚在道，以明，何咎？

【注释】

获：收获。　　孚：诚信。　　道：道义。

　　爻辞解读："随"有收获，虽正亦凶。心怀诚信，合与正道，立身光明磊落，会有什么灾咎呢？这里的"随"可理解为"被追随"，也可理解为"追随他人"。无论何种随，都是会有收获的，虽然行为正大光明，但也可引来别人的误会或者忌恨，就此招来凶灾。言外之意，行为端正，还会有灾咎。如果随的动机不纯正、行为不端，当然就更会招来凶灾。只要心怀坦荡，诚信守道，怎么会有咎害呢？因此最终无咎害。

九五：孚于嘉，吉。

【注释】

嘉：美善。

爻辞解读：诚信源于善良美好，是吉祥的。

上六：拘系之，乃从维之，王用亨于西山。

【注释】

拘：拘禁。 系：拴，系缚。 乃从：又从。 维：本义大绳，引申为维系。 用：与"以"同。

爻辞解读：捆绑拘禁，被迫维系。文王的事业因此在西山亨通。追随发展到一定程度转向离散，故拘系之，迫其从也。文王就此励精图治，事业亨通。

这句爻辞阐明"随"达致极，则会有分裂的可能性。面临分歧，被追随者往往会以强制手段迫其跟随。爻辞恐怕是周文王自己真实的经历吧！

传说周文王广施仁德，发展生产，深得百姓拥戴，由此引起纣王的猜忌和不满。纣王听信谗言，将文王囚禁于羑里。纣王用种种残忍的手段对其进行侮辱和折磨，文王随机应变，使人买通纣王上下，后被释放，回到故里岐山。"王用亨于西山"，即指文王在西山（岐山）奋发图治，为伐纣倒商做了积极而亨通的准备。文王是否是以自己追随纣后又背弃纣的经历，阐述"随"至极则致离散，强迫服从终将失败的道理呢？

这句爻辞有多种解释：第一，谓太王（周文王之祖先）避狄之难，离开故里来到岐山（西山），故里老幼随之如归市，周的王业兴于岐山。第二，谓王为了征服西方不从者，用兵打通西山之险隘，使那里的百姓随顺于王。第三，谓"亨"与"享"通，为祭祀之礼，王用祭祀天神以示诚意，使欲离散之人重新随顺。

易语杂谈

"随"像空气，像食物，像阳光，存在于每个人的生活与工作中，存在于国家和社会的各个层面。"随"无处不在，无处不存。追随善良，获得美的结果；反之追随邪恶，则如赴万丈深渊。"随"要随时随境，顺势而为，"居贞"则利。

然而先随后离的现象普遍存在。"随""离"，福祸相依，对于"随"的对象选择要慎重。在政治上，随者志同道合，离者则是背叛分裂；有时"随"是同流合污，"离"则是走向光明，有时"随"是不招自来，广而聚之，有时"离"则留之不住，加以强迫，"随我者昌，离我者亡"。辨其"随""离"是非曲直，则以"从善"为标准，故"随""离"之道深矣！不可大意！

◎ 蛊卦　艮(山)上　巽(风)下

蛊，元亨。利涉大川。先甲三日，后甲三日。

上九：不事王侯，高尚其事。

六五：干父之蛊，用誉。

六四：裕父之蛊，往见吝。

九三：干父之蛊，小有悔，无大咎。

九二：干母之蛊，不可贞。

初六：干父之蛊，有子考，无咎，厉终吉。

《序卦传》曰："以喜随人者必有事，故受之以蛊。蛊者，事也。"意思是：因喜欢追随他人，长久必生事端，所以随卦之后是蛊卦。"必有事"的事指事端。"蛊者，事也"的事，是治事之意。

卦辞：蛊，元亨。利涉大川。先甲三日，后甲三日。

【注释】

蛊(gǔ)：相传古人把许多有毒的虫子放在一起，让它们彼此吞噬，互相残杀，最后剩下的就是"蛊"。引申为能使人致病的寄生虫，又引申为蛊害、蛊惑。这里象征拯弊治乱。　元亨：大的亨通。　先甲三日，后甲三日：古代采用十天干循环记日，十天干为：甲、乙、丙、丁、戊、己、庚、辛、壬、癸。甲前之三日为辛，甲后之三日为丁，甲为十天干之首。

卦辞解读：治理"蛊"事，大为亨通，宜利于渡过险滩大川。颁布新法之前要考虑导致"蛊"的原因，以切中时弊，也要深虑新的法令颁布之后可能产生的效果，以备调整之策。三日指先后时间段，非是三日之数。

对"先甲三日，后甲三日"有另解：第一，新令初下，百姓未可全知道，容易触法，所以令下前三日向百姓宣导说明，令下后三日向百姓谆谆告诫，此间违者不予论罪。第二，甲日是颁布新令之日，前三日取改过自新，故用"辛"日，甲后三日取"丁"日，有"叮咛"之义。第三，"先甲三日，后甲三日"中隐含着周而复始之意，也有防微杜渐、防患于未然之意。

治"蛊"之事，顺乎民意，是亨通的，其过程必遇艰难险阻，所以是"利涉大川"。

初六：干父之蛊，有子考，无咎，厉终吉。

【注释】

干：或释为正。这里谓匡正、纠正。　考：甲骨文与金文中，考和老同字，为老年之意。《说文》释为老也。《释名》释为成也。即成就、成全。笔者以为这里是"成"的意思。　厉：危厉。

爻辞解读：匡正父辈的蛊害（弊乱），儿子能够完成，并成就祖业，必无咎害，即使遇到危险，最终是吉祥的。

对这句爻辞的解释有不同，断句为"有子，考无咎"解释为：有这样的儿子来匡正弊乱，父亲（考，解为父亲）必无咎害。或将"考"解释为"老"为"终"，意为：有儿子来匡正弊乱，父亲到老了也不会有咎灾。

把"考"解释为父亲，似乎不妥，因前面有"干父之蛊"，而后何故再以"考"代指父亲呢？

九二：干母之蛊，不可贞。

爻辞解读：匡正母亲的蛊害，不能以刚直持正的态度强行干蛊之事，言外之意是说应以渐进顺柔的方式，顺势待时，逐步使弊乱得到匡正。

九三：干父之蛊，小有悔，无大咎。

爻辞解读：匡正父亲的弊乱，稍有悔恨，但没有重大咎害。

六四：裕父之蛊，往见吝。

【注释】

裕：宽裕，宽容。

爻辞解读：宽容缓慢地整治父辈的弊乱，弊乱将会日深，发展下去必然出现憾事、悔事。

六五：干父之蛊，用誉。

【注释】

用：用与"以"同。　用誉：以此而获誉。

爻辞解读：整治、匡正父辈的弊乱，备受赞誉。

上九：不事王侯，高尚其事。

【注释】

事：前"事"为侍奉之"事"，后"事"为行为之"事"。

爻辞解读：不去侍奉王侯，把自己退隐逍遥物外的行为看得很高尚。

易语杂谈

笔者以为此卦把"干父蛊"喻为整治社会制度、上层建筑等方面的弊乱，"干母蛊"喻为整治百姓存在的陈规陋习及不良之风气等。而整治这两方面的"蛊害"方法不同，"干父之蛊"应雷厉风行，严格果断；而"干母之蛊"则应以循序渐进、逐步感化的方式进行。

社会的文明发展是随着不断治蛊而进行的。贪污腐败、挥霍浪费、恃强欺弱、傲慢无礼、浮夸欺骗等，这些蛊是危害社会文明健康的毒瘤，是人们见而生恨的狼兽毒虫。不予清除，社会就会乱象百出，百姓安康、民族复兴就没有保证。

有人说，如何如何能挣大钱，就有人趋之若鹜上当受骗。骗人者是"蛊"可恨，受骗者、跟风者、人云亦云者脑子里有"蛊"，可怜蛊之患何其危矣！因此，除"蛊"刻不容缓！

◎ 临卦　坤（地）上　兑（泽）下

临，元亨利贞。至于八月有凶。

　　上六：敦临，吉，无咎。
　　六五：知临，大君之宜，吉。
　　六四：至临，无咎。
　　六三：甘临，无攸往。既忧之，无咎。
　　九二：咸临，吉，无不利。
　　初九：咸临，贞吉。

《序卦传》曰："有事而后可大，故受之以临。临者，大也。"因发生事端，然后才可以有大的发展，面临大事，积极向前。

我们试着从两条线索、两个角度去理解临卦，也挺有意思。

卦辞：临，元亨利贞。至于八月有凶。

【注释】

临（lín）：本义表示从上往下俯视，引申为从上面监视着，又引申为王侯高居上位对百姓的管理、统治，多为面对的意思。这里是临民临事之意。　至于八月有凶：以时令为喻，讲盛极必衰之理。《礼记·月令》："是月也（仲秋之月）……杀气浸盛，阳气日衰。"到了八月阳气日衰，有凶险，要提高警惕，随机应变。

卦辞解读：临民临事，开始有大的亨通顺利，但宜持守贞正。到了八月时节会有凶险，要提高警惕，有戒备之心。另解：面对某一事物做出判断从而抉择，要守持贞正之心，就会亨通顺利，但是也会遇到意想不到的风险，要有警戒之心。

初九：咸临，贞吉。

【注释】

咸：感应，感化。又，盐味，又，苦味。

爻辞解读：以感化之心下临民众，坚守贞正之道，可获吉祥。"咸"字是无心之感，这种感化是无心的，不是刻意的，是发自自然的；有心之感，是有意而为之，常带有私欲，有时是虚的、空的、假的。

另解：第一，咸，当盐味、苦味讲。面临苦涩、艰辛之事，只要持守贞正之心，可获吉祥。第二，面临一事物，获得的信息是感性的，或许是虚妄不实的，要自守贞正，不轻信，不妄为，可获吉祥。

九二：咸临，吉，无不利。

爻辞解读：接续初九之意而言，加以强调，守正为做事之本，只要守其贞正，面临任何事物都会吉祥，没有不利的事情。

六三：甘临，无攸往。既忧之，无咎。

【注释】

甘：甜。这里指甜言蜜语。　攸：所。

爻辞解读：以甜言蜜语下临百姓，笼络人心，必无所利。反省这种行为，心怀忧惧，也不会有灾咎。

另解：面临甜言蜜语的谄媚之言，或者很容易就得到的甜美之事，往往是不利的，要有所忧惧戒备，就不会有灾咎。

六四：至临，无咎。

【注释】

至：到达。

爻辞解读：亲临民间体察民情，则无咎害。

另解：面临一件事物，了解事物的本来真实情况，无咎害。

六五：知临，大君之宜，吉。

【注释】

知：通智，智慧。　大君：指君王。也指德高望重的君子。

爻辞解读：以聪明才智面临天下，治理国家，是君王应该做的，必获吉祥。

另解：以聪明智慧处理面临的事物，是德高望重的君子所为，是吉祥的。

上六：敦临，吉，无咎。

【注释】

敦：敦厚，宽容，仁厚。

爻辞解读：以敦厚宽仁的态度临于天下，治理国事，必得吉祥，没有灾咎。

另解：以敦厚仁心处理面前事物，是吉祥的，不会有灾咎。

易语杂谈

临事而抉择伴随人的一生，除了父母无法选择之外，择学、择婚、择业、择信仰是临之大择。生活中、工作中随时有诸多临之择在等待着你。学习临卦，是否会得到一些启示呢？

笔者在过去的工作中，也曾临物质、金钱的诱惑，最终选择了洁身自好，不沾一尘。这样做倒不是因"觉悟"高低，只是想不是你的东西，不能占为己有，把自己的脸面看得如同生命一般。临媚不贰，临强不就，临弱不轻，临权势不攀，心地光明，行为磊落，无怨无悔，问心无愧，晚年则生活自由自在，轻松愉悦。

临事而抉择，以贞正为根本，以智慧为辅助，以敦厚为德行，易之临卦讲得何其好啊！这三者均发自人的自然本源，不去刻意而为，不以私利为目的，以仁善为根本去抉择，这样的临事何咎之有？

◎ 观卦　巽(风)上　坤(地)下

观，盥而不荐。有孚颙若。

上九：观其生，君子无咎。
九五：观我生，君子无咎。
六四：观国之光，利用宾于王。
六三：观我生，进退。
六二：窥观，利女贞。
初六：童观，小人无咎。君子吝。

《序卦传》曰："临者，大也。物大然后可观，故受之以观。"上一卦临卦是说临大事而为，因大事才可受到关注，才可观察到，故临卦下一卦是观卦。

卦辞：观，盥而不荐。有孚颙若。

【注释】

观（guān）：看也，察也。　盥（guàn）：在祭祀前洗手。　荐：奉酒食以祭祀。　孚：诚信。　颙（yóng）：仰望，恭敬仰慕的样子。

卦辞解读：观察到祭祀前洗手在先，奉献祭品在后。祭祀的人诚信、肃穆被人仰慕。

观卦卦辞以观察祭礼为喻，从两方面阐释观的要点：其一，观察事物要从大处着眼（古代祭祀是国之大事），从细微之处（祭前洗手之状）看出关键；其二，被人观察者，做事要真诚，这样才被人敬仰。

初六：童观，小人无咎。君子吝。

【注释】

童观：像幼童那样观察事物。　小人：平民百姓。　吝：耻辱。

爻辞解读：像幼童那样茫无见识，观察事物，幼稚可笑，对一般平民百姓无咎害，对君子来说，如幼童那般观察事物则是耻辱和遗憾的。

六二：窥观，利女贞。

【注释】

窥：从门缝中偷看。

爻辞解读：从门缝中偷看，所见狭小，不见全貌，利于女子的守正。观察不全面，则不能了解认识事物的全貌和本质。

六三：观我生，进退。

【注释】

生：作为。

爻辞解读：观察审视自我的行为能力和生存境况，确定进取或者隐退，自我省检方能有自知之明，有自知之明才能确定进退。

六四：观国之光，利用宾于王。

【注释】

国之光：国家的盛治、民风之光辉。　用：以。　宾：君为主，宾为臣。

爻辞解读：观察国家的盛治光辉，对做好君王的臣僚是有利的。《论语·泰伯》："天下有道则见。"看到国家走正道，君王系明君，则去为官辅之。

九五：观我生，君子无咎。

【注释】

生：同九三之"生"。

爻辞解读：观察审视自己的作为，唯有行君子之道方可无咎错。

上九：观其生，君子无咎。

【注释】

生：这里指苍生、民众。

爻辞解读：观察其（君王）治下的民众，若天下民众民风合于君子之道则为政以善，则无咎害；反之，若治下民众民风未合君子之道，则君王未善，或有咎害。通过观察君王治下的苍生百姓看君王的德行。

易语杂谈

观卦内容丰富，道理深刻。人的一生，天天都在观察事物，同一事物，不同的人观察后得出的结论会大相径庭。童观得出幼稚的结论可谅，而成年人、有文化的人甚或地位显贵的人观察问题得出违背常识、常理的结论就是可耻的事情了。人长了眼睛用之于观，观要仔细、全面、客观；人长了头脑用之于思，思要缜密，要科学，要独立。通过这样的观察与思考得出的结论或许是独立见解，或许是科学的。有些人往往轻信别人，人云亦云，这种人的认知有时还比不上幼童的纯真之解。而那些对事实视而不见、听而不闻，趋炎附势，拍马溜顺，以图私利为目的而胡说之人，当不在论"观"之列。

自观即自省，更是难能可贵。《论语·学而》："曾子曰：'吾日三省吾身。'"自省，真实地审视自己的优势和不足，了解自己几斤几两，才能做出对自己有利的抉择。一个人除了观察事物、观察别人、观察自己以外，也无时无刻不被他人所观察。严于自律，知耻知善，持君子之风，做光明正大之人，是人之正道。观卦的道理浅显而深刻，我们需仔细体会，谨慎而"观"。

◎ 噬嗑卦　离(火)上　震(雷)下

噬嗑，亨，利用狱。

　　上九：何校灭耳，凶。
　　六五：噬干肉得黄金，贞厉，无咎。
　　九四：噬干胏，得金矢，利艰贞，吉。
　　六三：噬腊肉，遇毒，小吝，无咎。
　　六二：噬肤灭鼻，无咎。
　　初九：屦校灭趾，无咎。

《序卦传》曰："可观而后有所合，故受之以噬嗑。嗑者，合也。"有了成就被人观，需要和合图进，这时或有梗阻，碍其亨通，必须将梗阻像吃饭咀嚼那样咬断，噬而嗑之。

卦辞：噬嗑，亨，利用狱。

【注释】

噬嗑（shì kē）：噬，啮也，用牙齿咬物。嗑，合也。　用狱：施用刑罚。

卦辞解读：物在口，隔其上下，噬断其物，上下乃合而得亨通。喻对世间之恶性梗阻施用刑罚是有利的。

初九：屦校灭趾，无咎。

【注释】

屦（jù）：本义为鞋，这里作动词，作穿着义。 校（jiào）：古代木制刑具的通称。加于颈称枷，加于手称梏，加于脚称桎。 灭（mò）：没，又掩。这里指刑具遮盖了脚趾。

爻辞解读：脚上戴着刑具，刑具遮没了脚趾，不能行走，无咎害。犯罪较轻，初犯，施以惩罚，以戒再犯，这样不会有咎害。

另解："校灭趾"也有"不可前行"之义。触犯律法，予以惩戒，当立即停止犯法，以免深陷罪恶之中不能自拔。

六二：噬肤灭鼻，无咎。

【注释】

肤：柔软的肉。

爻辞解读：吞咬着柔软的肉，把鼻子遮没了，无咎害。喻顺利地施以刑罚，处理梗阻之事，无咎害。

自六二爻始，讲施以刑罚遇到的诸类情况。

六三：噬腊肉，遇毒，小吝，无咎。

【注释】

腊肉：腌渍的肉再经过烘炉（或日光下曝晒）而成的肉制品。

爻辞解读：咬干肉，遇到毒恶之味，伤其口，虽有小的恨惜，却无咎害。以噬腊肉遇毒喻因施刑罚不当，刑人不服而怨怒，及时调整稍有鄙吝，尚无咎害。反之，若有冤案，伤己害人，即有咎灾。

九四：噬干胏，得金矢，利艰贞，吉。

【注释】

干胏（zǐ）：带骨的干肉。 金矢：金属做的箭头。

爻辞解读：以咬带骨头的干肉、遇到金矢作比喻，阐述刑人犯罪深重，案情严重复杂，施刑罚需攻坚克难，守持贞正，是吉祥的。

六五：噬干肉得黄金，贞厉，无咎。

爻辞解读：以咬干肉而肉内有金属碎末（大概是打猎时箭头在肉内留下的金属粒）为喻，阐述施刑罚时会遇到意想不到的繁杂难解之事，甚或危厉之事，特别需要公正对待，谨慎行事，方可遇险而无咎害。

上九：何校灭耳，凶。

【注释】

何：通"荷"，负荷。　　何校：肩戴木枷。

爻辞解读：肩负木枷，木枷遮没了耳朵，凶险。

易语杂谈

噬嗑卦卦辞开宗明义，治理社会梗阻，施以刑罚最为有利。六爻之中，有四爻其结语为"无咎"，一爻结语为"吉"，可见作者皆在鼓励以"噬"之果断之法去除邪恶，断其梗阻，使社会上下和谐、诸事亨通。

"噬嗑"的比喻耐人寻味，咀嚼是人的生理自然行为，口中有物则"噬"，不"噬"牙齿失职；口中无物而刻意去"噬"则是病态，容易伤及唇舌。"噬"的辨识能力特别重要，不该"噬"或"噬"不动，便不去噬，或有变质之物则不能"噬"，否则会出咎错，伤及肌体。咀嚼是脑（指挥系统）、舌（辨识系统）、齿（执行系统）、腭、唾液等（配合系统）紧密配合才能完成任务的系统，关乎身体健康，其重要性不言而喻。噬嗑卦以噬嗑喻刑罚之事，实为智慧之举，生动幽默，耐人寻味。

阻碍和合的口中之有形物可辨，果断噬之，问题解决。若是有毒之液体，假以良饮，甜爽可口，浸入口中，不等咀嚼，即进食道，致人死命。再如有害气体潜入口中，也可夺命伤身。这好比社会上落后偏执的思想观念，颠倒黑白、混淆是非的谣言，假大空的心灵鸡汤，抹黑、蛊惑人心的大话、套话、假话，以及越来越膨胀的贪欲享乐之风就像毒液、毒气一样，看着清澈，闻着芬芳，实则腐蚀人的精神，扭曲人的灵魂，使人昏然不知东西南北，丧失良知道德，比有形的作恶更可恨，必须尽快除之而后快！

◎ 贲卦　艮(山)上　离(火)下

贲，亨，小利有攸往。

```
▅▅▅▅▅  上九：白贲，无咎。
▅▅ ▅▅  六五：贲于丘园，束帛戋戋，吝，终吉。
▅▅▅▅▅  六四：贲如皤如，白马翰如，匪寇，婚媾。
▅▅▅▅▅  九三：贲如濡如，永贞吉。
▅▅ ▅▅  六二：贲其须。
▅▅▅▅▅  初九：贲其趾，舍车而徒。
```

《序卦传》曰："嗑者，合也。物不可以苟合而已，故受之以贲。贲者，饰也。"噬后即"嗑"，嗑后亨通，亨通后加以礼饰，即有节有礼，有本有文。《礼记·礼器》曰："先王之立礼也，有本有文。忠信，礼之本也；义理，礼之文也。无本不立，无文不行。"这里的"文"即指修饰、文饰，贲卦是讲文饰的。

卦辞：贲，亨，小利有攸往。

【注释】

贲（bì）：饰也。　攸：所。

卦辞解读：修饰事物是亨通的，是小通，故小利于前往。

初九：贲其趾，舍车而徒。

爻辞解读：修饰自己的脚趾，舍弃车不坐，徒步行走。喻饰所当饰

（贲其趾），不当饰不饰（舍车而徒），也意为显示饰之脚趾，宁可弃车徒步而行。

另解：去娶亲，修饰脚趾，高兴地舍车而徒步前往。

六二：贲其须。

【注释】

须：男人脸颊上的胡子。

爻辞解读：修饰脸颊上的胡子。

另解：为了娶亲，修饰好自己的胡须。

九三：贲如濡如，永贞吉。

【注释】

濡：沾湿，这里指像打湿一样温润有光泽。

爻辞解读：修饰得那样温润俊美，永远守持贞洁正道，方可吉祥。提醒人们，若修饰过分，只有走正道才吉祥。

另解：修饰得非常温润俊美，娶亲后永远贞正，方可吉祥。

六四：贲如皤如，白马翰如，匪寇，婚媾。

【注释】

皤（pó）：物白。　如：语助词。　翰：本义指羽毛，引申为白马，又指长毛，这里指白马毛长。

爻辞解读：一身白色装扮，拉车的白马毛长无杂，这非盗寇，是去娶亲的。

六五：贲于丘园，束帛戋戋，吝，终吉。

【注释】

丘园：山丘林园。　戋（jiān）：细小。

爻辞解读：装饰山丘上的林园，用一束束微薄的丝帛来装扮，尽管有些憾惜，最终是吉祥的。

另解：来到女方在山丘上的居住处，只见用一束束细小的丝帛来打扮园林，尽管有点憾惜，最终婚事是吉祥的。

上九：白贲，无咎。

爻辞解读：白素无饰，无咎害。

另解：娶亲活动结束后，去修饰，恢复素白本真，无咎害。

上九爻辞至为关键。前面五爻述文饰的各种表现以及文饰的不同效果，最后上九指出，所有文饰都是在白素的基础上进行的，都将返璞归真，回到原色。一切文饰都是空虚的，唯有重实质、有内涵的朴实，才是文饰的极致。文饰的最高境界就是本色的极致表现。

易语杂谈

贲卦，以娶亲为喻，阐释"文饰"的意义。娶亲乃人生大喜事，新人从头脚装扮一新，亲朋好友兴高采烈，居处张灯结彩，锣鼓喧天，迎亲或婚礼结束，所有装饰卸去，一切恢复原样，这时候才突然发现还是原本的样子好，轻松自然，惬意舒服。贲卦阐释了一个道理，最高境界的饰就是无饰。"饰"字的本义是刷、拭，可见洗脸或将灰尘污物刷拭干净也叫"饰"。饰的引申义有遮掩、修饰、装饰、文饰、使之好看等。由此看来，"饰"到最后，回到素白的本质，才是回归到"饰"的原本之义。

然而，无论人或物，无饰也是不行的，土坯房不装修谁还去住？人不理发修须，岂不成"野人"？人若不穿衣服独自在家可以，在街上裸奔成何体统？《论语·雍也》："质胜文则野，文胜质则史。文质彬彬，然后君子。"意思是，太质朴则显得粗野，过分文饰就显得虚浮。只有质朴和文饰配合协调，才可能成为君子。粉饰过分就虚浮了，再进一步就是作假了，更进一步就可能是"饰非"了。尤其文过饰非、夸大其词、自吹自擂、掩盖矛盾、粉饰太平、夸大宣传，这些"饰"危害匪浅，是应该引起我们高度重视和警惕的！而恰当适宜的饰则是亨通的，是"小利有攸往"的。

"饰"当则小亨，失当而过度则成咎。

◎ 剥卦　艮(山)上　坤(地)下

剥，不利有攸往。

■■■■■ 上九：硕果不食，君子得舆，小人剥庐。

■■　■■ 六五：贯鱼以宫人宠，无不利。

■■　■■ 六四：剥床以肤，凶。

■■　■■ 六三：剥之，无咎。

■■　■■ 六二：剥床以辨，蔑贞，凶。

■■　■■ 初六：剥床以足，蔑贞，凶。

如何理解剥卦的卦义，很是踌躇。

《序卦传》曰："贲者，饰也。致饰然后亨则尽矣，故受之以剥。"对《序卦传》的这段话可以理解为，文饰过度就会产生虚浮、假象，甚至腐败，事物不亨通。腐朽、邪恶开始剥正义文明。"剥"是反面的、反动的，阴剥阳、小人剥君子，剥的社会环境是凶险的，君子不宜有所前往，宜顺而止步，这是对剥卦卦义通行的解释。若这样理解，为什么五条阴爻剥到上九就不剥了呢？是不能还是不为？还有，初六、六二均为凶，六三成为"剥之，无咎"，六四又为"凶"，仅从象数去解释似乎很是勉强。

如果把《序卦传》"致饰然后亨则尽矣，故受之以剥"理解为由于饰之过度，事物不再亨通，所以剥去虚假过度的饰，还原事物本来品质，这样"剥"就是正义的行为，这样的理解合情顺理。笔者将通行解释和自己浅见一并笔记于此，供日后再辨。

卦辞：剥，不利有攸往。

【注释】

剥（bō）：本义为削、剥落，即去掉物体表面上的东西。

卦辞解读：剥，剥落。剥掉过度的文饰虚浮，在剥的非常时期，不宜有所前往，不宜有所作为。

另解：剥象征剥落，邪恶（阴）剥正气（阳），君子不宜有所前往、有所作为。

初六：剥床以足，蔑贞，凶。

【注释】

蔑：本义指杀伐。蔑有微小的意思，由微小引申为轻视、蔑视。这里是轻视、蔑视之义。

爻辞解读：剥落大床，从剥床足开始。正义被蔑视，剥的行为有凶险。剥其虚饰假象，先从基础开始，剥的行为是正义的，行动有凶险。

另解：剥落大床，先剥床足，蔑视正道，剥之来临，有凶险。以剥床为喻，阐述剥落从最基础开始。

六二：剥床以辨，蔑贞，凶。

【注释】

辨：本义判也。引申出指床足与床身区分处。

爻辞解读：剥落大床，已剥到床板，正义被蔑视，处境凶险。剥落虚饰力度在加深。

另解：剥落大床已剥到床足与床身连接处了，蔑视正道，有凶险。邪气上升，加深对正义的侵剥，有凶险。

六三：剥之，无咎。

爻辞解读：剥的行动虽有凶险，至此还未遇到咎害。

另解：虽然剥落在逐步加深，至此还未形成咎灾。

六四：剥床以肤，凶。

【注释】

肤：皮肤。

爻辞解读：剥落虚饰由剥其现象发展到剥其人的精神层面，这种作为更为艰难凶险。

另解：剥至床面，伤害到人的肌肤，凶险。邪恶剥之更甚，已发展到侵害人的精神灵魂（肌肤），这是非常凶险的。

六五：贯鱼以宫人宠，无不利。

爻辞解读：像鱼一样贯穿在一起，又像宫女依次争宠于君王，这是没有不利的。强调了适度粉饰为其争宠是必然的，无碍的，没有不利的。

另解：小人像被贯穿一排的鱼，又像宫女那样依次争宠于君王，这时是没有不利的，剥之邪恶对正义暂无不利，纷纷争宠于上位。

上九：硕果不食，君子得舆，小人剥庐。

【注释】

舆：在上古当举讲，众人所举，引申出众人。"舆论"一词即用此引申而来。这里当"众人"讲。

爻辞解读：剥去浮华虚假的外表，硕果终没有被浮华所侵蚀掉，君子得到众人拥戴，小人失去了赖以生存的住处。浮饰被剥落，事物复以原貌，正义得以发展，腐弊得以整治。

另解：硕大的果实没有被摘食掉。君子得到了众人的拥戴，小人却最终无处容身。正义终未被剥掉。

易语杂谈

过度的"饰"对事物有损害，但不至于动其根本，故"剥"为剥落浮饰，象征正义，这样的理解是妥当的，切其卦义。

适度粉饰，赏心悦目，过度粉饰，假象萌生，侵蚀本源，掩盖自然之美，甚或掩盖事实真相。回想当年，被"粉饰"所遮眼，不知世界真实面貌，进而鼠目寸光，盲目自大，思考无所依，认识无所见。人皆井底之蛙。粉饰必带来虚假夸大，看似危害甚微，实则危害人的精神和灵魂。只有剥去虚假，才能求得真实。求真务实，追求真理，才能向着民族复兴之路前行。

◎ 复卦　坤(地)上 震(雷)下

复，亨。出入无疾，朋来无咎。反复其道，七日来复。利有攸往。

　　　上六：迷复，凶。有灾眚。用行师，终有大败，以其国，君凶。至于十年不克征。

　　　六五：敦复，无悔。

　　　六四：中行，独复。

　　　六三：频复，厉，无咎。

　　　六二：休复，吉。

　　　初九：不远复，无祗悔，元吉。

《序卦传》曰："物不可以终尽剥，穷上反下，故受之以复。"事物发展到一个节点，就转而反下，由新的起点上升，所以剥卦之后是复卦。

卦辞：复，亨。出入无疾，朋来无咎。反复其道，七日来复。利有攸往。

【注释】

复(fù)：归，返还。回到本原。　　反复其道：指冬去春来，月盈月亏，日起日落，都有固定法则，这是不可逆转的自然规律，自然界是如此，人类社会也是如此。　七日来复：我国出土的青铜器铭文中记载，周初纪日法，即按月亮盈亏规律，每月分为四期，每期七日（或因大小月有八日者）。从月初至月末依序取名为"初吉""既生霸""既望""既死霸"，据此"七日"正为日序周期转化之数。"七日来复"象征"转机迅速"之义，似现今"一星期之内"。

　　卦辞解读：复归是亨通顺利的，出入没有疾病，朋友往来也不会有咎害。返回有一定规律，七天为一个周期，有利于前往发展。无论对前面剥卦作反面或者正面理解，剥终之后，事物都将回到本原，复兴正义是不可抗拒的自然规律。

初九：不远复，无祗悔，元吉。

【注释】

祗：祗为"祇"之误。祇，大也。

爻辞解读：行而不远，失去方向，适时回复正道，无大的悔恨，重新开始是吉祥的。

六二：休复，吉。

【注释】

休：美、善、喜。

爻辞解读：欣悦、欢喜地回复正道，是吉祥的。

六三：频复，厉，无咎。

【注释】

频：同"颦"，皱眉，愁眉苦脸，忧愁不乐。　厉：危险。

爻辞解读：皱着眉头，勉强回复正道，迫于危险，知难而返，不会有咎害。

六四：中行，独复。

【注释】

中行：居中行正。

爻辞解读：与人同行，独自选择回复到正道，不与他人同流。

六五：敦复，无悔。

【注释】

敦：劝导，勉励。

爻辞解读：在别人劝导、督责、勉励之下而返回正道，虽是被动的，但无悔恨。

上六：迷复，凶。有灾眚。用行师，终有大败，以其国，君凶。至于十年不克征。

【注释】

用：施用。　以：同。　克：能。　征：前行、发展。

爻辞解读：迷入歧途而不悟，不知返回，有凶险。有灾殃祸患。要是用于带兵作战，终将惨遭败绩，用于治理国家，必致国乱君凶，十年之久国家也不能振兴发展。"迷复"的主体，看上去是指某一人，或臣或君，实则指落后、腐败、邪恶的思想意识。

易语杂谈

复卦作者列举了返回正道的六种不同情况，拳拳"回复"之心，跃然纸上。大千世界，千年万载"反复其道"，然而世事由乱复治、由愚昧复至科学、由野蛮复至文明，其过程是复杂、缓慢、艰难的。

人类社会自产生之日起，各种矛盾与争斗从未停息，其惨烈程度可谓人神惊怵。世界在漫长的来复之中，由野蛮一步步向文明迈进，因为人类共同向往的是善美、平和、亲近。人类不断纠正自己的偏差，提高自己的品位。人，肤色不同，语言有异，但人性有其共性，中国人讲良知，西方人讲博爱，这不是异曲同工吗？这种人性的共性的力量像推动自然界有规律变化的看不见闻不到、无法感知的力量那样，推动着人类社会发展！老子所谓的"道"就在于此。这种变化前进的过程就是"来复"的过程。这个过程是极其复杂的、缓慢的，但是永远不会停息。

◎ 无妄卦　乾(天)上 震(雷)下

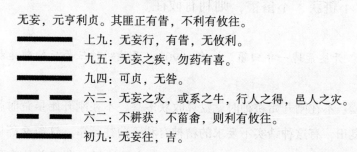

无妄，元亨利贞。其匪正有眚，不利有攸往。

上九：无妄行，有眚，无攸利。
九五：无妄之疾，勿药有喜。
九四：可贞，无咎。
六三：无妄之灾，或系之牛，行人之得，邑人之灾。
六二：不耕获，不菑畬，则利有攸往。
初九：无妄往，吉。

《序卦传》曰："复则不妄矣，故受之以无妄。"回复正道后，需要避免、杜绝妄念、妄为，所以复卦后是无妄卦。

卦辞：无妄，元亨利贞。其匪正有眚，不利有攸往。

【注释】

无妄（wàng）：至诚。不妄为，不虚妄，不妄想。妄，本义是狂乱，后引申指荒诞、胡乱、虚妄，毫无约束。　眚：本义指眼睛生翳（yì），后指过错、祸患。"眚"与"灾"有别，眚多指自致之过之患，如所谓的"人祸"；"灾"多指外来之祸，如所谓的"天灾"。

卦辞解读：不妄为至诚为亨通顺利，利于贞正。不守正道则有祸患，不利于前往发展。卦辞赋予无妄"元亨利贞"四种美德，即"体仁长人，嘉会合礼，利物和义，贞固干事"。又警诫若不守正道则有灾患，这里不用"咎"而用"眚"，意思是指无妄、有妄之间，主观意识起主导作用。

如果"有妄"而造成的患害，就是人为的患害。帛书《易》作"无孟"，"孟"意为夸大的、过激的，"无孟"即诚实、不夸大、不过激的。

初九：无妄往，吉。

爻辞解读：不妄为，前往就会获得吉祥。后面诸爻分别论及特殊情况下"无妄"之境况。

六二：不耕获，不菑畲，则利有攸往。

【注释】

菑（zī）：开垦荒地一年曰菑。　畲（yú）：开垦耕种三年后的熟地称为畲。

爻辞解读：不在刚开始耕种时就盘算收获多寡，不在刚开始垦荒时就期望新地变良田，有这种踏实不妄求的精神有利于前往行事。这条爻辞体现了"只问耕耘，不问收获"的思想境界，有这种境界，利于前往有所作为。

六三：无妄之灾，或系之牛，行人之得，邑人之灾。

爻辞解读：没有妄为，却有意想不到的灾祸，例如有人拴系的耕牛，被路人顺手牵走，附近的人家因此而蒙冤遭灾。失牛遇"灾"，邑人遭到怀疑获"灾"，这与是否"有妄""无妄"无关。此爻辞告诫人们，无妄尚且会遇到意外之灾，如妄为不守正道，更容易遭到灾患。

九四：可贞，无咎。

爻辞解读：能守持正道，无咎灾。九三讲"无妄之灾"，九四强调守持正道的重要性，不能因"无妄之灾"而怀疑守持正气对于避免灾咎的重要性。

九五：无妄之疾，勿药有喜。

【注释】

有喜：谓疾病自愈。

爻辞解读：不妄为却得疾病，不需用药便会自愈。无妄之疾，不能提前知道而有所防范，人处于世间，每遇到被人误会或不公正的待遇时，不必太在意，终有拨云见日、雨过天晴之时。

上九：无妄行，有眚，无攸利。

爻辞解读：虽无妄，适遇天地之变当止不止，反而前行，就会有错咎。这时就不要前往。

另解：认为"无"为衍文。本无"无"字，或"无"为"毋"，禁止之词。此爻系警诫之辞，如果妄行，会有灾咎，不要前往。这样解释也通。

易语杂谈

人生最高的修养境界应该说是"无妄"。人生处世做到无妄念、无妄行、无妄语实属不易。无妄的根本在于"诚"，诚的内涵是"良知"。笔者回忆大半生之作为，因妄念、妄行、妄语而后悔的事情数不胜数，但愿余生与"无妄"相伴。

老子曰："知常曰明，不知常妄作凶。"（《道德经》十六章）又曰："无为而无不为，取天下常以无事，及其有事，不足以取天下。"（《道德经》四十八章）这两段话的意思是：认识到了事物的客观规律叫作聪明、明白，不认识事物的规律而去妄作妄为，往往会出现灾凶。如果能做到无为（为这里是妄为的意思）即不妄为，做任何事情都可以有所作为。任何事物都有其产生、存在、发展、变化的规律性，循其规律而为则昌，逆其规律妄为则败。生活中人们注重身体健康没错，但不能妄为。有的人不顾自身情况盲目进补，有的人则以素食相伴，缺乏营养，有的人暴饮暴食，有的人则过度节食，还有人有病不医，求神拜佛，把好端端的身体弄垮。这些都需要"无妄"的纠偏。

◎ 大畜卦　艮(山)上　乾(天)下

大畜，利贞。不家食，吉。利涉大川。

上九：何天之衢，亨。
六五：豶豕之牙，吉。
六四：童牛之牿，元吉。
九三：良马逐，利艰贞。曰闲舆卫，利有攸往。
九二：舆说輹。
初九：有厉，利已。

《序卦传》曰："有无妄然后可畜，故受之以大畜。"进入真实无妄的境界，就有大的发展，有大的发展就会有大的积蓄，所以继无妄卦之后是大畜卦。

卦辞：大畜，利贞。不家食，吉。利涉大川。

【注释】

大畜（xù）：大为积聚。这里的"大畜"，众学者解为所畜之大。畜之内涵有三：一是道德学问的蕴蓄；二是人才的积聚；三是行为方面的畜止。笔者以为最基本的应为财富方面的积蓄。　不家食：不在家里吃饭。意为有志向有才能的人不依靠家庭的财富而生活。

卦辞解读：大的积蓄，宜守持正道，不依赖家庭的财富生活，是吉祥的。自立求发展，宜于涉越大河巨流。

另解为：大的积蓄，宜坚守正道。有才德的人不求食于家，应食禄于朝廷，丰财进贤，才能吉祥。有利于涉越大河险滩，干出一番事业。

初九：有厉，利已。

【注释】

已（yǐ）：停止。

爻辞解读：有危厉，宜于止步不前，在财富积蓄过程中遇到不利条件，当止则止。

九二：舆说輹。

【注释】

舆：车。　说：同"脱"。　輹：古代固定车箱与车轴的皮带或丝绳。

爻辞解读：车上缚在轴上的皮带或丝绳脱落了。以"舆说輹"为喻，接初九之意阐述，如遇险境当止不止，就会出现问题。也喻自不量力，盲目冒进，不堪重负，遭遇挫折。

九三：良马逐，利艰贞。曰闲舆卫，利有攸往。

【注释】

逐：追也。曰：这里是"叫作"之意。　闲：熟悉、通晓。　卫：防卫。

爻辞解读：追逐良马，宜在艰难中坚守正道。也就是说应熟悉驾车技巧，善于保护自身安全，这样才有利前往。比喻在追逐财富或者为臣佐主的作为中要在艰难中守持正义，注意自身防护安全，这样有利于更好的前往。

六四：童牛之牿，元吉。

【注释】

牿（gù）：绑在牛角上使牛不得顶人的横木。　元：初始。

爻辞解读：小牛头上套上横木，以防伤人伤物或伤到自己的角，这样做从小就会吉祥。对于初入社会的人，要给予他们必要的约束、提醒和指导，以防因不谙世事做事荒唐，伤人伤己。这样做从一开始就吉顺。

六五：豮豕之牙，吉。

【注释】

豮（fén）豕：去了势的猪。

爻辞解读：被阉了的猪其势已去，躁已无，牙虽存，但并不可怕，这是吉祥的。对有大畜者，要限制其势，防止其妄为蛮干，过度膨胀，以造成损害。

上九：何天之衢，亨。

【注释】

何：本义是担负的意思，是荷的本字。这里当副词用。　衢（qú）：四通八达的路。

爻辞解读：何其畅达的通天大道四通八达，必然亨通顺利。

另解：第一，大畜以至于大亨之时，乃天之衢，此时畅通无阻，人人各尽所能，各展其才。第二，何，同荷，拿着。衢，帛书作瞿（qú），兵器。意思是：手握天赐兵器，所向披靡，亨通顺利。

易语杂谈

《易经》六十四卦的内涵十分丰富，历代诸家学者将六十四卦卦意赋予道德、忠君、治国等意义，使其高大上起来。其实六十四卦卦意多从百姓日常生活、事物自然规律、趋吉避凶而来。

大畜卦阐释了要大为积聚财富就要走出家门，自强自立，要遇险当止则止。追逐财富要善于保护自己，对童牛和豕牙要加以约束，最后达到道路四通八达、亨通畅顺的至善境界。

其中，"舆说輹"说的是求"大畜"之中的脱节现象，发人深省。就个人财富积聚而言，一是求财之道要正当合法，如有脱节，危险将至。二是财富的使用要正当，从善而为，若使用与善脱节，将失去财富。三是德与财相匹配，德不配财，财必散尽。四是财富来自社会，最终还需服务于社会、奉献于社会、归还于社会，得与还不能脱节。视财富为己有，将难以承载财富之重，导致"舆说輹"，寸步难行。就个人精神道德修为之"大畜"而言，要与时俱进，善于接受新事物，解放思想，尊重自然规律与世界文明之趋势，而不是相反、相脱节。就社会经济发展而言，不能与自然生态文明建设相脱节，不能与提高改善百姓物质生活质量和精神生活质量相脱节。

◎ 颐卦　艮(山)上 震(雷)下

颐，贞吉。观颐，自求口实。

▆▆▆	上九：由颐，厉吉。利涉大川。
▆▆ ▆▆	六五：拂经，居贞吉。不可涉大川。
▆▆ ▆▆	六四：颠颐，吉。虎视眈眈，其欲逐逐，无咎。
▆▆ ▆▆	六三：拂颐，贞凶，十年勿用，无攸利。
▆▆ ▆▆	六二：颠颐，拂经于丘颐，征凶。
▆▆▆	初九：舍尔灵龟，观我朵颐，凶。

《序卦传》曰："物畜然后可养，故受之以颐。颐者，养也。"物资丰富了，可以考虑颐养的事情了，所以设颐卦推养之义。颐的意思是"养"。程颐对颐养之道做了阐述："大至于天地养育万物，圣人养贤以及万民，与人之养生、养形、养德、养人，皆颐养之道也。动息节宣，以养生也；饮食衣服，以养形也；威仪行义，以养德也；推己及物，以养人也。"程颐这段论述丰富了颐卦的内涵，这是否是《易》作者的原意，我们在读卦中可以考究。

卦辞：颐，贞吉。观颐，自求口实。

【注释】

颐（yí）：本义下巴，也指腮帮或脸颊，引申保养、颐养。　口实：口中含的东西，口粮。

卦辞解读：颐养，坚守正道，可获吉祥。观察万物养育的现象，可知自己努力谋取口粮是颐养的根本。

初九：舍尔灵龟，观我朵颐，凶。

【注释】

尔：你。　灵龟：有神灵性的龟。　朵颐：本义是鼓动下巴，引申为大口咀嚼肉的样子。

爻辞解读：舍你龟的美味而不食，徒观我啖嚼，这是会有凶险的。自己富有，却羡我所有，这样贪婪会招致凶险。

六二：颠颐，拂经于丘颐，征凶。

【注释】

颠：颠倒。　拂：违反。　经：常理。

爻辞解读：颠倒颐养之道，违背常理向上寻求不该属于自己的颐养，或者不切实际地追求过高的颐养标准，这样发展下去会有凶险。颐养之道是"自求口实"，若晚辈向上辈寻求颐养，追求过高的生活颐养标准，这就不符合常理，即所谓"颠颐"了。

六三：拂颐，贞凶，十年勿用，无攸利。

爻辞解读：违背颐养之道，守正也凶，十年没有作为，也没有利益。这里"拂颐"是违背颐养之道的意思，违背不是颠倒。如在生活极度困难的条件下，为了颐养家人，以不正当手段获取"口实"，虽然目的是贞正的，但带来的后果是凶险的，可能因此长时间没有作为而没有利益可获。

六四：颠颐，吉。虎视眈眈，其欲逐逐，无咎。

【注释】

眈眈：瞪目逼视的样子。　逐逐：接连不绝、相继不乏。

爻辞解读：颠倒颐养之道，吉祥。像老虎那样逼视着食物，其欲望深远不断，这是没有错咎的。从句式和所表达的内容来分析，颐养之道若指"自求口实"，老年人或年轻人口实难求，就会对有限的口实"虎视眈眈"。这种欲望深之又深，虽然"颠颐"，但是这样做是没有错的。可见颐养之道是多元化的，是随机而变化的，卦意在褒扬守持正义、实事求是的精神。

上九：拂经，居贞吉。不可涉大川。

【注释】

居：住下，居住。

爻辞解读：违背颐养常理，有居住之所，守持正道，是吉祥的，不可涉越大江巨流。"违背常理"非"颠颐"。"拂经"可以是指违背正确的生活方式，如：作息无规律、过度劳累、暴食暴饮、纵欲贪杯、偏食重味、奢华虚荣等。这样做的后果是伤身伤神。宜心之闲居，守义持正，还是吉祥的，但不可以有大的作为。

上九：由颐，厉吉。利涉大川。

【注释】

由：听任，任凭，顺从。

爻辞解读：顺其所由而养，遵其规律而行，虽然可能经历危厉，但终为吉祥。利于涉越大江大河，有大的作为。

历代学者对颐卦有不同解读：高亨先生的注解别具一格。例如六二爻："颠颐，拂经于丘颐，征凶。"高亨先生的解释是："颠"借为填，塞也。拂，打击也。经，疑借为胫。因此六二爻辞的意思是：以填口颐之故，导致叩胫之辱于丘坡之上，此出行不利之象，故征伐则凶。又如六三："拂颐，贞凶。十年勿用，无攸利。"高亨先生的解释是：有人击其颐也，为奇耻大辱，筮遇此爻举事则凶，十年不可有利。

易语杂谈

就颐养的主体而言，有哺养——养育下辈；有赡养——奉养上代亲人；自养——自己养自己。另有"包养"，意为因被人所用而被人养。就颐养的内涵来说：有物质方面的，即满足生活、延续生命之养；有精神层面的，即道德修养。不论何种"颐养"，都要守持正道。其一，"自求口实"，即"颐养"的物资来源要出自自己的劳动成果，否则依靠不正当手法获取利益来满足颐养之所需，终将获凶险。其二，"由颐"，即顺乎自然规律颐养，不可为追求长寿和健康而追求过度奢华的生活方式，不科学地增加营养，不顾自身状况强化锻炼等。

《庄子·让王》说："能尊生者，虽贵富不以养伤身，虽贫贱不以利累形。今世之人居高官尊爵者皆重失之。见利轻亡其身，岂不惑哉！"意思是：能珍视生命的人，虽然富贵不会因为滋养而伤身体，虽然贫贱也不会因为逐利而劳累形躯。现身居高官尊爵的人，都把失掉既得利益看得非常重要，见利就不顾性命地舍身追求，这不是很糊涂的事吗？庄子的颐养观值得我们借鉴。珍惜生命，永葆良知，应是"颐养"的根本所在。

◎ 大过卦　兑(泽)上　巽(风)下

大过，栋桡，利有攸往，亨。

上六：过涉灭顶，凶，无咎。

九五：枯杨生华，老妇得其士夫，无咎无誉。

九四：栋隆，吉，有它，吝。

九三：栋桡，凶。

九二：枯杨生稊，老夫得其女妻，无不利。

初六：藉用白茅，无咎。

《序卦传》曰："不养则不可动，故受之以大过。"事物经过滋养发育会有所动，有动则可有过，所以继颐卦之后设为大过卦。《杂卦传》曰："大过，颠也。"意思是"大过"是一种颠倒正常秩序的境况。

卦辞：大过，栋桡，利有攸往，亨。

【注释】

大过（dà guò）：大为过甚。这里的"过"不是"过犹不及"的"过"，是超过一般水平、达到非常程度、处于非常状态的"过"。 栋桡：栋梁弯曲。栋，栋梁。桡，弯曲。

卦辞解读：大为过甚，栋梁弯曲，宜前往有所作为，如此则亨通顺利。以"栋桡"为喻阐述社会危机，大厦将倾，危如累卵，君子应当有所作为，扶大厦之倾，转危为安，这样做是临危赴难的正义之举，最终是亨通的。

另解：栋梁将折，房屋将倾，居家受害，外出免祸，以求亨顺。这是临危逃脱，是逃跑主义。

初六：藉用白茅，无咎。

【注释】

藉（jiè）：祭祀时垫在地上的东西。

爻辞解读：祭祀时用白色的茅草铺垫在祭品下，表示对神灵或先祖的恭敬之情，这样做不会有灾咎。处在非常时期，信念坚定，至诚不变，同时要特别小心谨慎，避免灾患。

九二：枯杨生稊，老夫得其女妻，无不利。

【注释】

稊（tí）：稚也。植物的嫩芽。 女妻：少女为妻子。

爻辞解读：枯萎的杨树重新长出新枝嫩芽，老年男子娶了年轻的妻子，没有什么不利的。在平常事物上出现"大过"，虽罕见又违常理，但没有什么不利的。

九三：栋桡，凶。

爻辞解读：房屋栋梁弯曲，有凶险。这句爻辞继九二之意，九二是讲平常事之大过，此爻讲大厦将倾的社会危机。另外，九三爻"栋桡，凶"，而卦辞则"栋桡，利有攸往，亨"，这不是相矛盾的吗？这是因为同一字句，所表达的意思不同。高亨先生曰："设象同而断异，盖其取义殊别，此《周易》之通例也。"

九四：栋隆，吉，有它，吝。

【注释】

隆：高起。　有它：谓有其他意外之患。

爻辞解读：栋梁向上弯曲隆起，吉祥，若有其他意想不到的隐患发生，是令人恨惜的。栋梁向下弯曲，危险明显，栋梁向上弯曲隆起，支持力加强，表面看危险性不大，是吉祥的安全的，但也会有意想不到的危险、隐患。此爻是警示之语。

九五：枯杨生华，老妇得其士夫，无咎无誉。

【注释】

华：古同"花"。　士夫：年轻的丈夫。

爻辞解读：枯萎的杨树重新开出花朵。老妇嫁给了年轻的丈夫，无错也无赞誉可言。枯树长出新芽，尚可重生，而枯树开花极为反常且花易陨落。老妇易衰，与士夫极不相匹配，象征社会处于非常时期，就会出现一些极反常的现象。

上六：过涉灭顶，凶，无咎。

爻辞解读：涉水过河，被水淹没头顶，虽凶险，最终不会有咎灾。此处与卦辞"利有攸往，亨"相呼应。有识之士在非常时期，不顾个人安危，冒险为拯救社会危机而作为，虽遇灭顶之灾，最终情势转好，没有咎灾。

易语杂谈

大过卦以"栋桡"为喻，对古代社会生活中出现的"大过"情形提出警示。"大过"不是越中之过、过分之过，而是指一种动荡不安、非正常的社会状态。例如，君过强臣弱、上过强民弱、刑罚过酷、赋税过重民过贫、政治过强经济过弱、表面繁荣内里腐朽、危机四伏等。卦爻辞鼓励有志之士临危不惧，毅然前行，扶大厦于将倾，扭转"大过"之局面。

学"大过"卦，得到诸多启示。处非常时期，不能悲观，要有信心，拨乱反正指日可待。弱势不逞强，以柔顺处下，自我保全，这也不失为另一种处"大过"之道。不正常的现象在非常时期又会被视为"正常"，这种不正常不会长久，不必大惊小怪。而忠义之士对抗邪恶无怨无悔。

◎ 坎卦　坎（水）上　坎（水）下

习坎，有孚维心，亨。行有尚。

上六：系用徽纆，寘于丛棘，三岁不得，凶。

九五：坎不盈，祗既平。无咎。

六四：樽酒，簋贰，用缶，纳约自牖，终无咎。

六三：来之坎坎，险且枕，入于坎窞，勿用。

九二：坎有险，求小得。

初六：习坎，入于坎窞，凶。

《序卦传》曰："物不可以终过，故受之以坎。坎者，陷也。"事物不可能总是处于非常状态，必须由非常状态恢复正常，在恢复正常状态的过程中必有艰险存在。人生也是如此，从平常走入非常，又从非常步入平常，两种状态不断变化，在变化过程中难免遇到危险。大过之后设坎卦，启发我们认识危险，直面危险，不惧危险，脱险前行。

卦辞：习坎，有孚维心，亨。行有尚。

【注释】

坎（kǎn）：本义为地面低陷的地方。坎，陷也，险也。这里指艰险。

习坎：习本义为鸟学飞，引申为重复、数次，又表示通过反复学习而熟悉。习坎，指坎上加坎，艰险重重。　维：维系。　尚：崇尚。

卦辞解读：在重重艰险中（或在严重的艰险中），心怀诚信，而能亨通出险，这样的行为是值得称道崇尚的。也有把"习"解释为熟悉。"习坎"解释为通过学习熟悉艰险境况，心怀正气，以实现顺利脱险。如学会游泳可便于涉水渡险。

初六：习坎，入于坎窞，凶。

【注释】

窞（dàn）：深坑。

爻辞解读：身处重重艰险中，像落入深坑，很是凶险。

九二：坎有险，求小得。

爻辞解读：身处险境，只能求取小小的收获。或理解为：身处险境，力求一点一点地脱险，从小处求脱险之法，不能急于求成。笔者以为，处在险境，要谨慎处事，降低利益要求，以免险中出错。这样理解较为妥切。

六三：来之坎坎，险且枕，入于坎窞，勿用。

【注释】

枕（zhěn）：枕头，也有深的意思。

爻辞解读：险情将要来临，姑且倚枕休息。当已经陷入深坑，更不可轻举妄动。这是就处在不同艰险状况下的两种应对方法：险情将至，暂且休息静观其变；陷入险中，不可妄为，以免带来更大危险。"险且枕"或解释为凶险深重。

六四：樽酒，簋贰，用缶，纳约自牖，终无咎。

【注释】

樽：酒器。 簋（guǐ）：古代盛谷物的食器。 缶：瓦器。 约：简约。 牖：窗。

爻辞解读：一樽薄酒，两簋淡食，用瓦缶盛着，通过窗户接纳这些简陋的东西，终将无灾咎。处在危险之时，微小的援助也要接受，再大的委屈也要忍受，再微弱的希望也要把握，不放弃，不气馁，终将免除咎害。

高亨先生认为，"约"字疑衍，本无其字。古代家祭在室中，外祭在室外牖下（窗下），嫁女之祭，女为祭主，女将归外姓，是外祭，故在室外牖下进行。以此警示人们，在危艰之时处事要谦下谨慎，以诚待人，方可避免灾咎。

九五：坎不盈，祗既平。无咎。

【注释】

祗（zhī）：与祇（qí）通。祗通病。 平：本义为气息舒徐，引申指安舒、宁静。

爻辞解读：坎穴未盈满，自身的病已平缓，无咎灾。艰险虽没完全消除，但自身由险情带来的恐惧和压力已经消除。这样就不会有咎灾。

另解：祗通坻（dǐ），小丘。坎穴未盈满，小丘已平。险陷的深坑虽未盈满，坑边的小丘已平。不久必能渐填陷坑，开通路途，无咎灾。

上六：系用徽纆，寘于丛棘，三岁不得，凶。

【注释】

系：捆绑。 徽（huī）：三股绳合在一起的绳索。 纆（mò）：二股绳合在一起的绳索。　真（zhì）：通置。　丛棘：这里指围有荆棘的牢狱，也指古代听狱之处，即嫌犯争辩之处。

爻辞解读：用麻绳重重捆绑起来，囚置于丛棘，以听其申辩，疑莫能断，历时三载，不得其情。这样办案迟缓，足以招致百姓之怨，失去民心，所以凶险。遇讼事久不能断，是凶险的事情。

另解：继九五"祇既平"言，如果"祇不平"，后果正好相反。如果长时间不能振作精神，就像被捆绑起来置于狱中困顿无助，自我毁灭，这样极端的消极情绪同样会带来凶险。

易语杂谈

人生在世，孰能无"坎"。天灾之坎、人祸之坎、病痛之坎、政治之坎、经济之坎、诉讼之坎、金钱美色之坎，可谓到处是坎。读坎卦能得到什么启示呢？第一，遇"坎"心要正，心正则心静，心静则理智，理智则减少损伤或逐渐脱离险境。第二，求小得，接受厄运。第三，冷静处事，不轻举妄动。

坎字左边是土，右边是欠，意为平地挖坑。如果能做到行为端正、灵魂淡静，不为邪恶所惑，不为利益所诱，轻利重义，则何"坎"之有！

有人说：我就过不了这道坎！有人说：再深的坎也要迈过去！如何对待人生道路之坎，就看我们自己的选择。

◎ 离卦　离（火）上 离（火）下

离，利贞，亨。畜牝牛，吉。

上九：王用出征，有嘉。折首，获，匪其丑，无咎。

六五：出涕沱若，戚嗟若，吉。

九四：突如其来如，焚如，死如，弃如。

九三：日昃之离，不鼓缶而歌，则大耋之嗟，凶。

六二：黄离，元吉。

初九：履错然，敬之，无咎。

对离卦的理解久久不得要领。如依诸学者将"离"解释为"依附""附丽"，则六爻之义皆与"依附"之卦义无关。笔者以为，离卦取"附丽""依附"之义，也取"离别""分离"之义，两者兼而有之。依附与分离无不在相互交替转化，有依附就有分离，有分离就有新的依附。如此理解则全卦上下贯通。这仅系笔者浅陋之见，笔记于此，以待日后再探。

《序卦传》曰："坎者，陷也。陷必有所丽，故受之以离。离者，丽也。"意思是：坎卦讲的是陷，即险境。脱离险境必有所依附。脱离险境之后，必然与危险的事物相分离，比如错的思想意识、可恶的小人、恶劣的环境、不良的氛围、不良习惯等，所以坎卦之后设离卦。这样去理解《序卦传》对离卦的解释，似乎更加全面贴切。

历代学者对《易经》的再解释甚或发挥往往依据《易传》之义。虽诸家的解释有同有异，其基本思路不离《易传》，这样对《易经》的理解就受到某种程度的局限。有时为探索《易经》原义，也需跳脱出《易传》的思维模式。

卦辞：离，利贞，亨。畜牝牛，吉。

【注释】

离（lí）：本义是鸟遭到捕获，引申为分离，又有依附、附着之义。牝牛：母牛。

卦辞解读：依附和分离都必合于正道才能亨通，要像畜养外表强壮、内里柔顺的母牛那样，具备外在坚强、内里柔顺的德性，是吉祥的。

初九：履错然，敬之，无咎。

【注释】

错：错杂。

爻辞解读：步履错杂无序，依附和分离不断交替发生，恭敬谨慎地对待所依附和分离的事物，不会有错咎。初九意为初始者，其依附的对方可能是工作、理想、信念或者是领导、同事、配偶等，今日依附，明日可能分离，要恭敬谨慎地对待所依附或分离的对方，这样才不会因其依附或分离的变故形成怨恨，对自己造成不利或伤害。

六二：黄离，元吉。

【注释】

黄：黄为中色，象征中正光明，也指黄昏时分。

爻辞解读：怀着中正、美好的诚心，在夕阳西下黄昏时分离别，是大吉祥。分离是选择舍弃的结果，有时是痛苦或者无奈的，不论何种情况都需心地坦诚、胸怀宽广，离也要离得美好。

九三：日昃之离，不鼓缶而歌，则大耋之嗟，凶。

【注释】

昃（zè）：太阳偏西。　缶：瓦器，古代盛酒器，还可以作为鼓之以歌时的乐器。　耋（dié）：七八十岁的年纪，泛指老人。

爻辞解读：太阳偏西，老年人若不乐天知命，鼓缶而歌，必将导致暮年衰病的嗟叹，这样会招致凶险。这是告诫人们，暮年时面对生死别离的态度要积极豁达。

九四：突如其来如，焚如，死如，弃如。

爻辞解读：大火突然燃起，来势汹汹，火依附空气和可燃物而燃烧，当燃烧物死去不存，大火自然熄灭，灰烬被抛弃。表达人的生命是非常脆弱的，突如其来的意外灾祸致人死亡，生命很快离开所依附的事物，一切消失殆尽。分离和依附有时不以人的意志为转移，可谓瞬息万变。

六五：出涕沱若，戚嗟若，吉。

【注释】

戚（qī）：忧愁。

爻辞解读：生者为亡者泪流不止，忧伤悲切。逝者值得人们怀念，这是吉祥的。人生相依，离去相思，人之常情，是自然之事，是吉祥之事。

上九：王用出征，有嘉。折首，获，匪其丑，无咎。

【注释】

丑：污秽，侮辱。　折：弄断。

爻辞解读：国君派我出征，有功受奖，死亡、被擒获，这都不是耻辱的事情。有功受奖，被敌方擒获甚或战死，无论何种情况，对国家的贡献是相同的，其意义相同，不可分离。这样做没有咎害。

易语杂谈

世间万物无一不相互有所依附，否则万物不存。日月依附天空，植物依附于土，人类依附于自然万物，夫妻相互依附而繁衍后代，员工和老板相互依附而产生利润，人的精神与宗教信仰相依附、社会生活与社会制度相依附，等等。从形而上的哲学观点讲，美与丑相互依附，是与非相互依附，大与小相互依附。有相依就有分离，先哲将这两种状态集于一"离"字，将"离"的两种意义归于一卦，真可谓构思巧妙，思想深邃，立意深远。

学离卦，懂得依附、分离之义，当依则依，当离则离。依附善良与光明，则前途美好；而离也可以有积极意义，比如离旧迎新而迎来重生。

易经（下）

◎ 咸卦　兑(泽)上 艮(山)下

咸，亨，利贞，取女，吉。

▬▬ ▬▬　上六：咸其辅颊舌。
▬▬▬▬▬　九五：咸其脢，无悔。
▬▬▬▬▬　九四：贞吉，悔亡。憧憧往来，朋从尔思。
▬▬▬▬▬　九三：咸其股，执其随，往吝。
▬▬ ▬▬　六二：咸其腓，凶，居吉。
▬▬ ▬▬　初六：咸其拇。

《序卦传》曰："有天地然后有万物，有万物然后有男女，有男女然后有夫妇，有夫妇然后有父子，有父子然后有君臣，有君臣然后有上下，有上下然后礼义有所错。"

咸卦以最直观最容易被人理解和接受的男女夫妇之间的交感关系来阐释感应、交感的意义，而夫妇关系是人伦之始，可见先贤叙述浅显，立意高远。六爻依脚拇趾循序向上至辅颊舌，来喻感应在不同阶段中所表现出的不同程度和境况。

卦辞：咸，亨，利贞，取女，吉。

【注释】

咸（xián）：即感，感应、感化、交感。　取：同娶。

卦辞解读：人与人之间的感应、交感是亨通的，但必须坚守正道才有利。嫁娶之事，男女双方相互感应、交感才能吉祥，坚守正道是感应亨通顺利的根本。这里用"咸"不用"感"，体现出"无心之感"。感应的最高境界是无心之感，有心之感未免涉及利害，而无心之感属自然之感。生乎自然，感乎真情，故无心之感至真至诚。孟子所谓的"不虞之誉"，就是不是有心而求所得之誉，而是他人自然感应到你的德行而做出的肯定，是感应的产物。

对于咸卦的理解，大多学者认为六爻之义与卦辞不搭边，有的将"咸"解释为"砍"，咸卦描述的是砍掉奴隶的肢体作为祭品的过程。还有从"动"与"静"的角度解释人应对不同环境的方式与道理。还有的学者认为咸卦是讲了一个男女恋爱的故事。笔者认为咸卦是以少男少女相互爱慕、相互感应的过程来讲感应、交感的意义和道理。由此一来爻辞和卦辞的意义相互吻合，上下贯通，整篇则融为一体。

初六：咸其拇。

【注释】

拇：脚的拇趾。

爻辞解读：感应从脚拇趾开始，意为初感尚微。

六二：咸其腓，凶，居吉。

【注释】

腓（féi）：小腿肚。

爻辞解读：感应于小腿肚，有凶险，停下来静养则吉祥。人走动先从小腿动开始，喻人感物以躁，易生凶险。少男求爱心切，躁动不安，这会招致凶患，必须安静下来，沉着以进，才能获得好的效果。

九三：咸其股，执其随，往吝。

【注释】

股：大腿。　　执：固执，执着。

爻辞解读：感应于大腿，执意随他人，这样下去会后悔，留下憾事。感应是感情上的互信互通，不是盲目追随。恋爱也不是一方讨好另一方的迎合、追随，如果执意盲目追随，不会产生好的结果。

九四：贞吉，悔亡。憧憧往来，朋从尔思。

【注释】

悔亡：没有了可后悔的事。　　憧憧（chōng）：思绪不宁的样子。朋：同师（同学）曰朋。本义为二人相亲相好。　　从：依从，依顺。

爻辞解读：感应贞正则吉，没有可以后悔的事。经过不断往来交流感应，双方都有了依从于对方的意愿。先言结果"贞吉，悔亡"，后言原因"朋从尔思"，以此表达贞吉的重要性和"吉，悔亡"之结果的来之不易，还表现出有了这吉顺的结果后的兴奋之情。

九五：咸其脢，无悔。

【注释】

脢（méi）：后背的肉。

爻辞解读：感应致后背，没有什么可后悔的。后背的肉背其心，意为双方相感应纯属感情的自然融合，没有从对方获取任何利益的私心。

上六：感其辅颊舌。

【注释】

辅颊：上颌与面颊。

爻辞解读：感应至上颌、面颊与舌。上颌、面颊、舌是身体最敏感的部位，感应至此，是感应最美好的状态和结果。少男少女忘情地亲吻，与卦辞"取女吉"相呼应，妙哉！

易语杂谈

以少男少女相感恋爱为喻，以人的身体部位由下至上为序，阐释感应的意义，真可谓浅显而深邃，还不乏幽默之感。先贤圣言睿智，意义深广，令后人肃然起敬。感应要正，即"无心之感"，无私心的感应是纯正的，因此与有这种感应的人共事是亨通顺利的。存私欲而相感应是阴暗的，不是真正的感应，是无感而应，后果是悲切的。人和物也有感应，这种感应是单方面的，天降喜雨、瑞雪，有的人观雨赏雪，为农民而喜悦，有人为出门冒雨踏雪而抱怨。寒冷天气，有人想到贫困地区的老人如何取暖，有的人却趁天寒捕捉麻雀、小兔。对物对人的感应能让人从中辨其善恶、明暗。以善心感万物，万物乃美好，以私念恶意感万物，则恨不得万物归于你一身。有感则感，无所感则无感，一切顺其自然，不可勉强而为之。美好的感应来自美好善良的德性，让我们与一切美好善良相感应，做一个纯洁、安静的自然之人。

◎ 恒卦　震（雷）上　巽（风）下

恒，亨，无咎。利贞，利有攸往。

上六：振恒，凶。
六五：恒其德，贞，妇人吉，夫子凶。
九四：田无禽。
九三：不恒其德，或承之羞，贞吝。
九二：悔亡。
初六：浚恒，贞凶，无攸利。

《序卦传》曰："夫妇之道不可以不久也，故受之以恒。恒者，久也。"咸卦讲的是男女相感而成夫妇，夫妇之道贵在长久，所以咸卦之后次以恒卦。

　　卦辞：恒，亨，无咎。利贞，利有攸往。

【注释】

　　恒（héng）：本义为上弦月渐起盈满的样子，指绵延、延续，引申出长久、持久，又引申为恒心、经常性。

　　卦辞解读：恒久，亨通顺利，无有灾咎。利于坚守正道，利于前行，有所作为。恒卦之意有持久不变的意思，又有保持恒常、稳定的意思。

　　初六：浚恒，贞凶，无攸利。

【注释】

　　浚（jùn）：深。

　　爻辞解读：过度地深求恒久，尽管想法是贞正的，往往结果可能是凶险的，没有什么有利的。过度求恒久，破坏了其常态。比如夫妇过分苛求和限制对方的自由空间和时间，力图达到恒久相爱的愿望，其结果适得其反，事与愿违，感情走向相反的方向，甚至出现凶险。

　　九二：悔亡。

　　爻辞解读：没有后悔的事情。夫妇之间保持好恒常状态，就没有遗憾的事情，即使有可后悔的事情也会很快消失。

　　九三：不恒其德，或承之羞，贞吝。

【注释】

　　贞：坚持，固守。　承：承受，蒙受。

　　爻辞解读：不恒久地持守好的德性，可能蒙受羞辱，这样坚持下去会有悔恨，强调恒久养德的重要性，人的良知不时会被私欲所遮蔽，行有不得，获贬蒙羞，所以九三爻辞从反面提醒我们要恒其德。

九四：田无禽。

【注释】

田：狩猎。

爻辞解读：田猎没有收获。恒久不变是有条件的，比如夫妇要恒久地生活在一起，要有经济收入做保障，没有工作，没有收入，婚姻关系难以持久。

六五：恒其德，贞，妇人吉，夫子凶。

爻辞解读：长久地持守某种好的德性，贞固不移，妇人吉祥，丈夫却遭遇凶险。九三讲"不恒其德"会蒙羞，告诫人们要"恒其德"。而六五"恒其德"却是妇人吉而丈夫凶，这是何意？众学者对此理解不一。大多数学者认为这里的德是指柔顺的德性，这个结论是从卦象推演而来。据此理解此爻辞之意为：久持柔顺之德，对于妇人来说是吉祥的，但对丈夫来说持守柔顺之德可能遭遇凶险。因为男人不应过分柔顺，应以刚强示外。笔者以为，爻辞中的德是泛指，根据卦象认为是指柔顺之德有牵强之嫌。这句爻辞是在阐述久持某种好的德性，不同的主体其结果是不相同的。在家庭中，妇人和丈夫所承担的义务和扮演的角色是不尽相同的，丈夫的优点在妇人身上可能是缺点，反之也如此。妇人该做的事情，丈夫去做未必合适，反之也是如此。严父慈母是常态，颠倒过来，母亲威严，小孩见了就躲，反而父亲慈祥，这对子女的教育和影响就可能产生不利的结果。古时女子从一而终，被誉为美德，而从未要求男子也从一而终，男子若从一而终，就是迂腐，就是"承羞"。

上六：振恒，凶。

【注释】

振：通震，震动。

爻辞解读：持久的震动不安，是凶险的。家庭生活不能恒久地保持稳定的良好状态，而是变化无常，震动不安，那么夫妇关系就不会长久，甚或会遭遇凶险。

易语杂谈

恒卦讲夫妇终身不变的道理。卦辞"亨，无咎，利贞，利有攸往"，是说有长久的良好的夫妇关系，才不会因夫妇离散造成灾咎。事业亨通，有利于更好地向前发展，有利于有所作为。但由于爻辞少有"吉"字，因此有人说爻辞和卦辞互相矛盾。其实不然，爻辞从反面提醒人们夫妇关系要持久，需要避免一些不利因素，如：初始要守恒常之心，一味生硬、幼稚地深入追求婚姻的持久是不现实的，甚至会事与愿违，要在生活中经过长久的磨合，才能实现夫妇关系的长久，有点小"悔"也会很快消失。任何一方不守德行就会自取其辱。男主外，女主内，男子若不能踏实工作，以勤劳所得养家，这个家也不会持久；若男子太过柔顺，家庭也不会吉顺；家庭生活不安不静，没有正常的生活工作秩序，"振恒"不安，家庭也不会稳定。恒卦说理并不深奥，意义却深刻。持久是在变化之中的持久，日月星辰、风雷四季的轨迹是持久不变的，但其具体的运行之中又有差异，世间没有永恒不变的东西，只有相对恒久。

◎ 遁卦　乾(天)上　艮(山)下

遁，亨，小利贞。

▬▬▬　上九：肥遁，无不利。
▬▬▬　九五：嘉遁，贞吉。
▬▬▬　九四：好遁，君子吉，小人否。
▬▬▬　九三：系遁，有疾厉，畜臣妾，吉。
▬▬ ▬▬　六二：执之，用黄牛之革，莫之胜说。
▬▬ ▬▬　初六：遁尾，厉，勿用有攸往。

《序卦传》曰："恒者，久也。物不可以久居其所，故受之以遁。遁者，退也。"任何事物都不可能长久地在一个地方不动，总是会因其变故而进退，所以在恒卦之后设遁卦，遁的意思是退。

卦辞：遁，亨，小利贞。

【注释】

遁（dùn）：退避。　贞：正。

卦辞解读：退避，亨通。小有作为，在于贞正。在某种情势之下，退避之后才能亨通，否则就不会亨通。选择了退避，暂时不可能有大的作为。

初六：遁尾，厉，勿用有攸往。

【注释】

遁尾：退避不及，落于尾后。

爻辞解读：退避不及，落在末尾，有危险。不宜有所前往。既然退避已迟，有危险，就不宜强而为之，也不宜图求往前发展。

六二：执之，用黄牛之革，莫之胜说。

【注释】

执：本义指捕捉、捉拿，由本义引申指握着、拿着。这里意为捆绑。

说（tuō）：衍义同"脱"。

爻辞解读：用黄牛的皮革带绑缚住，不能挣脱。退遁不及，就会被情势所束缚住，不能挣脱。

九三：系遁，有疾厉，畜臣妾，吉。

爻辞解读：带着牵挂系恋而遁退，就像疾病缠身那样危险，倒不如安然侍养婢妾而求吉祥。不论何种原因，哪种形式的退隐，若有杂念牵挂，就像身之有疾那样痛苦危险。倒不如在家持操家务，以求吉顺。喻退遁不可为大事。

另解：因受牵累而难以隐退，就像疾病缠身那样危险，育养臣仆婢妾可吉祥。

九四：好遁，君子吉，小人否。

【注释】

好（hào）遁：退避所好。好，喜好。　否（pǐ）：坏、恶。

爻辞解读：放弃所好，断然遁去，君子因此吉，小人做不到则否。继九三爻义，遁隐不能有所牵挂，放弃所喜好的东西，果断退隐才获吉祥，小人因做不到放弃所好，因此获得坏的结果。

另解：以好的姿态从容以退，不出恶言，不以忿戾，君子能做到吉祥，小人做不到而有坏的结果。

九五：嘉遁，贞吉。

爻辞解读：在最好的时机，以最嘉美的姿态及时地退避，守持正固，可获吉祥，遁得漂亮！

上九：肥遁，无不利。

【注释】

肥：富裕，盛，饶裕。饶裕，即宽容、不苛求。

爻辞解读：遁退之后，心阔情怡，生活宽裕自得，不为琐事所累，没有不利的。王弼《周易注》曰："超然绝志，心无疑顾，忧患不能累，矰缴（zēng zhuó）不能及，是以肥遁，无不利也。"矰缴乃古代射鸟用的拴着丝绳的箭，矰缴喻恶人暗箭伤人以不择手段害人。

易语杂谈

遁卦所讲的遁退之理，是人处世的必修之课。退隐是人在一定境况中因时因势做出的一种选择，或者是人生某一阶段的必然。有的因事物发展受阻，必须暂行退避，以待时机东山再起；有的处于无道之世，不与小人为伍，避而遁之；有的因事业调整转型，暂且遁退，观势而为；有的因疲惫而退养；有的出于性情，退而求静；有的因躲避祸患风险而退隐等等。不论哪种退隐都应依正道而为，求嘉遁之果。前进与遁退相依而存，有进则有退，有退则有进，进到一定程度，会有退的要求，退到一定阶段，会产生利于前进的因素条件。在彼进，在此则退，在此进，在彼则退，进退有常也无常。进与退，是我们因时因势做出的适当的调整和选择。

退隐是智慧的选择，遁要遁出美好和贞善，陶渊明的田园之乐、柳宗元的山水之喜，不失退隐之嘉美情景。遁而求其兴盛，则是"遁之时义大矣哉"（《遁·象传》）。

◎ 大壮卦　震(雷)上 乾(天)下

大壮，利贞。

▬▬ ▬	上六：羝羊触藩，不能退，不能遂，无攸利，艰则吉。
▬▬ ▬	六五：丧羊于易，无悔。
▬▬▬▬	九四：贞吉，悔亡。藩决不羸，壮于大舆之輹。
▬▬▬▬	九三：小人用壮，君子用罔，贞厉。羝羊触藩，羸其角。
▬▬▬▬	九二：贞吉。
▬▬▬▬	初九：壮于趾，征凶，有孚。

《序卦传》曰："物不可以终遁，故受之以大壮。"遁为去退之义，壮为进盛之义。遁则必壮，所以遁卦之后是大壮卦。

卦辞：大壮，利贞。

【注释】

大壮（dà zhuàng）：大而强盛。

卦辞解读：大则强盛，得利于贞正，强盛也须守持正道。卦辞开宗明义，壮大强盛必须走正道，否则就有陷于横暴的可能。暴君与强梁可谓大且壮，不正则祸患无穷。

初九：壮于趾，征凶，有孚。

【注释】

孚：通"莩"，草木种子分裂发芽，这里有"必然如此"之义。

爻辞解读：只是脚趾强壮，贸然逞强前往，有凶险是必然的。还没有真正强大起来，就自大逞强，招人不满，合作者寡，对抗者众，其结果是招致凶险。

另解：只是脚趾强壮，前行必有凶险，走路之人心中应当怀有诚信之德。

九二：贞吉。

爻辞解读：守持贞正，吉祥。针对初九"征凶"再次强调卦辞"利贞"之义。

九三：小人用壮，君子用罔，贞厉。羝羊触藩，羸其角。

【注释】

罔：通"网"。　羝（dī）：公羊。　藩：篱。　羸（léi）：累，拘系，这里是束缚、缠绕的意思。

爻辞解读：小人恃强而妄为，君子用网罩住自己，小人和君子的做法贞固却都有危厉。就像公羊顶撞藩篱角被缠绕受伤一样。小人盛而骄妄盲目冒进损伤自己，君子过度约束自己，待冲破自缚时，已被缠绕。也有把"罔"解为"无"，意为君子不依强妄为。

九四：贞吉，悔亡。藩决不羸，壮于大舆之輹。

【注释】

决：本义排除阻塞物，疏通水道，衍义堤岸被冲开，这里是断开的意思。　大輿：大车。　輹（fù）：本义为车伏兔，即垫在车厢与车轴之间的木块或铜块，上面承载车厢，下面呈弧型架在轴上。

爻辞解读：因贞正吉祥，而没有后悔之事，藩篱可以顶开，角赢之伤不会再有，壮大强盛可以像大车的輹那样承载重物。大而强盛，行正道，才能承担重大责任，大有作为。

六五：丧羊于易，无悔。

【注释】

易：通埸，边界。

爻辞解读：在地域边界上丧失了羊，没有什么可后悔的。强盛之时有所损亏，难以避免，没有什么可遗憾和后悔的。

另解：易，指夏代有易氏部落。王国维、顾颉刚等人据甲骨文及《竹书纪年》等资料认为，这里的"丧羊于易"指夏代商国第七代国君王亥在有易国以牛羊等物与有易国做交易而丧失羊一事。旅卦上九"丧牛于易，凶"，则是指后来王亥被有易氏首领绵臣所杀害，被有易氏夺去了牛羊。不论哪种解释，其义相同，即强盛之后，有损亏在所难免，不必为此遗憾和后悔。

上六：羝羊触藩，不能退，不能遂，无攸利，艰则吉。

【注释】

遂（sùi）：往也。

爻辞解读：公羊顶触藩篱角被缠绕，不能退，不能进，没有什么利益可以获得，艰难之时用强盛之力则会带来吉祥。这里再次强调用"壮"不当，造成进退两难的劣势。"大壮"要在艰难之时用在攻坚克难上，事业的发展强盛无一不是通过一次次克服艰难，一次次攻关成功而获得。

易语杂谈

人在赢弱时，显露卑微屈顺之态，无伸张之力，因此壮大强盛是人之愿望，然而壮大强盛之后的所作所为，是对人们的德行是优是劣、是真"壮大"还是伪"大壮"、是君子还是小人的严峻考验。君不见，改革开放之初涌现出诸多各界精英才俊，一时叱咤风云，随后不久烟消云散；某些官场"大壮"位高权重，颐指气使，最终因贪污腐败、无法无天而下场可悲。因此"大壮"之后以守正为要！个人如是，国也如是。"羝羊触藩，羸其角"，可怜可叹！

◎ 晋卦　离(火)上　坤(天)下

晋，康侯用锡马蕃庶，昼日三接。

上九：晋其角，维用伐邑，厉吉，无咎，贞吝。

六五：悔亡，失得勿恤。往吉，无不利。

九四：晋如鼫鼠，贞厉。

六三：众允，悔亡。

六二：晋如愁如，贞吉。受兹介福，于其王母。

初六：晋如摧如，贞吉，罔孚，裕无咎。

《序卦传》曰："物不可以终壮，故受之以晋。晋者，进也。"物壮必然有上升进步的愿望和趋势，晋自壮来，所以大壮之后是晋卦。

卦辞：晋，康侯用锡马蕃庶，昼日三接。

【注释】

晋(jìn)：上升。　康侯：有二解。其一，顾颉刚等人认为，康侯指周文王姬昌第九子康叔，因获封畿内之地康国，故称康叔。其二，康，安也。康侯指安邦定国的公侯。笔者以为一解较为贴切，二解牵强。　用：连词，因此。　锡：赐予。　蕃(fán)：本义草茂，指众多。　庶：众多。　接：通捷，胜也。

卦辞解读：康叔奉王命，攻伐异国，一日三胜。因此王赐众多马匹财物。这里是倒装句，强调得到王的赏赐是因为有"昼日三接"的战功。意为晋升受赏的根本原因系有重大功劳。对这种解释有人提出异议，认为周文王在西周建立之前就去世了，康叔是在周武王建立西周政权之后受封康国的，所以文王演周易其"康侯"不可能指康叔。其实卦辞是由谁完成的并无定论，如果《易经》文本是文王、周公甚至还有其他人共同完成，那"康侯"指康叔就解释得通了。

另解：康，安也。康民安国的公侯，得到君王很多的马匹财物的赏赐，一日受到君王三次接见。

初六：晋如摧如，贞吉，罔孚，裕无咎。

【注释】

如：语助词。　摧：挫折，抑退。　罔：无。　孚：信任。　裕：宽裕，从容。

爻辞解读：进升或者抑退，只要坚守正道才会获得吉祥。处世之初没有得到信任，只要宽缓待时，就不会有咎错。不以进退为虑，而以守正为要。

六二：晋如愁如，贞吉。受兹介福，于其王母。

【注释】

兹：此也。　介：大。　王母：祖母。

爻辞解读：进升之中有忧愁，坚守正道可获吉祥，受此大福泽，在于祖母。"受兹介福，于其王母"亦疑为康叔故事。康叔乃文王之子，文王的母亲为太妊，即康叔之祖母，大概是康叔战功卓著，太妊嘉其功，命文王或武王赐之爵禄，这里有建功受爵禄不忘前辈培育之恩之意。

六三：众允，悔亡。

【注释】

允：信也。

爻辞解读：为众人所信从，没有什么可后悔的。初六"罔孚"时可能有憾悔之意，至六三，得到众人信服，憾悔也消失了。

九四：晋如鼫鼠，贞厉。

【注释】

鼫（shí）鼠：硕鼠，大老鼠。或释为蝼蛄。《说文解字》释鼫鼠有五技："能飞不能过屋，能缘不能穷木，能游不能渡谷，能穴不能掩身，能走不能先人。"

爻辞解读：进升到一定程度，却像硕鼠那样贪婪自私，这样固执下去，是危险的。

另解：进升到一定程度，却像蝼蛄那样窃居高位，无一长才，贪图俸禄，无所成就，虽贞正却不能胜任高位，是危险的。

六五：悔亡，失得勿恤。往吉，无不利。

【注释】

恤：忧也。

爻辞解读：憾悔的事已消失，不再为失去已经得到的东西（或不再因为失去或得到什么）而忧虑，这样往前走，没有什么不利的。

上九：晋其角，维用伐邑，厉吉，无咎，贞吝。

【注释】

角：兽角。　维：同唯。　邑：封地。君主分封给诸侯或诸侯分封给大夫土地。　伐：功业、功勋。　厉：勉励、激励。

爻辞解读：升进至极，坚强而有力，唯有到封地建功立业，自我勉励则吉，无错咎，即使持守贞正，也难免会有憾悔之事。升进的最终目标是自我勉励，谨慎而为，治理好自己的国家，为百姓造福。

易语杂谈

上升进步是万物自然所求，今春在果园里种了一些西瓜、丝瓜、西葫芦、南瓜、黄瓜、冬瓜等，到了收获时节，则疯长，速度之快令人惊诧！由此想起朱自清《春》之句："小草偷偷地从土里钻出来，嫩嫩的，绿绿的……""偷"字表达的是在人们没留意、没看到时小草就长出来了。这些嫩绿水灵的蔬菜瓜果，天天摘，天天长，一天一个样，真是喜煞人。生（升）长是喜人的，是收获的前奏，但作为人的升进，无论是生理上的还是事业或职位上的，都是对自身修为的严峻考验。生理上的"晋升"的结局是衰老。孟子说："夭寿不贰，修身以俟之，所以立命也。"（《孟子·尽心上》）可见孟子对待生死的态度是多么豁达！"晋升"就道德修养而言，则是道德水准的日趋提高和完善，精神世界因此得以日趋饱满、丰富，或者静洁而明美。人在事业或职位上的晋升要循贞正之道，要凭借"一日三接"的功绩，而不是凭借其他为人所不齿之举。晋升要不为私利，不做硕鼠，进升要"自昭明德"（《晋卦·象传》）。

◎ 明夷卦　坤（地）上 离（火）下

明夷，利艰贞。

上六：不明，晦，初登于天，后入于地。

六五：箕子之明夷，利贞。

六四：入于左腹，获明夷之心，于出门庭。

九三：明夷于南狩，得其大首，不可疾，贞。

六二：明夷，夷于左股，用拯马壮，吉。

初九：明夷于飞，垂其翼，君子于行，三日不食，有攸往，主人有言。

《序卦传》曰："晋者，进也。进必有所伤，故受之以明夷。夷者，伤也。"上升进步的过程中会受伤，所以晋卦之后设以明夷卦，夷是伤的意思。

卦辞：明夷，利艰贞。

【注释】

明夷（míng yí）：光明受到损伤，晦暗。夷，同"痍"，伤。

卦辞解读：光明受到损伤，利于在艰难困苦中守持贞正，晦藏其明，不失其正。

初九：明夷于飞，垂其翼，君子于行，三日不食，有攸往，主人有言。

爻辞解读：处明夷之时，如鸟而飞，垂下双翼低飞而行，以掩藏行迹。君子之行，穷困至极，三日吃不到食物，有去的地方，主人因此疑怪责难。在昏暗不明的社会环境中，不愿与邪恶势力同流合污，掩藏行迹，偷偷逃出，另寻去处，因此受到其他人的讥讽责难。

明代易学家来知德认为，明夷卦的六条爻辞分别讲的是历史上的六个人物，初九讲的是伯夷。伯夷是商朝末年孤竹国君的儿子，和其弟叔齐共同认为武王灭商是不仁不义，是可耻的事情，因此决定不做周臣，不食周粟，最终饿死在首阳山。以现在的历史观评判，武王伐纣，灭商建周，是历史的进步，是正义之举。而伯夷、叔齐忠于商，认为灭商是大逆不道，是"明夷"。因此，光明与黑暗是因个人立场、价值观的不同而得出的结论。

下面六二爻讲的是周文王，九三爻讲的是周武王，六四爻讲的是微子，六五爻讲的是箕子，上六爻讲的商纣王。这种解读可以作为参考。

六二：明夷，夷于左股，用拯马壮，吉。

爻辞解读：处明夷之时，伤于左腿，得到健壮之马来拯救，吉祥。按照来知德的观点，这条爻辞讲的是周文王。文王系商朝诸侯，封西伯，因不满商纣王的暴政被商纣王囚于羑里，后经闳夭等人贿赂纣王得释。"夷于左股"指囚于羑里受到迫害；"拯马壮"指靠外力的拯救才得释放，获得吉祥。

九三：明夷于南狩，得其大首，不可疾，贞。

【注释】

疾：本义为伤病或外伤，引申为急速之意。

爻辞解读：处明夷之时，在南方征讨作战，俘获元凶首恶。成就大业不可急于求成，这样做是吉祥的。按照来知德的观点，这里讲的是周文王嫡次子周武王。周武王是西周王朝的开国君主。武王重用太公望（姜尚）、周公、召公、毕公、康叔等重臣，励精图治，发展生产，恤民强国，积极为灭商做准备。武王即位后的第二年，率大军先西行至毕原，在文王陵祭奠，然后东行向朝歌进发，大军抵达黄河南岸的孟津，有八百诸侯闻讯起来参加。诸侯均力劝武王立即向朝歌进军，但武王和姜尚则认为时机还不成熟，在军队渡过黄河后又令全军返回，并以"诸位不知天命"告诫各路人马不能操之过急（不可疾，贞）。这次灭商预演史称"孟津之会"或"孟津观兵"。

六四：入于左腹，获明夷之心，于出门庭。

【注释】

入于左腹：意为进入明夷晦暗社会环境深处。　获明夷之心：意为了解并认识了造成社会环境晦暗的根本原因。也可理解为知道了纣王的心意。

爻辞解读：深入昏暗时代的内部，了解昏暗时代的真相，为了避祸离开商国，奔周而去。按照来知德的观点，这里讲的是商纣王的兄长微子，见纣王暴虐无道，屡谏不听，认定纣王心意已不可挽回，因此去商归周。

六五：箕子之明夷，利贞。

爻辞解读：箕子处于明夷之时，利在于守其贞正。箕子为纣王的叔叔，见纣王残暴，伤明无道，苦心谏阻，纣王不听，为自保而装疯。商纣王将他囚禁起来，贬为奴隶。尽管如此，箕子仍然持守正道。在武王灭商后，武王向箕子询问殷商灭亡的原因，箕子不语，因为不愿讲自己故国的坏话。武王自知失言，就询问怎样顺应天命来治理国家，箕子便将夏禹传下的"洪范九畴"陈述给武王听，史称"箕子明夷"。武王请箕子出山治理国事，但箕子不愿为周朝服务，带领一帮故旧奔向朝鲜。

箕子、微子、比干，在殷商末年齐名，并称"殷末三仁"。孔子《论语·微子》曰："微子去之，箕子为之奴，比干谏而死。孔子曰：殷有三仁焉。"

上六：不明，晦，初登于天，后入于地。

爻辞解读：不明而昏庸的暴君，初居高位，登天而显赫，后崩溃于地，以亡国失位丧命而告终。按照来知德的观点，这里指商纣王因残暴无道，导致商亡自毁之结局。

易语杂谈

在光明受到损伤、晦暗无光的社会环境里，如何自处？"垂其翼""有攸往"？"夷于左股，用拯马壮"？"南狩得其大首"？还是离而遁避之？不论做何种选择都要守住良知、守持正道。行为可以隐遁，贞正之心不可改变，否则即有"初登于天，后入于地"的结局。

然而，光明与黑暗往往难以辨明。伯夷不食周粟，箕子不为周谋策，二人皆视周灭商为逆行，是黑暗的。但从历史的角度看，武王灭商是进步的，是光明正义之举。而微子能审时度势，弃暗投明，武王深受感动，乃释其缚，"复其位如故"。笔者赞同庄子的观点："汝游心于淡，合气于漠，顺物自然而无客私焉，而天下治矣。"（《庄子·应帝王》）意思是内心要平淡无私，任何事物顺于自然，天下就得到很好的治理。对社会是光明还是黑暗、人的作为是妄为还是无妄的评判，一是不能立足于个人利益的得失，存有私欲，二是要看是否顺应事物的发展规律，即合乎自然。所谓自然，就是"本来应如此"之意。即我们常说的"实事求是"。

电影《叶问4》中有这样一个情节：美国海军陆战队军官召集其属下

陆战队队员观看他与叶问比武，军官惨败，被抬出比赛场地，顿时全场寂静无声，但顷刻之后便响起了陆战队员送给叶问的掌声。这是无偏见的掌声，是人性良知的自然流露。这掌声顺乎自然，是文明的掌声。

良心、善心、怜悯之心、恻隐之心是光明之心。光明之心不分国界，不分种族。

◎ 家人卦　巽(风)上　离(火)下

家人，利女贞。

上九：有孚，威如，终吉。
九五：王假有家，勿恤，吉。
六四：富家，大吉。
九三：家人嗃嗃，悔厉吉。妇子嘻嘻，终吝。
六二：无攸遂，在中馈，贞吉。
初九：闲有家，悔亡。

《序卦传》曰："夷者，伤也。伤于外者，必反其家，故受之以家人。"人在外难免遭受误会、打击或伤害，必然返回家中，家是避风的港湾，所以明夷卦之后是家人卦。

卦辞：家人，利女贞。

【注释】

家人（jiā rén）：一家人。

卦辞解读：家人之道，利在女人持守正道，女正则家正。家道之兴衰，多半系于主妇之贤否。主妇的道德操守和作为对家风对后代的品德发展，以及对丈夫的事业影响很大。

初九：闲有家，悔亡。

【注释】

闲：本义栅栏。引申为防止，预防。　有：于。

爻辞解读：防止邪恶进入家庭，防患于未然，就不会有憾悔的事。《颜世家训·教子篇》："教妇初来，教儿婴孩。"是说教导媳妇应当在刚来的时候，教导儿女应当由婴儿开始。

六二：无攸遂，在中馈，贞吉。

【注释】

遂：进也，成也。又擅成事也。　馈：饮食。这里也有培育后代之意。

爻辞解读：妇人在外无可做之事，在家中料理好饮食家务，培育好小孩，这是正道，可获吉祥。

九三：家人嗃嗃，悔厉吉。妇子嘻嘻，终吝。

【注释】

嗃嗃（hè）：严厉的样子，意为严以治家。　嘻嘻：嘻笑之声，意为治家过于松散。　吝：这里指悔事之重。

爻辞解读：治家严厉，虽然会有非常后悔的事情，但最终的结果是吉祥的。妇人与孩子随意嬉闹，治家过于松散，最终会有憾惜。

六四：富家，大吉。

爻辞解读：富厚其家，大为吉祥。"富家大吉"是前面"闲有家""在中馈""家人嗃嗃"等治家有道的结果。

九五：王假有家，勿恤，吉。

这句爻辞有多解：其一，假：至。君王回到家中，不用忧虑，吉祥。其二，假：格，感格。君王以自身模范行为感悟家人，没有什么忧虑的，吉祥。其三，假：假如。有：如也。君王假如像治理家那样治理国家，国家安定、富有，不用忧虑，吉祥。其四，假：至。有：于。王回到家，修身以齐家，家正则天下治，不用忧虑，吉祥。其五，假：美好，嘉。君王治家有道家庭美好，治理国家不用忧虑，吉祥。窃以为"假"释为"美好，嘉"为妥。

爻辞解读：君王治家有道，家庭美好，治理国事百姓不用忧虑，吉祥。

上九：有孚，威如，终吉。

【注释】

孚：诚信。　威如：威严的样子。

爻辞解读：以诚信与威严治家，最终可获吉祥。

易语杂谈

家人卦是专讲治家之道的。俗话说："家和万事兴。"古人云："齐家治国平天下。"都是在说家对于社会与个人的重要性。

人的一生大约有百分之七十的时间是在家中度过的，而且人的一切社会活动也无不与家有关联。唯有在家中才有夫妻之爱、血缘之亲，家是情感的归宿，家给予我们温暖、体贴、支持和力量。家也是我们给予、付出的地方。

治家无小事，家风定兴衰。古时太姜、太妊、太姒被誉为"三太"，她们母仪天下，贤德仁惠，辅助成就了留名万世的周王季、周文王、周武王、周公旦几位圣人的功绩。唐朝长孙皇后辅佑唐太宗理政，使太宗享有"一代明君"的美誉。但凡有成就的人，大多都有默默支持与付出的家人。相反，家人不贤则会带来祸害。纣王因妲己而亡国，幽王因褒姒而杀身，贪官犯罪，家人多成为帮凶或从犯。可见端正家风有多么重要。

◎ 睽卦　离(火)上　兑(泽)下

睽，小事吉。

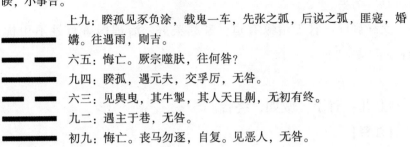

上九：睽孤见豕负涂，载鬼一车，先张之弧，后说之弧，匪寇，婚媾。往遇雨，则吉。

六五：悔亡。厥宗噬肤，往何咎？

九四：睽孤，遇元夫，交孚厉，无咎。

六三：见舆曳，其牛掣，其人天且劓，无初有终。

九二：遇主于巷，无咎。

初九：悔亡。丧马勿逐，自复。见恶人，无咎。

《序卦传》曰："家道穷必乖，故受之以睽。睽者，乖也。"家道贫穷，易生矛盾乖僻，所以在家人卦后设睽卦，睽是乖的意思。

卦辞：睽，小事吉。

【注释】

睽（kuí）：本义目不相视。引申为背离、不合。

卦辞解读：有三解：一是处睽乖之时，不以忿疾之态临事，要以柔顺、平和、谨慎小心的心态处事，则吉祥。二是睽乖离散之时非吉道，不宜做大事，做小事则吉。三是处睽离之时，懂得处睽之道，顺势而为，做小事也能成功，吉祥。笔者以为第二解较为合理。

初九：悔亡。丧马勿逐，自复。见恶人，无咎。

爻辞解读：悔恨消失，马离失，不用追逐，自己会返回。与恶人相见，不会有咎害。"丧马勿逐"，马离失，越追逐它跑得越快，该回来时自然会回来。离去的，不必刻意追逐，条件成熟了，"睽"自然转合。与对立的恶人相见，不是坏事，要以礼待之，这样做可以缓解对立情绪，不至于加深敌意，因此无咎。

九二：遇主于巷，无咎。

爻辞解读：在巷道中遇到原来的主人，无咎害。这里的主人指背离的上位之人，在巷道中相遇定会很尴尬，以礼相待，化尴尬为和顺，所以不会再加深隔阂，不会出现咎错。

六三：见舆曳，其牛掣，其人天且劓，无初有终。

【注释】

舆：车。　曳（yè）：拖，拉，牵引。　掣（chè）：牵制。　天：古代削发之刑。　劓（yì）：古代截鼻之刑。

爻辞解读：看到倒曳其车不顺，因是倒车，牛掣之力不胜，赶车的人是个受削发受劓之刑的人。当下艰难，最终有成。

有的解释为：车子被人在后拖曳，牛被人在前牵制。这与车行常态之理相悖。这车非绝不能移，牛非绝不可掣。开始艰难，最终可成。此爻辞喻人处在时运不济之时是相当艰难的，只要不放弃"舆"和牛，最终结局是好的。

九四：睽孤，遇元夫，交孚厉，无咎。

【注释】

元：首位，开始。　夫：丈夫。　孚：诚信。　厉：程度深。

爻辞解读：睽离孤独，遇到已离散的原来的丈夫。以诚意深入地交谈，无咎害过错。夫妻之离散是家庭中最为严重的睽乖之事，圣贤写睽卦以此为例，说明诚信是一切由睽转和合的基础和要点。《易》的作者在睽卦爻辞中只言事，不予定论，而以"无咎"言之，意为事情由睽转合的结果，由读者去设想。

这句爻辞有另解为：遇到大丈夫，或有地位的人，以诚信交谈，虽有危险，但无咎。"厉"解为危险，与大丈夫有地位的人交谈有危险，这是从何说起呢？不得其解。

六五：悔亡。厥宗噬肤，往何咎？

【注释】

厥：其。　宗：宗族。

爻辞解读：同宗内部贪婪无度，像噬咬肉那样争利妄求。离开他们别寻去处，另有作为，又有什么咎害呢？这里非以睽乖为坏事，对于污浊之处，当离则离，哪怕是宗亲。

上九：睽孤见豕负涂，载鬼一车，先张之弧，后说之弧，匪寇，婚媾。往遇雨，则吉。

【注释】

豕：猪。　负：背。　涂（tú）：泥。　弧（hú）：木弓。　说：同"脱"。

爻辞解读：睽离孤独，见丑猪背负污泥，又见大车载满鬼怪，先是张弓欲射，后又放下弓箭。又疑盗寇临近，细看原来并非盗寇，是结婚迎亲的人群。这时前往，遇雨则吉祥。

这段爻辞把因睽离孤独猜疑而产生偏见和错觉写得传神而精彩。猜疑不信，就会把原本正常的好物看得污秽不堪，甚至光怪陆离。只有开诚布公，消除猜疑，才能看清事物的本来面貌。"往遇雨，则吉"，往前走，遇到下雨则吉，自然界阴阳交合而降雨。喻事物和谐，由睽转合，达到美好理想境界。

易语杂谈

人世间，有和合就有背离，有背离终究会有和合。这一辈背离不合，下一代可能会和好如初。国与国之间也是如此。过去对立，现在合好协作；当前背离，将来会重归于好。因此一时的相互背离，不必忧虑恼怒。背离意味着失去，失去朋友，失去亲情、爱情、友情，失去合作机会，失去岗位权力，失去信任，甚或失去尊严。失而求复，积极为之，顺乎自然，不予苛求，该回来的自然会回来，不该回来的强求也无益。

对于由睽转合之道，睽卦给予我们有益的启示，遇睽离心态要平和，"宰相肚里能撑船"，眼光远，姿态高，行为逊，遇"恶人"和"主人"不避不恼，以礼待之，以诚信、光明展现坦荡磊落之精神，和合之时则可以期待。

◎ 蹇卦　坎(水)上　艮(山)下

蹇，利西南，不利东北。利见大人，贞吉。

▬▬▬▬	上六：往蹇，来硕，吉，利见大人。
▬▬▬▬	九五：大蹇朋来。
▬▬　▬▬	六四：往蹇来连。
▬▬▬▬	九三：往蹇来反。
▬▬　▬▬	六二：王臣蹇蹇，匪躬之故。
▬▬　▬▬	初六：往蹇来誉。

《序卦传》曰："睽者，乖也。乖必有难，故受之以蹇。蹇者，难也。"处在睽离之时，离散不睦，矛盾环生，必有蹇难发生，所以睽卦之后继之以蹇卦。

卦辞：蹇，利西南，不利东北。利见大人，贞吉。

【注释】

蹇（jiǎn）：跛也。引申为艰险，险难。

卦辞解读：面临艰险，有利于往西南方向，不利于往东北方向。利于得到德高望重之人的帮助，坚守正道可获吉祥。

"利西南，不利东北"这句爻辞有不同解释：一是西南地势高而险，东北平而顺，"利西南，不利东北"，喻遇到险难应赴险救助，不应去平顺处躲避。二是东北象征山丘，人涉山丘不利，西南象征平地，人行平地则利。主张趋利避险以自保。

这两种解释都不无道理，见险而能止，处险亦当进，这两方面的意思在爻辞中也有反映。面临危险，是"往"还是"避"，要看自己的能力和时势，这里没有定论。

初六：往蹇来誉。

爻辞解读：往前行走遇到险难，返身回来受到赞誉。审时度势，知其不能为而不为，不盲动冒险，没受到责怪，而受到称赞。

另解：去往险难之处求助或解其险困，归来受到赞誉。

六二：王臣蹇蹇，匪躬之故。

【注释】

蹇蹇：蹇之又蹇，险难程度高，或理解为蹇中有蹇。　匪：同"非"。

躬：自身。

爻辞解读：君王的臣仆冒着风险去解救危难，不为自身得到什么好处。

另解：君王和臣子遇到危险，这不是他们自身的缘故。

九三：往蹇来反。

【注释】

反：反对。

爻辞解读：去往解救危难，回来却遭到非议和打压。

另解：前往有险难，返回来则得安。这样的解释与"初六"爻意似有重复。

六四：往蹇来连。

【注释】

连：本义为人拉的车，引申为艰难，这里是艰难的意思。

爻辞解读：去往危险之地救助，回来又遇到艰难之事。九三、六四两爻都是在讲解蹇之艰难。

九五：大蹇朋来。

爻辞解读：大的危难发生，朋友前来相助。大蹇的解决还得靠众人相助，合力而为。

上六：往蹇，来硕，吉，利见大人。

爻辞解读：去救助危难，获得重大成果，吉祥。得益于大人相助。"九五"强调众人的力量，"上六"强调"大人"的作用。

易语杂谈

人生无不会遇到艰难险阻。蹇卦提示我们临蹇是止是进，要看时势，当止则止，当进则进。赴险救难，险之加险，要格外当心。赴险救难很可能会被打压、诬陷，劳而无功，反受其害。《易》鼓励我们战胜"大蹇"要靠"朋来"合力，还要借助"大人"之助，这样定会"来硕"吉祥。《易》作者就"蹇"洞察入几，谆谆告诫，仁者之心大矣！

家庭出现"蹇"情，需全家同心协力才能渡过难关，国家出现"蹇"情更是如此。

◎ 解卦　震（雷）上　坎（水）下

解，利西南，无所往，其来复吉。有攸往，夙吉。

上六：公用射隼于高墉之上，获之，无不利。
六五：君子维有解，吉。有孚于小人。
九四：解而拇，朋至斯孚。
六三：负且乘，致寇至，贞吝。
九二：田获三狐，得黄矢，贞吉。
初六：无咎。

《序卦传》曰："蹇者，难也。物不可以终难，故受之以解。解者，缓也。"蹇卦乃处蹇之道。事物不可以总在危难之中，所以蹇卦之后继之以解卦。解是舒解、解脱的意思。

卦辞：解，利西南，无所往，其来复吉。有攸往，夙吉。

【注释】

解（jiě）：解脱、舒解。　其：发语词。　夙：早。

卦辞解读：险难解脱后，向西南方有利，没有事情就无需前往，回到原处吉利。若有当解之困，即前往，宜早宜快，可获吉祥。

初六：无咎。

爻辞解读：没有咎害。解卦初六"无咎"二字，想表达什么意思呢？大概是说舒解困境最基本的目标是终止危难，不使危难带来咎害。

九二：田获三狐，得黄矢，贞吉。

【注释】

田：狩猎。　黄矢：黄铜做的箭头。

爻辞解读：打猎获得了几只狐狸，并得到了几只黄铜箭头。持守贞正，吉利。"田获三狐"意指危难得到解决，这危难当指财物危急（现代语为经济危急）。在解决危难时有"得黄矢"的意外收获。问题得到解决，更应谨慎守正，不可胜而忘忧，这样做可获吉祥。

六三：负且乘，致寇至，贞吝。

【注释】

负且乘：背着重物坐车。

爻辞解读：背着重物坐在车上，会招致强盗来抢劫。这样固持下去，会有困厄。负重而乘车，是迂腐可笑之举，喻为物欲所累。"致寇至"是喻物欲、愚昧给人给社会带来的严重后果。要解决人的贪欲与愚昧，就要

去除过度物欲，去除愚昧的思想观念，这样才能避免"致寇至"的严重
后果。

九四：解而拇，朋至斯孚。

【注释】

而：通"尔"，你。　拇：指足的大趾或手的大指。

爻辞解读：为别人解困，犹如解开他被绑缚的拇趾。因此获得了朋友
的信任，纷纷前来。这里当指解决人的道德水准问题要从最基本的"诚
信"入手，有诚信就有朋友有人脉。为人解困，情莫大也。

六五：君子维有解，吉。有孚于小人。

【注释】

维：本义系物的大绳，引申为拴、系。

爻辞解读：君子被束缚之困得到解脱。或者君子与小人的隔阂得到解
决，再或者君子与君子间的误会得到消除，吉祥。以诚信对小人，感化小
人，使小人心服口服而退却或者转变。这里当指解决人际关系中的隔阂，
特别指出以诚信对待小人的问题。"有孚于小人"，只有品德优秀、胸怀大
度、志向高远的人才能做到。

上六：公用射隼于高墉之上，获之，无不利。

【注释】

隼（sǔn）：鸟类，形状似鹰，性凶猛。　墉：城墙。

爻辞解读：王公射下了在城墙上的隼，并俘获它，没有什么不利的。
以射隼于墉喻对邪恶采取果断手段，解除了来自上面邪恶势力的威胁，或
者解除了大的艰险危难。这样做没有什么不利的。

易语杂谈

"解"是消灾赴新的关键。解卦从多个方面阐述了"解"的重要性与

"解"的原则。解，就国家大事而言，古有"解民于倒悬"，今有解放思想。对个体个人而言，有解除误会，消除隔阂；对社会与自然而言，有拨乱反正、抗震救灾等等。解得适宜，解得及时，解得得当，任何危险都能"迎刃而解"。

　　俗语说："冤家宜解不宜结。"解其冤家之结，"有孚于小人"是关键。有诚意，以仁义之心作为处理"冤家之结"，就会有良好的效果。战国时的廉颇与蔺相如的故事便是范例。"解"不仅指解"我"与外界产生的问题与矛盾，还应包括解"我"自身出现的不通之症结。寒山问拾得："世间有人谤我，欺我，辱我，笑我，轻我，贱我，恶我，骗我，该如何处之？"拾得答曰："只需忍他，让他，由他，避他，耐他，敬他，不要理他，再待几年，你且看他。"这段对话有佛家的精深之意，字字玄机，句句妙理。寒山说有人谤他，欺他，辱他，是谁在谤他，欺他，辱他呢？佛家说是他自己，是他自己被各种欲望繁杂之事所缠绕束缚从而产生的感觉，只因有个"我"。佛说一切法皆"无我"，得成于"忍"，没有我就没有欺你的人，也没有要忍的人。拾得说"只需忍他，让他，由他……再待几年，你且看他"，看他什么呢？看他倒霉？看他落魄？——都不是，这句话的真实含义是——看你，看你通过修行，功德达到了什么水平。如果你对他人的落魄幸灾乐祸，还对他人当初对你的刁难耿耿于怀，还想通过自己的成功扬眉吐气打击对方，要是这样，你的格局就没有提高，也不会从"谤我"中解脱。一个懂得原谅他人的人才是一个有大格局的人。看来，寒山和拾得的这段对话，无论是从佛的教旨去理解，还是从字面字意去理解，都和解卦中的"有孚于小人"之意相契合。《解》卦道理精深，意义非凡，对我深有启发。

◎ 损卦　艮(山)上　兑(泽)下

损，有孚，元吉，无咎，可贞，利有攸往。曷之用？二簋可用享。

　　上九：弗损益之，无咎，贞吉。利有攸往，得臣无家。
　　六五：或益之十朋之龟，弗克违，元吉。
　　六四：损其疾，使遄有喜，无咎。
　　六三：三人行，则损一人，一人行，则得其友。
　　九二：利贞，征凶，弗损益之。
　　初九：已事遄往，无咎，酌损之。

《序卦传》曰："解者，缓也。缓必有所失，故受之以损。"解是缓解、解脱。解决问题就必有所付出，有所失。另外，问题解决后容易松懈，松懈也容易出现损失，所以解卦之后继之以损卦。

卦辞：损，有孚，元吉，无咎，可贞，利有攸往。曷之用？二簋可用享。

【注释】

损（sǔn）：减少的意思。　曷：何。曷之用，是如何来运用的意思。

簋：古代盛饭的容器。　享：祭祀。

卦辞解读：损之时，心存诚信，大吉大利，没有咎患，做到贞正，有利于前往。减损的意义怎么理解运用呢？即使用两簋微薄的祭品也可享祀鬼神。以"二簋可用享"为喻，指物质上有减损，只要心诚，用微薄之物仍可做高尚的事。

"减损"指物质方面的减损，而历史上有研《易》的学者赋予损益在道德层面善与不善的减少与增加的意义。不善在减损，善就增益；反之，善在减损，不善就增加，这样理解损卦也不无道理。

初九：已事遄往，无咎，酌损之。

【注释】

已：表示过去。　遄：疾速。

爻辞解读：过去的事很快过去了，没有咎害。要酌情考虑损的数量。这句爻辞的言外之意是说，过去因事自己减损了，事情很快过去了，对自己没有产生咎害就好了。继而告诫人们，"损"要根据自己的状况、能力，不要超过自身能力过分地付出而减损。不要不尽所能，也不要违背常理，要"酌损之"，避免不过或不及。

九二：利贞，征凶，弗损益之。

【注释】

征：征伐。　益：增加。

爻辞解读：得利于贞正。征伐有凶险，谈不上损益。这句爻辞阐述战争对损益产生的影响。征战，要守持正义，所有战事均为凶险，以征战获得利益，最后结果是凶险的，无论胜负都谈不上损益。

六三：三人行，则损一人，一人行，则得其友。

爻辞解读：三人出行，则有一人离去，一人出行，则得到朋友。人多容易产生猜疑。二人合作创业尚且很难持久，若三人合作，大概会更早离散，而一个人做事，则容易找到合作者。夫妻间若有第三者进入，必定有人离开，这是人与人相处的一般常态。这句爻辞其深意是说损有余、益不足的道理，富有者可减损以益于不足者，这种损益观，体现了社会利益的均衡意识，具有富者助贫的仁爱思想，这种损益观赋予损益以崇高的社会公德。

六四：损其疾，使遄有喜，无咎。

爻辞解读：减损疾病，很快使病痊愈，是喜事，没有什么咎灾。以治病为喻，说明减损不好的东西，比如陈规陋习、不良嗜好、管理漏洞、不善之念等等，要迅速果断，取得可喜的结果，这样才不会因

"疾"造成咎害。

六五：或益之十朋之龟，弗克违，元吉。

【注释】

朋：古代以贝为货币，十贝为一朋，十朋形容价值很高。　克：能。

爻辞解读：得到价值十朋的宝龟，不违背道义，大吉大利。得到大的收益，来源正当，是大吉大利的事。

上九：弗损益之，无咎，贞吉。利有攸往，得臣无家。

爻辞解读：没有减损，也谈不上增益，无有咎患，守持贞正，获得吉祥。利于前往，得到贤臣，化家为国。这句爻辞从"得臣无家"理解是就治国层面谈损益。取之于民（民减损），用之于民（民增益），所以良好的官民关系无所谓损与益。国家平安进步就好，君主这样做能得到贤臣的支持，得到民众的拥护，化家为国，以国为家，所以"无家"。

易语杂谈

个人及团体无一日不与"损"字周旋，"损"道深矣！损己利他，要量力而行，当损则损，自己吃不饱，吃不好，却去盲目无节制助人有谄媚之嫌，穷大方被人耻笑，损己而无益。极赞成"三人行，则损一人，一人行，则得其友"的喻意。损有余、益不足正是建立和谐社会、实现共同富裕的必循之道。那些低收入人群的境遇令人同情。对这部分人的救助则可依据"损有余，益不足"的原则。损者诚心付出，受益者得以解难，双方皆喜悦心安。"三人损一人，一人得其友"，意义匪浅。文明社会在"损"与"益"的制度建设上有创新有发展，人们互助互爱、和谐平顺，百姓生活无忧，中华民族复兴可期。

◎ 益卦　巽(风)上 震(雷)下

益，利有攸往，利涉大川。

▬▬▬▬　上九：莫益之，或击之，立心勿恒，凶。
▬▬▬▬　九五：有孚惠心，勿问，元吉，有孚，惠我德。
▬▬ ▬▬　六四：中行告公，从，利用为依，迁国。
▬▬ ▬▬　六三：益之用凶事，无咎。有孚中行，告公用圭。
▬▬ ▬▬　六二：或益之十朋之龟，弗克违，永贞吉。王用享于帝，吉。
▬▬▬▬　初九：利用为大作，元吉，无咎。

《序卦传》曰："损而不已必益，故受之以益。"已，在这里是"太过"之意，减损到一定程度必然转化为增益，所以在损卦之后是益卦。

卦辞：益，利有攸往，利涉大川。

【注释】

益（yì）：增益。

卦辞解读：增益，利于前往，有所作为；利于远涉大川，冒险建功。

初九：利用为大作，元吉，无咎。

爻辞解读：有了增益，利于做大事情，有大作为，大吉大利，无咎害。

六二：或益之十朋之龟，弗克违，永贞吉。王用享于帝，吉。

【注释】

帝：天。

爻辞解读：如果得到价值十朋的宝龟，只要不违背道义，并永能自守贞正之道，就能获吉祥。君王可用这样贵重的东西去祭祀天地神灵。财富取之正当，走正道就吉祥。"或益之十朋之龟"，"王用享于帝"，意思是有了增益要有感恩之心，感恩天地的福佑，感恩对你有帮助支持的人。

六三：益之用凶事，无咎。有孚中行，告公用圭。

【注释】

公：指公侯。　圭：古代的玉制礼器。帝王诸侯在举行朝聘、祭祀、丧葬等隆重仪式时持用。　中行：不偏不倚行中正之道，即中庸之道。

爻辞解读：有增益遇到灾事，积极施援救助，没有错咎。有诚信，行正道，并且像贤臣禀告公侯时手拿着圭施礼那样谦逊有礼。

六四：中行告公，从，利用为依，迁国。

爻辞解读：以中正之道理告诉公侯，公侯依从，以增益为有利依托，施行迁国大事，益之为国。

九五：有孚惠心，勿问，元吉，有孚，惠我德。

【注释】

惠：顺从。本义指"专心纺线"，引申为仁爱、顺从。

爻辞解读：诚信于民，顺民心，无需问，是大吉大利的。民诚信于我，顺我之德，君民皆诚信，君民均有顺和仁爱之德。另解：惠，仁爱。有诚信仁爱之心，无需占卜，是大吉大利的，有诚信、仁爱是我的道德准则。

上九：莫益之，或击之，立心勿恒，凶。

【注释】

莫：没有。　勿：不。　恒：常也。勿恒，变化无常。

爻辞解读：对民众不帮他们增益，反而侵夺、刮削，打压他们，仁心不存，爱心不在，这样后果是凶险的，君夺民利，必凶矣。

易语杂谈

对损、益两卦，诸多学者从象数上分析，认为损卦损下益上，即损下面的百姓之利，益上面的君王之利，益卦则相反，损上面的君王之利，益下面的百姓之利，这样的理解牵强，并且狭隘。损、益两卦就是讲损益的道理及如何对待和处理好损与益这两种境况、损与益两者之间的关系的，如此而已。"损"者求"益"，要走正道，损要损其不好的东西，如身体之疾、不良嗜好习惯、私欲之弊、企业不良管理等。"益"者求其用，用于做大事，用于富民安众。"益"者不忘天佑，不忘他人相助之恩。损有余，益不足，这些道理看似简单，做到却不易。

损益之间，从客观看界线分明，损就是损，益就是益。但从事物发展变化的法则来看，损中有益的萌芽，益中有损的潜在。若从物质转化的宏观来看，世间无所谓损益，只是损与益的互相转化而已，彼损之，此益之，此损之，彼益之，损益平衡则安，失衡则乱。例如，贫富差距过大，长此以往，会导致严重的社会问题；再如国民福利过于丰厚，导致政府财政紧张，负债繁重，不利于国家健康发展，反之，政府与民争利，税赋繁重，导致国富民穷，同样不利于国家健康发展。

损益关乎个人生存质量的优劣，关乎民生国运，不可轻视。

◎ 夬卦　兑(泽)上　乾(天)下

夬，扬于王庭，孚号有厉，告自邑，不利即戎，利有攸往。

上六：无号，终有凶。

九五：苋陆夬夬，中行无咎。

九四：臀无肤，其行次且。牵羊悔亡，闻言不信。

九三：壮于頄，有凶。君子夬夬独行，遇雨若濡，有愠，无咎。

九二：惕号，莫夜有戎，勿恤。

初九：壮于前趾，往不胜，为咎。

《序卦传》曰："益而不已，必决，故受之以夬。夬者，决也。"已：太过的意思。增益到极点，必转而为决裂，所以益卦之后即夬卦。夬是决断的意思。

　　夬卦的卦象只上六一阴，而下五阳，历代《易》学者均据此认为卦意为众阳进而决去一阴，即君子决小人，君子道长，小人道衰。笔者以为夬卦是讲君子的果敢决断，对于处理国家危难之事的重要性。

卦辞：夬，扬于王庭，孚号有厉，告自邑，不利即戎，利有攸往。

【注释】

　　夬（guài）：决断。　　即：本义是就食。引申为"就"的意思，与"则""乃"用法接近。　　戎：本义是兵器的总称，引申为战争。这里指动用武力。

　　卦辞解读：在王庭之上以诚信大声疾呼国有危险，告诫国人，若情势对我极为不利就可动用武力，前往有利。勇于疾呼，指出出现的危险并且提出解决方案，与上六"无号，终有凶"相呼应。

初九：壮于前趾，往不胜，为咎。

【注释】

　　为：有。

　　爻辞解读：壮盛脚趾前端，便贸然前往而不胜，还有咎害。果断不能不顾现实，凭一时之勇，冒险行事，这样不仅不能取胜，还会带来咎害。

九二：惕号，莫夜有戎，勿恤。

【注释】

　　惕：本义为戒惧、小心谨慎。　　号：号令。　　莫：古同暮。　　恤：忧虑。

爻辞解读：警惕、戒惧而发出号令，即使夜间有敌人来犯，也不要畏惧、忧虑。以果断、勇敢的精神提升士气。

九三：壮于頄，有凶。君子夬夬独行，遇雨若濡，有愠，无咎。

【注释】

頄（qiú）：颧骨，泛指面颊。　　夬夬：决之又决，刚毅果决。　　濡：湿，染。　　愠：怒，怨恨。

爻辞解读：壮勇表现在脸上，怒形于色，有正面冲突是有凶险的。君子果断前往，遇大雨被淋湿，历尽艰险，遭到怨恨，却不会有灾祸。壮勇在心，不在表面。势不相当，避开正面冲突，独立前行，虽遇艰险，却可避灾。

九四：臀无肤，其行次且。牵羊悔亡，闻言不信。

【注释】

次且：即趑趄（zī jū）。行走困难，比喻犹豫徘徊。　　亡：无。

爻辞解读：屁股无肌肉，坐不安，行不稳，走路趑趄，徘徊不前。不后悔牵着羊，别人说的话全然不信。果断决绝之反面，是大事当前优柔寡断，没有主见。

九五：苋陆夬夬，中行无咎。

【注释】

苋陆（xiǎn lù）：即商陆，多年生草本，春初发苗，入秋结实，其根有毒。

爻辞解读：如农夫铲除苋陆草一样，毅然决然做出决断，对邪恶要根除。只要行走正道，遵循中庸，就不会有咎灾。

上六：无号，终有凶。

爻辞解读：如果没有果断的号令，最终凶险难免。没有指出危厉存在，果断处置险情，其结果是凶险的。

易语杂谈

夬，决断，果敢。人事、国事、家事无一不曾面临重大抉择，抉择首先是了解实情，敢于"扬于王庭"而孚号，从而连根铲除邪恶势力。若无这样果敢之君子，社会就会有凶险了。果敢决断不是盲目而行，而是具有独立之思想，坚持正道，不怕孤独，不畏艰险。相反，坐不安，行不稳，优柔寡断，无主见者则一事无成，危机面前误国误民，处理家事则误家害己。

《夬》卦提示我们要做一个正直、守正、果敢的君子，前途光明。

◎ 姤卦　乾(天)上　巽(风)下

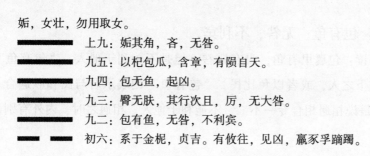

姤，女壮，勿用取女。

上九：姤其角，吝，无咎。

九五：以杞包瓜，含章，有陨自天。

九四：包无鱼，起凶。

九三：臀无肤，其行次且，厉，无大咎。

九二：包有鱼，无咎，不利宾。

初六：系于金柅，贞吉。有攸往，见凶，羸豕孚蹢躅。

《序卦传》曰："夬者，决也。决必有所遇，故受之以姤。姤者，遇也。"果断处事后必有新遇，所以夬卦之后是姤卦。姤是相遇相合的意思。

卦辞：姤，女壮，勿用取女。

【注释】

姤（gòu）：相遇的意思，也有婚姻之意。　取：娶。

卦辞解读：女子过分强势不宜娶来做妻子，男女素质、能力相当，相遇相合才是理想的好姻缘。卦意说婚姻，喻相遇相合是有条件的。姤卦卦象一阴爻五阳爻，即一柔遇五刚，即一女遇五男，女壮至甚，因此卦辞说"女壮，勿用娶女"。

初六：系于金柅，贞吉。有攸往，见凶，羸豕孚蹢躅。

【注释】

系：捆绑，维系。　金柅（nǐ）：黄铜做的刹车器具。金，古代指黄铜，也指金属。柅，刹车器具。　羸（léi）：瘦弱。　孚：通"浮"，浮躁。　见：同现，出现。　蹢躅（zhí zhú）：徘徊不前的样子。

爻辞解读：系于制动，守持贞正，方吉祥。否则有所往，会出现凶险，像瘦弱的猪躁动徘徊，丑而不安。喻女子应止于本分，妄求非分之遇则有风险，其结果会像瘦弱的猪那样丑且难堪。告诫人们对过度的欲望当止则止，否则后果可能凶险丑陋。

九二：包有鱼，无咎，不利宾。

爻辞解读：包裹里有鱼，没有错咎，但是不能利于他人。"包有鱼"喻能包纳在下之人，或者以鱼比民，"包有鱼"则表示君与民和顺遇合。"不利宾"是说相遇相合专一不二，不能利于他人。相遇之时，内外有别、重轻有分。

九三：臀无肤，其行次且，厉，无大咎。

【注释】

臀无肤，其行次且：同夬卦九三爻义。

爻辞解读：居不安，无主见，行难进，这样是有风险的，但也无大的咎灾。

九四：包无鱼，起凶。

爻辞解读：包裹里无鱼，将产生凶险。"包无鱼"喻失去民心，君民不遇合，将产生风险。

九五：以杞包瓜，含章，有陨自天。

【注释】

杞：杞柳。　　含章：含藏美善，将文采隐含于内。　　陨：堕落，降下。

爻辞解读：用杞柳荫蔽树下之瓜，美善文采包含于内，福佑自天而降。怀有美善之德，行有仁义之举，不用刻意寻求，喜庆之事会不期而遇。

上九：姤其角，吝，无咎。

【注释】

角：指动物的角。意为达到最顶端且强而硬。

爻辞解读：处在高位且高亢刚极，寻求相遇而不得，人人敬而远之，虽遗憾，但没有灾咎。相遇相知的最高境界是心灵相通、精神相和，身居高位，傲亢刚强，相附相媚者众，知心相交者寡。

易语杂谈

姤卦讲"遇"，"遇"人皆有之。因相遇，有好运降至，也会有恶运到来。有相遇而喜，有相遇交恶。近墨者黑，近朱者赤。有的人珍惜知遇之恩，有的人恩将仇报。因此对于"遇"不可不谨慎，不得不认真审视三思而行。

心存善意，德行高尚，会带来吉祥好运，但也不完全如此。世间情势繁杂，遇到的事物也是魔幻一般，因此要审时度势、随机应变，把握好自己，以趋吉避咎，遇得好运。守正是根本，智慧是凭借。

情相遇可成婚姻，志相遇可成同志，心相遇可成挚友，道相遇可成同道。相遇相合的最佳境界是心的相遇。遇好运不骄不扬，遇噩运不馁不怨。好的相遇是缘是福，但妄求不得，正所谓"可遇而不可求"。

◎ 萃卦　兑(泽)上　坤(地)下

萃，亨。王假有庙，利见大人，亨，利贞。用大牲吉，利有攸往。

上六：赍咨涕洟，无咎。
九五：萃有位，无咎，匪孚。元永贞，悔亡。
九四：大吉，无咎。
六三：萃如嗟如，无攸利。往无咎，小吝。
六二：引吉，无咎。孚乃利用禴。
初六：有孚不终，乃乱乃萃，若号，一握为笑。勿恤，往无咎。

《序卦传》曰："物相遇而后聚，故受之以萃。萃者，聚也。"物相遇则成群，成群即聚会在一起，所以萃卦接在姤卦之后。

萃卦讲聚合的道理。

卦辞：萃，亨。王假有庙，利见大人，亨，利贞。用大牲吉，利有攸往。

【注释】

萃（cuì）：本义是草丛生的样子，引申为聚集、聚拢、聚合。　假：至。　有：表示发生、出现。　牲：古代祭神用的牛、羊、猪等。

卦辞解读：团聚、聚合才亨通。君王来到宗庙祭祀，见到大才大德之人亨通顺达，利于坚守正道。用大的牛羊做祭品行祭可获吉祥，有利于前往行事。以君王行祭，喻人若有大的作为，需与神（精神）聚、与祖先聚、与贤人聚（利见大人），心诚（用大牲）则亨。"聚"的重要性显而易见。

初六：有孚不终，乃乱乃萃，若号，一握为笑。勿恤，往无咎。

【注释】

孚：诚信。　若：好像，如。　握：猥琐、卑小的样子。　恤：忧虑。

爻辞解读：有诚信不能始终如一，必致行为紊乱，与人妄聚，一会儿好像号啕，一会儿猥琐而笑。对此勿需忧虑，离开他们前往他处可避咎灾。

六二：引吉，无咎。孚乃利用禴。

【注释】

引：相牵。　禴（yuè）：古代君王四季祭祀称谓之一，禴为夏祭，为薄祭。春祭曰祠，夏祭曰禴，秋祭曰尝，冬祭曰烝。

爻辞解读：通过引导实现聚合共事，可获吉祥，没有灾咎。只要诚心实意，即使用微薄的祭品来祭祀，也能获得吉祥。经引导，介绍而聚合，只要心诚，仍获吉祥。

六三：萃如嗟如，无攸利，往无咎，小吝。

【注释】

嗟：叹息。

爻辞解读：相聚无人，不停地叹息，做事不利，前往无咎错，会有小的憾事或小的难处。这里大概指的是普通人，孤立无援难以成事。

九四：大吉，无咎。

爻辞解读：大为吉祥，没有灾咎。这句爻辞继六二"引吉"，谓以诚心诚意聚合在一起共同共事，才可大吉大利，没有灾咎。

九五：萃有位，无咎，匪孚。元永贞，悔亡。

【注释】

元：开始。

爻辞解读：在聚合的众人中居于尊贵之位，虽没有灾咎，却也没有广泛地取信于众。始终不渝地固守正道，才不会有什么悔恨之事发生。聚合之众，首领为重，诚信为要。

上六：赍咨涕洟，无咎。

【注释】

赍咨（jī zī）：悲叹声。　涕洟（tì yí）：涕，流眼泪；洟，流鼻涕。

爻辞解读：唉声叹气且流泪哭泣，但不会有咎灾。上六爻继九五爻义，身居高位，失去民心，失去追随者，因自省而悲泣。知过而无咎。

易语杂谈

萃卦讲聚合之道。大而言之，"方以类聚，物以群分"，自然界万物均以各自属性聚拢在一起。水聚而为江河湖海；沙聚而为沙漠；日月星辰聚而为无际宇宙；人类以种族之分聚合在不同地域生存繁衍，这种种聚合是自然生态使然。在社会政治领域，不同价值观、不同意识形态、不同信仰的群体也分别聚合，形成不同的社会政治团体，甚或由此产生争斗与杀戮。具体到个人，道相同、利相依则合，道不同、利相争则不相为谋，难以为聚。

◎ 升卦　坤（地）上　巽（风）下

升，元亨，用见大人，勿恤，南征吉。

上六：冥升，利于不息之贞。

六五：贞吉，升阶。

六四：王用亨于岐山，吉，无咎。

九三：升虚邑。

九二：孚乃利用禴，无咎。

初六：允升，大吉。

《序卦传》曰："聚而上者谓之升，故受之以升。"物以积聚而益盛大，居上者谓之升，所以继萃卦之后为升卦。

升卦旨在阐释事物顺势而升进的道理。

卦辞：升，元亨，用见大人，勿恤，南征吉。

【注释】

升（shēng）：升进。　用：犹"宜"。　南征：文王八卦方位，南为离卦，离象征光明，南征即由光明的途径升进。

卦辞解读：升进，有大的亨通顺利，宜由贤德之人推荐与帮助，不要有忧虑，由正大光明途径升进，是吉祥的。

初六：允升，大吉。

【注释】

允：公平，得当，公允。

爻辞解读：升进公允，得当，大为吉祥。反之，升进不公道，不得当，德不配位，必有祸咎。

九二：孚乃利用禴，无咎。

【注释】

孚乃利用禴：同萃卦六二。

爻辞解读：心存诚信，即使祭品微薄，也可以达到敬享神灵的目的，没有咎害。升进诚信为要，诚信在心，不需要拘泥于形式。

九三：升虚邑。

【注释】

虚邑：空的城邑。这里指偏远、贫穷落后的城邑。

爻辞解读：上升顺利无阻，如长驱直入虚空的城邑。喻升迁要到未开发、一片空白的落后地域，才能更好地施展才能。

六四：王用亨于岐山，吉，无咎。

【注释】

王用亨于岐山：岐山在陕西，周祖先古公亶父率族人迁于岐山下，筑城作邑。亨，同"享"，祭祀。

爻辞解读：君王（周文王或周武王）来到岐山，祭祀神灵先祖，吉祥，无咎害。事业升进，不忘根本，对祖先有敬意，对提携帮助你的人有感恩，无咎。

六五：贞吉，升阶。

爻辞解读：贞正吉祥，升进就像沿着台阶步步登高一样。升进不可冒进，要一步一步脚踏实地。一步登天，事出反常必有妖。

上六：冥升，利于不息之贞。

【注释】

冥：本义幽暗不明，引申为深邃、深奥。

爻辞解读：得到升进，看上去似乎幽暗不明，其实得利于自身始终如一不停息地修身正德，贞守正道。

另解：冥，深邃、深奥。意思是精神、道德上升到非常高的境界，得益于不停息地修养德行，贞守正道。得位为外在，境界为内里，内外统一升进才完美。

易语杂谈

俗语说："人往高处走，水往低处流。"不论事业的发展还是职位的提高，都是出自本性的追求。然而升进必须以道德水准的提升为根本。

做企业，不以人为本、关爱员工，而是百般刻薄盘剥；不以优质服务、优良品质取胜，而是投机取巧，弄虚作假，一定不会长久。人在仕途，提高道德修养尤其重要。无德之人免不了贪腐妄作，职位升得越快越高，摔得就越惨。平头百姓无德，在社会上也难以立足，正可谓做事先做人也。

道德修养是一切行为的基础。没有善心，没有爱心，没有良知，何以为民取利？一个身体虚弱不堪的人，冬天加衣盖被再多也不暖。

我住的地方在山区，房子旁边有条河沟，雨季山上泄下再多的水也不存一滴，原因是地下空虚，水都渗掉了。人也一样，内里空虚，外即无实。人无道德底线，输入再多的伟大思想也是枉然。

良知、善心、爱心从何而来？人性本有，存之，保之，育之，养之，不为私欲所遮蔽而已。愿人人道德精神升进不息，事业生活年年攀高。

◎ 困卦　兑（泽）上 坎（水）下

困，亨。贞，大人吉，无咎。有言不信。

　　上六：困于葛藟，于臲卼，曰动悔有悔。征吉。
　　九五：劓刖，困于赤绂，乃徐有说，利用祭祀。
　　九四：来徐徐，困于金车，吝，有终。
　　六三：困于石，据于蒺藜，入于其宫，不见其妻，凶。
　　九二：困于酒食，朱绂方来。利用享祀。征凶，无咎。
　　初六：臀困于株木，入于幽谷，三岁不觌。

《序卦传》曰："升而不已必困，故受之以困。"升自下升上，凭能力上进，不停地上升必有所困，故升卦之后是困卦。困是困厄、愈乏的意思。本卦主要讲面对困境的处困哲学。

卦辞：困，亨。贞，大人吉，无咎。有言不信。

【注释】

　　困（kùn）：困厄。

卦辞解读：困而能亨通，必须贞正，有贤能的人能够做到，吉祥而无咎灾。处困时，有见解，或者有作为，别人也不会相信，不认可，不理解。"大人吉"，而小人遇困则不然，多招致虚妄乱为，或可致凶。

初六：臀困于株木，入于幽谷，三岁不觌。

【注释】

株木：无枝叶之木。　觌（dí）：见。

爻辞解读：坐于无枝叶的秃树桩，行于幽深的山谷。多年不见人或不被人见到。这句爻辞有二解：一是有贤德之人遇困不亨，像坐在无枝叶的树桩上，没有庇荫援引，只好居幽处险，多年不得转机。二是生于荒蛮之地，处于艰险之境，多年见不到世面。这种困是命中注定，所以爻辞无断语评论或教诲。

九二：困于酒食，朱绂方来。利用享祀。征凶，无咎。

【注释】

朱：大红色。　绂：古代做祭服的蔽膝，缝于长衣之前。帝王及诸侯国的上卿在祭祀时皆着朱绂，这里喻地位尊贵。　方：将来，表示未来。

爻辞解读：被衣食所困，盼望荣禄到来。做好祭祀有利，即以诚敬之心处世以待。这样做不会有咎害。如果为了脱困而盲目发展，任意妄为则招致凶险。

有学者疑"征凶""无咎"位置应颠倒过来，即"无咎，征凶"。

六三：困于石，据于蒺藜，入于其宫，不见其妻，凶。

【注释】

据：本义指手靠着。　蒺藜（jí lí）：草木。　宫：房屋总称。秦汉后专指帝王或帝王之住处或庙宇。

爻辞解读：困于巨石之下，手抓蒺藜，艰难上攀，回到家，不见妻子，凶险。喻处于极度困厄，竟致妻离子散。这种处境极易招致凶险。

九四：来徐徐，困于金车，吝，有终。

【注释】

金车：坚固、漂亮的车。这里喻生活殷实、富有。

爻辞解读：缓慢前来，逢陡坡不能上，困于车中，虽有憾恨，终可到达目的地。喻富有者也会为财富所困。因其富有，追逐财富欲望炽盛，导致困顿不前，有憾惜。这时如能自省检点，最后结果是好的。也可理解为事物发展之不平坦，时常为其障碍所困。

九五：劓刖，困于赤绂，乃徐有说，利用祭祀。

【注释】

劓刖：这里喻伤于上下。劓（yì），古代刑名，削鼻。刖（yuè），古代刑名，断足。赤绂：意同九二爻"朱绂"。赤，红色。　有：犹，或。说：脱。

爻辞解读：伤于上下，得不到上层的提携，得不到下层的帮助，困于宫廷争斗之中。要慢慢地才能有所解脱，得益于祭祀，即以真诚处事待人。

上六：困于葛藟，于臲卼，曰动悔有悔。征吉。

【注释】

葛藟（gé léi）：攀附缠绕的蔓生植物。　臲卼（niè wù）：高峻崎岖之地，喻高危不安的样子。　曰：自谓也。自言自语地说。

爻辞解读：被葛藟所缠绕，处于艰险之地。动则悔上加悔，无所不困。只有主动向前，消除障碍才能吉祥。喻被诸多困难、障碍、矛盾所缠绕，无所不困，步履维艰，只有奋勇向前，消除障碍，才能获得吉祥。

易语杂谈

"不如意事常八九，可与人言无二三。"人生困事伴其一生一世，只是困的因由、困的程度不同而已。困于荒蛮之地，天意也；困于衣食，力不足也；困于舒适，富贵致也；困于险境，最为悲也；困于宫廷，伤于上下；困于“葛藟”，难以脱身。诸如此类的“困”，是事物前进的阻碍。如何处困脱困？困卦告诉我们，首先是“利用祭祀”，坚持诚实忠信，这是做人之根本。许多人为了解困，往往失去理智，铤而走险，抑或不择手段，损人触法。《易》提醒我们，这样做是凶险的。再者要随机而变，见机行事，敢于“征吉”，勇于奋而有为，迎困而上，除掉“葛藟”，消除障碍，迎来吉祥。

另有一困，曰愚昧之困。其特殊之处是本被愚昧所困却不自知，中毒极深却无知觉，不断做着愚蠢之事。这种“困”脱起来极为困难，因为灵魂难以换掉。

家有家困，人有人困，国有国困，解困不但需要诚意、需要付出，还需要谋略、需要智慧、需要魄力和胆略。当天时、地利、人和齐备，困当解也。

◎ 井卦　坎(水)上 巽(风)下

井，改邑不改井，无丧无得。往来井。井汔至，亦未繘井，羸其瓶，凶。

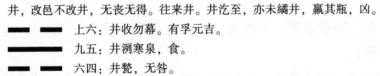

上六：井收勿幕。有孚元吉。

九五：井洌寒泉，食。

六四：井甃，无咎。

九三：井渫不食，为我心恻。可用汲，王明并受其福。

九二：井谷射鲋，瓮敝漏。

初六：井泥不食，旧井无禽。

《序卦传》曰：“困乎上者，必反下，故受之以井。”物之在下者莫如井，养物不穷，莫过于井，井卦即以井为喻讲汲取之道。

很多《易》研究者，皆以君善于任用贤人、君子修德养民为井卦的主旨，这是儒家学者崇君尚贤臣的惯性思维所至。笔者以为这样的理解未免牵强、狭隘，理解为讲汲取之道可能更接近作者原意，更有广泛的哲学意义。

卦辞：井，改邑不改井，无丧无得。往来井。井汔至，亦未繘井，羸其瓶，凶。

【注释】

井（jǐng）：农村穿地取水，以桶提取。　　汔（qì）：水涸。　　繘（jú）：汲水的绳。　　羸（léi）：通"累"。缠绕，困住。这里当毁坏的意思。

卦辞解读：邑可以迁移，井不可以迁徙。井水汲取而不竭，存之而不盈。到这里取水的人来来往往，反复以井为用，当井干涸，不但汲不到水，井绳还未提到井口，却把装水的瓶毁坏打碎了。这是凶险的前兆。

另解：建造城邑，不修建井，没有付出费用，也就没有所得。井好时，人来人往汲水而食，当井干涸时，井绳未提到井口，却把装水用的瓶打碎了，这种情况出现是凶险的。

以上两种理解，与卦的主旨相接近。以井喻汲取之源，比如国家的税收，当源头处于好的正常的状态，则取之不尽，生之不盈，但收取之源出现了问题，不但取不到，连取的工具也遭到破坏。

初六：井泥不食，旧井无禽。

爻辞解读：井底塞满污泥，无水可食用，废弃的井连禽鸟都不来。

九二：井谷射鲋，瓮敝漏。

【注释】

谷：井底下的小穴坑。　　鲋：小鱼。

爻辞解读：箭射井底小穴坑中的小鱼，把瓮也毁漏了。喻汲取不到，连小利也不放过，取之不顾，最后连汲取的工具也毁掉了。

九三：井渫不食，为我心恻。可用汲，王明并受其福。

【注释】

渫（xiè）：除去，淘去污泥的意思。　恻：悲伤。

爻辞解读：把井的污泥清除干净，却不去汲水食用，为这事心里悲伤。井可用以汲水，圣明的君王和百姓同受福泽，汲取之源在百姓，把汲取之源培植好了，资源充足了，不去汲取，也是使人悲伤的。有了汲取之源去汲取运用，这是君王和百姓都喜欢的，是上下之福。

六四：井甃，无咎。

【注释】

井甃（zhòu）：修理井壁。

爻辞解读：把井修好，就没有因井老化、破损而产生的咎灾了。

九五：井冽寒泉，食。

【注释】

冽：水清澄。

爻辞解读：井水清洁、寒凉，供人们食用。汲取之源佳美充足，百姓从中也得到"食"惠。

上六：井收勿幕。有孚元吉。

【注释】

收：丰收，收成。这里是成功之意。　幕：本义指覆盖在上面的帐幕，引申为遮蔽，这里是遮蔽的意思。

爻辞解读：井修缮好之后，不要把井口盖住，大众尽享其利，则众必归于诚信，这是大吉大利的事。汲取和供给公平开放，汲取不敝，充而不盈，其利无穷，大吉大利。

易语杂谈

《易》作者以井为喻阐释汲取之道，真是太妙了！井处低深，默默奉献。井，用好了取之不尽，用之不竭，过分汲取或有污泥阻塞而不清除，更有甚者，水源干涸仍不甘心，穴中射鱼，强取硬夺，以取小利，这样就会乱象频出，百姓将无水可食了。井卦的喻意当为取之于民（井）用之于民，则财源取之不尽，用之不竭。井卦的汲取之道对于当今社会的管理也不失其借鉴意义。

常喝"自来水"，想那"井洌寒泉"，就觉清爽欲饮。让我们共同努力，一起打造坚固清洁之"井"，共享"洌寒之泉"之甜美。

◎ 革卦　兑(泽)上 离(火)下

革，己日乃孚，元亨，利贞，悔亡。

▬▬ ▬　上六：君子豹变，小人革面。征凶，居贞吉。
▬▬▬　九五：大人虎变，未占有孚。
▬▬▬　九四：悔亡，有孚改命，吉。
▬▬▬　九三：征凶，贞厉。革言三就，有孚。
▬▬ ▬　六二：己日乃革之，征吉，无咎。
▬▬▬　初九：巩用黄牛之革。

《序卦传》曰："井道不可不革，故受之以革。"井有秽败，必清除之，除之则洁，所以井卦之后受之以革卦。

革卦阐释革的原则和意义。

卦辞：革，己日乃孚，元亨，利贞，悔亡。

【注释】

革（gé）：本义是兽皮治其毛，即去毛加工好的兽皮，由此衍生出除去的意思，又引申为变革之意。　己（jǐ）日：在十天干中己日在第六位

（甲、乙、丙、丁、戊、己、庚、辛、壬、癸），已过中央，意指由盛转衰的时刻。

卦辞解读：己日实行变革，才能得到民众的信服和支持。变革乃成，带来大的亨通、大利、正道、正气。变革之前的顾虑、担心和想象中的后悔消失。"己日乃孚"强调变革必须在条件成熟时采取行动。

初九：巩用黄牛之革。

【注释】

巩：使之牢固。

爻辞解读：要使之牢固，用黄牛皮革牢牢地捆绑住。变革不可轻举妄动，先巩固自己，既积极又要谨慎。

六二：已日乃革之，征吉，无咎。

爻辞解读：时机成熟就可进行变革，往前进发会吉祥，不会有咎错。

九三：征凶，贞厉。革言三就，有孚。

【注释】

革言三就：把变革的道理、意义、步骤等方面讲清楚。

爻辞解读：变革过程中会有凶险，即使初衷是贞正的，仍会有阻碍有危险。要把变革的方方面面的事情向民众讲清楚，以获得民众的信任和支持。"六二"征吉是说变革之大势，这里的"征凶"是提醒人们变革之中有风险。

九四：悔亡，有孚改命，吉。

爻辞解读：想象中的悔事已消失，心存诚信，改变命运，大吉大利。

九五：大人虎变，未占有孚。

【注释】

虎变：老虎每年夏季脱毛，色彩变浅变暗，秋冬毛层变厚，文采灿然。这里的虎变，笔者以为是指老虎凶猛强势，行动迅疾。象征大人主持变革威猛果决。　未占有孚：意思是不用询问便知道结果。占，占筮，占卜。

爻辞解读：伟大人物像猛虎一样威猛，果敢地推行变革，意志坚定毫不犹豫，会得到民众的信任。

上六：君子豹变，小人革面。征凶，居贞吉。

【注释】

豹变：与虎变相似，豹子行动更加灵敏。　小人革面：一解为小人受变革影响，洗心革面。一解为小人革面不革心。

爻辞解读：君子像豹子那样迅速敏捷参与变革，小人也洗心革面，顺应变革大势。变革功成，此时若继续激进不止，必有凶险。宜安静守正，巩固成果，这样做是吉祥的。另解：小人改变只在表面，内心仍守旧不思进取，关键时刻会逆变革大势而行。

易语杂谈

《易》之"革"，去故也，即今所谓改革。革卦就变革问题多侧面进行了阐释，谈得何等深刻、全面，何等惊心动魄！虎变，豹变！英勇无畏，果敢迅猛，"小人革面"真可谓切中事实。革卦全篇不离"孚"字，即不离"诚信"，以诚信贯穿变革的始终。诚信的根本是道德，无道德即无诚信，无诚信就无成功的变革。只有全心为民的变革才顺民意、应民心，才会推动社会进步，才会成为成功的变革。

变革符合历史潮流，符合人类进步发展的规律，顺应人类文明进步的需求，符合民众的愿望和需要。

◎ 鼎卦　离(火)上 巽(风)下

鼎，元吉，亨。

- 上九：鼎玉铉，大吉。无不利。
- 六五：鼎黄耳金铉，利贞。
- 九四：鼎折足，覆公𫗧，其形渥，凶。
- 九三：鼎耳革，其行塞，雉膏不食，方雨亏悔，终吉。
- 九二：鼎有实，我仇有疾，不我能即，吉。
- 初六：鼎颠趾，利出否。得妾以其子，无咎。

《序卦传》曰："革物者莫若鼎，故受之以鼎。"最大的变革是旧的朝代消亡，新的朝代建立，所以革卦之后继之以鼎卦。

鼎卦阐释国之治理的道理。

卦辞：鼎，元吉，亨。

【注释】

鼎（dǐng）：古代煮食物用的器物。鼎两侧有耳，下面有足，方型四足，圆型三足。鼎也是放在宗庙里祭祀用的礼器，在古代也是国家政权的象征。改朝换代以后，新登位的君王往往首先要做的就是铸鼎，将新的法律铸于鼎，以象征新时代的开始。

卦辞解读：国大吉，亨通顺利。

初六：鼎颠趾，利出否。得妾以其子，无咎。

【注释】

出：与"黜"通用。这里的"出"指贬退臣下，贬黜奸恶之臣。

否（pǐ）：恶。

爻辞解读：颠倒鼎足，将鼎翻过来，利于清理食物残渣。因娶妾得一子，这没有咎错。喻国之政体革除旧制，贬黜奸佞，吐故纳新。

九二：鼎有实，我仇有疾，不我能即，吉。

【注释】

实：富足。　疾：嫉恨，憎恨。　即：靠近。

爻辞解读：鼎中盛满食物，敌对者心存嫉恨，却不能靠近我，吉祥。喻国有实力，敌人不敢侵扰于我。

九三：鼎耳革，其行塞，雉膏不食，方雨亏悔，终吉。

【注释】

雉：野鸡。　膏：美食。这里指肥美的野鸡肉。　方：将要。　亏：不足。　方悔：不足以悔，不必悔。

爻辞解读：鼎耳脱落，无法移动，鼎中肥美的野鸡吃不成了，将要下雨，这些不足以悔恨，最终吉祥。鼎耳可重修，雉膏可再调，下雨也无妨，不必为这些而悔恨，喻国遇难关可以渡过，最终吉祥。

九四：鼎折足，覆公𫗧，其形渥，凶。

【注释】

覆公𫗧：倾覆王公的美食。覆，倾覆；𫗧（sù），古代指鼎中的食物。渥（wò）：沾湿。

爻辞解读：鼎足折断，倒翻了王公的美食。洒满一地，有凶险。喻政治腐败，国力损毁，会有凶险出现。这种情况较九三严重，爻辞断语为"凶"。

六五：鼎黄耳金铉，利贞。

【注释】

铉（xuàn）：抬鼎用的棍子，穿入鼎耳两人共抬。

爻辞解读：鼎耳用黄铜制作，铉上镶着金色的金属饰物，利于固守贞正。喻国力坚实充裕。得益于守持贞正、行于正道。

上九：鼎玉铉，大吉。无不利。

爻辞解读：鼎配以镶着玉的铉，大为吉祥，做事没有不利的。玉，坚硬，温润。六五曰"金铉"喻国之施政刚强，上九曰"玉铉"喻施政温润。施政者德行坚毅而温润，亲民理政，国事顺利吉祥。

易语杂谈

鼎卦主旨是讲治国之要，诸多《易》学家以为鼎卦在讲"纳贤"之理，似乎狭隘欠妥。

颠趾、出否——吐故纳新。

鼎有实——国有实力，无人敢欺。

耳革、行塞、不食、方雨——国遇艰难，不足悔，终吉。

折足、覆𫗧、形渥——国之大厦将倾，极为凶险。

黄耳、金铉、玉铉——国力强盛，治国刚毅而温润，事无不利。

全卦就国家政治从多侧面进行阐释，有导语提示、有警示、有鼓励展望，显而易见是谈治国之事。

◎ 震卦　震(雷)上　震(雷)下

震，亨。震来虩虩，笑言哑哑，震惊百里，不丧匕鬯。

▅▅▅▅　上六：震索索，视矍矍，征凶。震不于其躬，于其邻，无咎。婚媾有言。

▅▅　▅▅　六五：震往来，厉，亿无丧，有事。

▅▅▅▅　九四：震遂泥。

▅▅　▅▅　六三：震苏苏，震行无眚。

▅▅　▅▅　六二：震来厉，亿丧贝，跻于九陵，勿逐，七日得。

▅▅▅▅　初九：震来虩虩，后笑言哑哑，吉。

《序卦传》曰："主器者，莫若长子，故受之以震。"鼎是国之重器，主器即掌守政权，震象征长男，长男系家国继承者，为主器之人。震也有动而奋发或震惊之义。震卦借震雷聚起、万物惊恐畏惧，谈因恐惧而谨慎行事，由此带来亨通之理。

卦辞：震，亨。震来虩虩，笑言哑哑，震惊百里，不丧匕鬯。

【注释】

震（zhèn）：雷动，震惊，震动。在这里象征自然界的灾害，如地震、火山、洪水、海啸、飓风、疫害虫毒等。　虩虩（xì）：恐惧的样子。

哑哑（yǎ）：旧读（è），笑声。　匕（bǐ）：古代人取食物的器具。鬯（chàng）：古代祭祀用的酒。

卦辞解读：震，象征震动，震动带来亨通顺利。震来时人们恐惧，尔后谈笑自若，虽然震雷声响彻百里，祭祀的人毫不惊骇，手里的酒勺子没洒出一滴酒来。震而恐惧，惧而慎行，恐惧而能泰然自若，不失诚敬之心，震后而亨通。

初九：震来虩虩，后笑言哑哑，吉。

爻辞解读：震来时惊恐畏惧，尔后便谈笑风生。之所以震来先惊恐尔后笑，或是因为并无损失，或是指沉稳之人临危而泰然自若。

六二：震来厉，亿丧贝，跻于九陵，勿逐，七日得。

【注释】

厉：危。　亿：通"臆"，臆测，预料。　贝：殷周以贝为货币。这里指财物。　九陵：形容高峻的地方。

爻辞解读：震动骤至，极其危险，忖度必然会丧失财物，登上高峻之山，借以避祸。失去的财物不要去追寻，不久便能失而复得。当震来袭，不能考虑利益得失，以自保避灾为先，失去的东西还会回来的。

六三：震苏苏，震行无眚。

【注释】

苏苏：恐惧不安。　眚：眼疾。

爻辞解读：震来之时，恐惧不安，因惧而慎行，眼睛无疾。慎行看清楚了许多事物的真实面目，使人觉醒。

九四：震遂泥。

【注释】

遂：同"坠"。这里是坠的意思。

爻辞解读：处震之时，如坠入泥潭之中不能自拔。喻震造成危困，行动艰难。震使人慎行，觉醒，震也使人坠落陷入泥潭，陷入泥潭的原因可能是因震之危害巨大。或指有的人在震面前毫无斗志，缺乏自信，悲观失望；或指有人趁火打劫，陷入罪恶的深潭。

六五：震往来，厉，亿无丧，有事。

爻辞解读：震来来去去，很危险。即使没有什么损失，也一定会有其他事情发生。爻辞提醒人们，只要是震动、灾害，就是很危险的事情，即使当时看不到什么损失，也一定会有危害。

上六：震索索，视矍矍，征凶。震不于其躬，于其邻，无咎。婚媾有言。

【注释】

索索：因恐惧双脚畏缩难行。　矍矍（jué）：惊慌张望的样子。

征：出行。　躬：自身。　婚媾：婚姻之事。

爻辞解读：震来之时，畏畏缩缩，双眼表现出惶恐不安的样子，这时行动会有危险。震动未危及自身，却波及近邻，对于我无咎害，我若这时举行婚姻之事，极为不妥，会招致闲言碎语。不论什么民族，何种肤色，地球人的生命同等重要，一样应该受到尊重。将人类灾难政治化，一方遇难，另一方幸灾乐祸，这种漠视生命、丧失人性的愚蠢行为，遭人唾弃，为人不齿。

易语杂谈

震，非同小可！震必动，动则变，由变化而事物向治发展，由治而亨通。《易》从哲学的角度谓"震，亨"——从震的开始就向亨通发展了。由此想到王明阳之"知行合一"，知行是一体的，不是分开为二的，心里想做一事，这时行就产生并开始了。可见古之先贤分析事物结构内在本质的高远与深邃。

震，毕竟是危厉的。《易》从对普通大众的关怀角度告诫人们，遇震勿恋财，首先想到的是躲避，同时要知情。不能出征妄行，妄行则凶。当震发生于邻人，自己的言行要顾及邻人的感受，即"婚媾有言"。《易》之人文关怀体现在一思一念一行的细微之处，言简意明。震卦不失为伟大的文明之光。

◎ 艮卦　艮（山）上　艮（山）下

艮，艮其背，不获其身；行其庭，不见其人，无咎。

上九：敦艮，吉。

六五：艮其辅，言有序，悔亡。

六四：艮其身，无咎。

九三：艮其限，列其夤，厉熏心。

六二：艮其腓，不拯其随，其心不快。

初六：艮其趾，无咎，利永贞。

《序卦传》曰："震者，动也。物不可以终动，止之，故受之以艮。艮者，止也。"震卦是讲震动，事物不可能始终处在震动之中，有动则有止，当止则止，是为明智。所以继震卦之后为艮卦。艮是止的意思。艮卦阐发自我约束，适可而止的道理。

卦辞：艮，艮其背，不获其身；行其庭，不见其人，无咎。

【注释】

艮（gèn）：象征抑止。

卦辞解读：抑止背部，使身体不能随意转动，背在身后，与外界无应。走过有人的庭院，后背看不到人，没有错咎。喻内心宁静，达到忘我境界，外物不接，内欲不萌，这样就不容易因逐利而犯错。宋代理学家周敦颐说："一部《法华经》，只消一个艮字可了。"

初六：艮其趾，无咎，利永贞。

爻辞解读：抑止于脚趾，无错咎。得利于长久保持贞正。动先动脚趾，止于动之初易，止于动之久则难。

六二：艮其腓，不拯其随，其心不快。

【注释】

腓：小腿肚。　拯：救援、救助。这里是纠正、挽救的意思。

爻辞解读：抑止于小腿肚，小腿肚又不能纠正、挽救应服从的对象（胯股）的过错，不得不勉强跟随其动，心里非常不愉快。应止而不能止，身不由己，勉强追随服从他人，岂能快乐？

九三：艮其限，列其夤，厉熏心。

【注释】

限：界限。指人体上下身交界之处，即腰部。　夤（yín）：脊背肉。

厉熏心：痛苦危险程度很严重，有如烈火熏灼其心。

爻辞解读：抑止腰部行动，让腰部停止不动，却把脊背肉扯裂开了。危险痛苦如烈火熏灼一样。施止不当，众叛亲离，导致痛苦。

六四：艮其身，无咎。

【注释】

身：人体中上部分称身。

爻辞解读：抑止于上身，无咎错。止当止在应有的场所和时机。自我约束，适可而止。

六五：艮其辅，言有序，悔亡。

【注释】

辅：上颌，这里指口。　序：条理。

爻辞解读：抑止于口（即佛家"不妄语"），讲话有条理，就不会有后悔的事。俗语说：祸从口出。慎言、言之有序是种修养，言语也要当止则止，不能口无遮拦，胡言乱语招惹是非，口出狂言害人害己。

上九：敦艮，吉。

【注释】

敦：谨慎，敦厚。

爻辞解读：以敦厚的品德抑止邪欲，约束自己，可获吉祥。

易语杂谈

个人与社会团体，知进不知止，妄行不知抑，是很危险的。简单来说，凡车都有刹车系统，当前面有危险，有障碍不利前行，就必须刹车停止前进。道理简单，做到却难。当止而不止的最大原因是经不住不当利益的诱惑，私欲过度膨胀，前面有危险而无视，妄行妄为，结果招致祸害。作为普通之人，在日常生活中、工作中，心中常存一个"止"字，就不简单。止酒、止怒、止暴、止无礼、止骄、止傲、止淫、止躁……生活中有千万事止则善，行则恶，止则顺利，行则遭祸。忆往事，悔事多矣！

止，无绝对的止，止中有进的因素。有些事看似是不进而止，实则是止而利进。曾国藩攻破南京城，湘军高层诸将兴起"劝进"之风，有拥立曾国藩为帝的意图。曾国藩写了十四个字以表心志："倚天照海花无数，流水高山心自知。"左宗棠也曾作联："神所凭依，将在德矣；鼎之轻重，似可问焉？"并请人转送曾国藩，曾见后改一字送还，将"似"改为"未"。在关乎自身安全，关乎国家安危、民众安康的天之大事面前，曾国藩可谓当止则止，止中有进，乃大智慧也。

当行则行，当止则止，也需要勇气和智慧。中国古代从秦到清，在以皇权为核心的人治制度下，总有奸佞小人当道，官场腐败、政治黑暗，正直君子处境艰险。东晋陶渊明拂袖而去，归隐田园，成就了自由而有尊严的现实人格。而明代王阳明在平定宁王之乱后，没有得到皇帝的嘉奖，反而被皇帝身边的人诬陷，面临生命危险。面对如此恶劣险境，王阳明没有坐以待毙，更未退而求安，而是光明磊落，不屑权斗，靠智慧和勇气、正气和胆略，在官场上周旋自如，化险为夷，成就了"知行合一""致良知"的圣人人格。

当止则止，当进则进。"当"字至关重要，而"当"与"不当"并无标准答案，其基本原则是：为善则进，为不善则止。

◎ 渐卦　巽(风)上　艮(山)下

渐，女归，吉。利贞。

上九：鸿渐于陆，其羽可用为仪，吉。

九五：鸿渐于陵，妇三岁不孕，终莫之胜，吉。

六四：鸿渐于木，或得其桷，无咎。

九三：鸿渐于陆，夫征不复，妇孕不育，凶。利御寇。

六二：鸿渐于磐，饮食衎衎，吉。

初六：鸿渐于干，小子厉，有言，无咎。

《序卦传》曰："艮者，止也。物不可以终止，故受之以渐。渐者，进也。"艮象征止，事物不可以终止，止后而进，况且止中也有进的因素，进则以序以渐，循序渐进，所以继艮卦之后为渐卦。

渐卦阐发事物发展过程中循序渐进之理。

卦辞：渐，女归，吉。利贞。

【注释】

渐（jiàn）：徐而不速谓之渐。　女归：女子出嫁。

卦辞解读：女子出嫁，吉祥。利在于持守正道。事理程序最严格莫如嫁女。在古代嫁女有六礼：纳采、问名、纳吉、纳征、请期、亲迎。卦辞借古代女子出嫁按规矩循序渐进的做法说明渐进的道理。

初六：鸿渐于干，小子厉，有言，无咎。

【注释】

鸿：鸿雁，即大雁。大雁春季向北飞，秋季往南飞，往来排成行列，有序而不乱。　干：岸边。　小子：指少男。这里指小的大雁。　厉：危险。

爻辞解读：鸿雁飞翔渐近于水边，小雁如同小孩子来到岸边，有落水的危险，有大人呵斥，则避免灾祸。事物发展初期，柔弱无助，遇到危险需要有人呵责维护，尚可避免祸患。

另解：其一，小子指小人。始进则因于小人谗谀之言，君子未受到伤害。其二，小孩子见大雁飞来发怒，对大雁未造成灾祸。

六二：鸿渐于磐，饮食衎衎，吉。

【注释】

磐（pán）：大石头，喻安稳之所。　衎衎（kàn）：愉悦貌。

爻辞解读：鸿雁逐渐飞落到磐石上栖息，快乐地饮食，吉祥。喻事物发展到好的阶段，稳定安然。

九三：鸿渐于陆，夫征不复，妇孕不育，凶。利御寇。

【注释】

陆：高平之地。　征：外出，行进。　复：返回。　育：本义生养，引申指"养活"。　利御寇：利，宜。御寇，防御敌寇。喻守持正道，以防止邪妄的侵蚀。

爻辞解读：鸿雁逐渐飞落到高平的地上，遇到困境，犹如丈夫远行不回返，妻子怀孕无人照顾。这是凶险的，宜固守正道，以防邪恶。继六二安然稳定，再向前遇到险境，孤立无援，举步维艰。这时以防邪恶侵袭为要。

六四：鸿渐于木，或得其桷，无咎。

【注释】

木：树木。　或：或许。　桷（jué）：房屋的木椽，方椽曰桷。

爻辞解读：鸿雁逐渐飞落到树上，或许能找到人砍伐的方正的橡木，在此处栖息，没有咎害。"得其桷"是指偶得栖息之处，不是久居之地，虽然如此，寻找有利环境条件为我所用，有利于继续前行。

九五：鸿渐于陵，妇三岁不孕，终莫之胜，吉。

【注释】

陵：高冈，丘陵。　莫：没有。

爻辞解读：鸿雁逐渐飞落到山冈上，犹如妇人多年没有怀孕，最终如愿以偿，获得吉祥。事物发展到好的结果，历经艰辛，愿望得以实现，获得吉祥。

上九：鸿渐于陆，其羽可用为仪，吉。

【注释】

羽：羽毛。这里以羽为美，指鸿雁飞行成列有序的良好行为。　仪：

本义为人的外表或举动，引申为"按程序进行的礼节"。

爻辞解读：鸿雁逐渐飞到高平的地方，其羽毛可用作仪饰，这是吉祥的。这里的"羽"喻大雁守规则的德行。鸿雁飞行成列、遵守规则的良好行为可作为典范供人们效仿。这里"鸿渐于陆"与九三同指一环境地域，但境况大不一样，九三是处艰难之陆，这里是指到达成功之陆。

易语杂谈

渐卦以"女归"及鸿渐南飞北归成列有序为双喻，阐释"循序渐进"的道理，唯恐理不清、义不明，可谓用心良苦，而行文则美且妙哉！

循序渐进，循，遵循；序，自然法则、客观规律；渐，缓行；进，前进。循序是进的必需条件，渐进是结果。客观规律决定了事物发展前进的方式、方法、快缓进程。"揠苗助长"是愚蠢行为。

老子曰："合抱之木，生于毫末，九层之台，起于累土，千里之行，始于足下。为者败之，执者失之……以辅万物之自然而不敢为。"（《道德经》第六十四章）老子阐述事物由小到大、由弱到强、由起步到行致千里，无不渐进而成。不按事物发展规律而行，主观妄为者必然失败，强行把持者必然失去，告诫人们要顺应自然法则而为，不可妄为。实践证明，不顾客观实际，强行推行的理政方式，轻者劳民伤财，重则动摇国本民心。孔子曰："欲速则不达。"（《论语·子路》）单纯追求速度，反而达不到目标。

愿女归吉祥，嫁个好人家幸福地生活，愿鸿雁南飞北翔，路途平顺，愉悦安康！

◎ 归妹卦　震(雷)上　兑(泽)下

归妹，征凶，无攸利。

上六：女承筐无实，士刲羊无血。无攸利。
六五：帝乙归妹，其君之袂不如其娣之袂良，月几望，吉。
九四：归妹愆期，迟归有时。
六三：归妹以须，反归以娣。
九二：眇能视，利幽人之贞。
初九：归妹以娣，跛能履，征吉。

《序卦传》曰："渐者，进也。进必有所归，故受之以归妹。"进则必有归宿，所以渐卦之后，继之以归妹卦。

归妹卦阐释婚姻的道理。

卦辞：归妹，征凶，无攸利。

【注释】

归妹（guī mèi）：归，女子出嫁。妹，少女。　征：取，征求。

卦辞解读：女子出嫁，为取得利益而往是凶险的，是非常不利的。卦辞提出婚姻诫语，婚姻只为财，必无利而有凶险。另解：一是女子出嫁，不宜征战，征战必有凶险。二是女子出嫁期间，不宜出行，出行有凶险，没什么好处。

初九：归妹以娣，跛能履，征吉。

【注释】

娣（dì）：古代女出嫁时随嫁的女子。又，古代姐妹嫁一夫，姐为正室，妹为娣为妾。　跛（bǒ）：腿或脚有病，走路时身体不平衡。　履：鞋子，这里是行走的意思。

爻辞解读：妹妹以娣出嫁，虽为偏房，地位低下，只要好好辅佑正室，照顾好家庭，并无他求，就像跛子也能走路那样，前行可获吉祥。

九二：眇能视，利幽人之贞。

【注释】

眇：一只眼瞎。　幽人：指深思明哲能守其幽静的人。

爻辞解读：瞎了一只眼也能看见东西，宜像幽人那样守其安静，坚守正道无妄求。

初九、九二两爻讲先天不足或自身条件差的情况下如何处理婚姻的道理。

六三：归妹以须，反归以娣。

【注释】

须：本义指胡须，这里指美男子。

爻辞解读：归妹以貌取人，丈夫也会以貌移情于娣或其他人，虽仍为正室，地位反而降为娣。

另解：须，指等待。意思是，女子待嫁，不如以娣的身份早点嫁出去。

九四：归妹愆期，迟归有时。

【注释】

愆（qiān）：错过。

爻辞解读：少女错过出嫁的时机，虽然晚些出嫁，终会如愿。

六五：帝乙归妹，其君之袂不如其娣之袂良，月几望，吉。

【注释】

帝乙归妹：传说帝乙（商纣王之父）将自己的妹妹嫁于周文王为妻。　君：指正室。　袂（mèi）：衣袖。　几望：月将满。几，即。"几""即"古通用。望，阴历每月十五日。

爻辞解读：帝乙嫁妹，正室的服饰反不如陪嫁妹妹的服饰华丽。婚期选在近于十五可获吉祥。意为地位尊贵的正室，德行谦逊，遇事谦让于地位低的人，宁亏勿满，可获吉祥。

上六：女承筐无实，士刲羊无血。无攸利。

【注释】

刲（kuī）：割。

爻辞解读：古时娶妇三月后祭宗庙，妇用筐盛祭品以祭祀，夫宰羊取血做祭品。但这一次祭祀时，妇所执的筐里无祭品，夫宰羊，羊无血。夫妇均无物用于祭祀，表示夫妇感情无实，婚姻无终，诸事不利。

易语杂谈

《易》就婚姻问题给予了人们以人文关怀。《象传》曰："归妹，天地之大义也。天地不交而万物不兴，归妹，人之终始也。""人之终始"就是人类繁衍生息的意思。婚姻对于人类的延续至关重要，对家庭而言，婚姻是家庭幸福的根本，没有婚姻就没有完整的家庭，家庭不完整何以幸福美满。

婚姻构建家庭，婚姻使人与人的社会关系变为人伦关系。有了婚姻家庭才能传宗接代，宗室得以代代繁衍。婚姻的形成既复杂又简单。婚姻关乎男女双方的地位、学识、经济状况、相貌风度、性格爱好、思想意识，恋爱还有莫名其妙的"触电感"。婚姻是以感情为基础的，不论感情何时建立起来，均是维系婚姻的关键，无感情，就是无实的婚姻。婚姻是幸福的源泉，需要我们用一生来呵护。婚姻是天意，相爱相依就是顺应天意，逆天而行会遭天谴。关心你的妻、你的夫吧！

◎ 丰卦　震(雷)上 离(火)下

丰，亨，王假之，勿忧，宜日中。

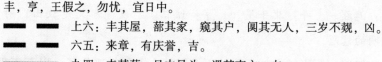

上六：丰其屋，蔀其家，窥其户，阒其无人，三岁不觌，凶。

六五：来章，有庆誉，吉。

九四：丰其蔀，日中见斗，遇其夷主，吉。

九三：丰其沛，日中见沫，折其右肱，无咎。

六二：丰其蔀，日中见斗，往得疑疾，有孚发若，吉。

初九：遇其配主，虽旬无咎。往有尚。

《序卦传》曰："得其所归者，必大，故受之以丰。丰者，大也。"事物有了归宿，必然发展得越来越大，所以归妹卦之后是丰卦。丰是大、丰盛的意思。丰卦描述丰盛宏大的日全食由开始到结束的过程，阐释盛衰无常的道理。

卦辞：丰，亨，王假之，勿忧，宜日中。

【注释】

丰（fēng）：大、丰盛之义。　假：宽容，大度。

卦辞解读：丰盛之时，终究是亨通的。君王宽容大度，对这样的变化看得清楚，不用担忧，日中天的时段长为好。诸多《易》之学者将卦辞理解为，君王一统天下，如日中天，普照天下，万物受其惠而无忧。

以下六爻以日全食为喻，阐释社会盛衰无常的道理。

初九：遇其配主，虽旬无咎。往有尚。

【注释】

配主：对事物主体的配合，这里指相匹敌的人。　旬：均等。　尚：向上。

爻辞解读：日食刚开始，是日全食的初亏阶段，阴影遮蔽了太阳的一半，与太阳形成势均力敌的局面，还没有咎害出现，阴影还要往上发展。

六二：丰其蔀，日中见斗，往得疑疾，有孚发若，吉。

【注释】

蔀：遮蔽。　斗：北斗星。　孚：诚信。　发：本义是放出、射出，这里是明的意思。

爻辞解读：阴影越来越大，差不多把整个太阳都遮住了，以至于现出了北斗星，这是日全食的"食既"阶段。喻社会政治环境晦暗无光，这时前往干事，会遭遇极大的猜忌和打击。此时只要坚持诚信，可获吉祥。

九三：丰其沛，日中见沬，折其右肱，无咎。

【注释】

沛（pèi）：通"旆"，旗幡、幡幔。遮蔽之意。　沬（mèi）：星名。北斗七星第六颗星，古称开阳星的辅星，也称伴星。

爻辞解读：日全食了，太阳被完全遮蔽了，连微小的星也可以看见。光明被黑暗所取代，折断了右臂，无有咎害。人做事情靠右臂，右臂折了，无可作为，无可作为则无咎。喻社会政治黑暗时期，受到了伤害，不能做事，却也避免了更多的祸灾。

九四：丰其蔀，日中见斗，遇其夷主，吉。

【注释】

夷：本义为讨平、使之平，引申为除去、消灭，这里是引申义。

爻辞解读：日全食的阴影逐渐消退，其状况似乎与"食既"阶段相同，黑暗阴影遇到了消除自己的光明，日全食将要结束，吉祥。

六五：来章，有庆誉，吉。

【注释】

来：指光明复来。　章：明也。　庆誉：喜庆，美善。

爻辞解读：黑暗尽退，光明复现，有福庆和美誉，吉祥。社会有福庆，君子有美誉。

上六：丰其屋，蔀其家，窥其户，阒其无人，三岁不觌，凶。

【注释】

阒（qù）：寂静无声。　觌（dí）：看。

爻辞解读：日全食之时黑暗笼罩了一切，房屋也看不见了；家被遮蔽，窥视家里，寂静无人。这种情况多年不见，真是凶险！上六再次描述日全食的恐怖，由天空转入地面，强调其凶险可怕。

易语杂谈

丰卦描写日全食的过程，立意高远、深邃，笔法细腻传神，简直就是一篇优美的记景散文。

《易》写日全食这种自然现象，"日中则昃，月盈则食"，虽然恐惧可怕，但黑暗终会消失，光明终会恢复，所以是亨通的，不必担忧。写日全食喻人类社会也会出现黑暗，同样，黑暗过去、光明归来也是人类社会的发展规律。丰卦，写黑暗令人窒息，写光明给人以鼓舞和力量，真乃佳文也。

古之圣贤"天人合一""道发自然"有其深刻的哲学意义。人类是宇宙自然界中的一部分，像树木、花草、山川、虫兽、细菌、病毒一样，与自然万物为一体。万物的产生与生存，都由内在和外界的因素形成，自然而生，自然而成，自然而存。万物有其各自的生存规律。人类社会的生存发展规律有与自然界的运动规律相同的部分，也有不尽相同的部分，只是人类社会的发展规律在哲学意义与大自然的一些现象和变化规律上有某些一致性或相似性。比如说，日全食现象在自然界的出现是有规律的。人类社会的黑暗过去有，现在有，将来也会有。自然界的日全食有确切的时间规律可循，人类社会的黑暗则无法准确预测。人类的某些行为已经影响到自然界。人类社会文明的发展是曲折而艰难的，有光明也有黑暗。

◎ 旅卦　离(火)上　艮(山)下

旅，小亨。旅贞吉。

上九：鸟焚其巢，旅人先笑后号咷。丧牛于易，凶。

六五：射雉，一矢亡，终以誉命。

九四：旅于处，得其资斧，我心不快。

九三：旅焚其次，丧其童仆，贞厉。

六二：旅即次，怀其资，得童仆，贞。

初六：旅琐琐，斯其所，取灾。

《序卦传》曰："丰者，大也。穷大者必失其居，故受之以旅。"丰是大的意思，穷大了，连住的地方也失去了，居无定所，寄居他乡，所以丰卦之后是旅卦。旅卦讲述在外漂泊行旅中寻求安居的艰辛。

卦辞：旅，小亨。旅贞吉。

【注释】

旅（lǚ）：行旅，羁旅。旅指出门在外、滞留他乡、经商逃难、周游列国等。旅之路充满艰辛，不同于今天所说的旅游。

卦辞解读：行旅，稍有亨通，守持正道则吉祥。羁旅在外，远在他乡，难得大通，小通便好。

另解：旅，军队。卦辞的意思是，军队少而精则所向无敌，征伐敌国得吉祥。以下六爻也皆讲军旅作为。对这一解释不予采纳。

初六：旅琐琐，斯其所，取灾。

【注释】

琐琐：琐，细小。指卑微低贱的样子。　斯：本义砍、劈，引申为离开。

爻辞解读：处旅之时，行为卑微，离开原住所自取灾祸。

高亨先生认为："旅，客人。琐借为惢。惢惢，多疑也。斯，离也。所，故居。爻辞言：旅客惢惢多疑，离其故居，结果招致灾难。"

六二：旅即次，怀其资，得童仆，贞。

【注释】

即：就，这里是住下的意思。　次：舍，住处。　怀其资：怀藏资财。

爻辞解读：处旅之人有舍而住，怀藏资财，得到忠贞的童仆的照顾。

九三：旅焚其次，丧其童仆，贞厉。

爻辞解读：旅舍失火被毁，又丢失了童仆，即使守持正道，处境也很危险。

九四：旅于处，得其资斧，我心不快。

【注释】

处：居住，住处。

爻辞解读：处旅之时，虽得到了居住之处，获得了资财，有了防身砍伐的工具，但我心不快乐。"旅于处"与六二"旅即次"不同。暂住称次，长居称处，旅即次，刚找到住处，住处可能长久，也可能短暂，而"旅于处"指有了相对稳定的住所。六二"怀其资"是怀藏资财，而"得其资斧"是自己付出所得，还有了防身、劳动的工具。有了收获，生活稳定，却因思乡而不快乐。

六五：射雉，一矢亡，终以誉命。

【注释】

雉（zhì）：野鸡。　誉：赞誉。　命：本义为发布命令，假借为给。

爻辞解读：射中野鸡，野鸡带矢飞走，失去一矢，却得到善射的赞誉。行旅者有失有得，失去的是物质的东西，得到的是声誉和地位。

上九：鸟焚其巢，旅人先笑后号咷，丧牛于易，凶。

【注释】

丧牛于易：易，有易国名，据传殷王亥曾客于有易国，从事畜牧，易物经商。王亥淫于有易国，被有易国之君绵臣杀害，取其牛羊。这里用这个传说故事，喻旅人丧失了资财。喻行旅人失去地位荣誉。

爻辞解读：鸟巢被焚烧，行旅人失去地位荣誉，先笑而后号咷大哭，又丢失了牛，这是凶险的。爻辞喻在外行旅之人经过努力奋斗，有了充足的资产和地位，但地位建在高处，无根基而不牢固，易被毁掉，顺利之时喜而笑，后则因失去地位号咷痛哭，祸不单行，像王亥失牛于易那样失去了资财，凶险将至。

易语杂谈

旅卦写行旅之人，因困顿而琐琐，因资足、童仆贞而小亨，遭遇艰难而可怜，小有收获又因思乡而不快，获誉先喜后巢焚牛失而号咷，描写的情境形象生动，细致入微，充满同情怜悯之心。

远古商部落第七位君王王亥以牛羊牲畜等作为商品背井离乡到外部落交易，开创了商业贸易的先河，最后客死他乡。可见处旅之人之艰难。孔子为宣扬其治国理念，带领弟子周游列国十四年，艰难之时绝粮七日，被讽为丧家之犬。但孔子却因其对中华文化的巨大贡献，被誉为中国古代的思想家、政治家、教育家，被历代后学奉为至圣先师，终不负周游列国之艰辛也。

当今社会，求学、经商、外务，也有许多中国人远在他乡。但中国人根在中国，落叶终归要归根。

远在他乡的你！我们的亲人！人生如旅，何尝不是如此！喜怒哀乐、悲欢离合，只有守正崇善，才不枉人生之旅。

◎ 巽卦　　巽（风）上　巽（风）下

巽，小亨。利有攸往，利见大人。

上九：巽在床下，丧其资斧，贞凶。
九五：贞吉，悔亡，无不利，无初有终。先庚三日，后庚三日，吉。
六四：悔亡，田获三品。
九三：频巽，吝。
九二：巽在床下，用史巫纷若，吉，无咎。
初六：进退，利武人之贞。

《序卦传》曰："旅而无所容，故受之巽。巽者，入也。"旅，如天上的云、水中的萍，飘浮不定，往往不被容纳。然而这种局面不会持久，通过顺势而为，入于良好环境，被人接纳，找到安定的场所，所以旅卦之后继之以巽卦。

巽卦讲的是由顺从而入佳境的道理。

卦辞：巽，小亨。利有攸往，利见大人。

【注释】

巽（xùn）：巽卦是八卦中的一卦，重叠为巽卦，就像乾卦重叠为乾卦一样。巽象征风，风是顺气流而成而动，动则无孔不入，所以巽卦在这里是"顺而入"的意思，既有顺的意思，也有入的意思。《序卦传》曰"巽者，入也"，是取巽之顺的结果而言。

卦辞解读：顺从，稍有亨通，向前有利，宜见大德之人。顺从是被动地作为，所以只能是小的亨通。顺从是为了前行，前行就要选择跟随，跟随的是有德行的人物，而不是盲目地跟随、无原则地顺从。

初六：进退，利武人之贞。

【注释】

武人：勇武之人。

爻辞解读：是进是退犹豫不决，具有武人那种刚正果断、忠贞不二的精神才能有利。

九二：巽在床下，用史巫纷若，吉，无咎。

【注释】

床：先秦时席地而坐，或者坐于睡觉用的器具上，尊者坐于上，卑者拜于下。用于倚凭的家具曰"床"，而不是现在用于睡觉的床。　史：祝史，职掌占卜、祈祝的官员。　巫：即巫觋，古代从事占卜、祈祷，主管奉祀天帝鬼神、为人祈福禳灾的人。　用：有效法之义。　纷若：奔忙勤勉的样子。

爻辞解读：顺从地卑处床下，若能效法祝史巫觋那样勤勉地奉神事上，便获吉祥，没有咎错。既顺从又能勤勉做事，才能吉祥无咎。

九三：频巽，吝。

【注释】

频：古同"颦"，皱眉，愁眉苦脸的样子。

爻辞解读：皱着眉头勉强顺从，会招致羞辱而憾惜。顺从要有诚意，勉强为之，必招挫折而憾惜。

六四：悔亡，田获三品。

【注释】

田：打猎。　三品：三种动物。指田猎所获甚多，喻功劳大。

爻辞解读：田猎所获甚多，原来预料后悔的事没有了。由顺而入于好的境遇，有了贡献，建立了功劳，比原来所预料的要好。

九五：贞吉，悔亡，无不利，无初有终。先庚三日，后庚三日，吉。

【注释】

庚：天干之一。甲乙丙丁戊己庚辛壬癸，庚排第七位，前三位是己戊丁，后三位是辛壬癸。

爻辞解读：行贞正之道，吉祥。没有后悔的事，没有什么不利的事。开始或许不顺利，终必有好的结果。在变更发布新令前三日是宣传新令、引导民众认识新令阶段，新令变更发布后三日是民众自省自检阶段，新令变更发布三日后新法施行，这样做可获吉祥。

"先庚三日，后庚三日"另解为："庚"与"更"同音，有变更的含意，古时以十干记日，即：甲乙丙丁戊己庚辛壬癸，庚日前三日是丁日，丁有叮咛的意思，庚日的后三日是癸，"癸"与"揆"通，是衡量的意思。即在事情变更之前，必须叮咛民众知道，事情变更之后，应衡量得失，视其效果，慎重处置，就会吉祥。不论哪种解释，《易》的作者是想告诉人们，做任何事情，必须顺从遵循事物变化的规律，谨慎从事，使得上下和顺，才能吉祥。

上九：巽在床下，丧其资斧，贞凶。

爻辞解读：顺从过分，仰人鼻息，丧失了资财和防身断物的斧子，即使守持正道，也是凶险的。"丧其资斧"不仅指丧失资财，也代表了丧失职位或者工作，甚至是丧失人格尊严，故凶。同样是"巽在床下"，九二因效法祝史巫觋勤勉恭敬奉神事主而吉，上九却因过分卑顺盲从而失去资财、失去职位，乃至失去尊严，招致凶险。

易语杂谈

巽卦像一位长者对初涉社会的年轻人的谆谆教诲，叮咛再三，又像一位洞悉天地自然、人间万物奥秘的智者，在阐述看似简单实则深邃的"顺而入"的道理。

巽是八卦之一，象征风，风顺气流而动，动则无孔不入。巽卦阐述的"顺而入"的道理非常了不起！人生没有离开顺从而发展进步的，而顺从不是无原则的顺从，顺社会正义之潮流、顺大德之人才会吉祥，才会达到最佳的境地，这就叫顺而利，即"顺利"之意吧！顺从要忠诚勤勉，过分地顺从则会人财两失。读懂巽卦，对于走对走好人生之路意义重大。

人生在世，要有独立的思想和至仁至善的思想灵魂，思想必须是通过社会实践自己独立思考的产物。无思想则无灵魂，有思想有灵魂才会有正确的世界观，才能"田获三品"，服务于社会。盲目、过分地顺从，甚至阿谀奉承，拍马溜须，这样的人必被民众所不齿，凶险难以躲避。

科学与文明、和平与发展之潮流浩浩荡荡，顺之则利，逆之则衰！

◎ 兑卦　兑(泽)上　兑(泽)下

兑，亨，利贞。

上六：引兑。

九五：孚于剥，有厉。

九四：商兑未宁，介疾有喜。

六三：来兑，凶。

九二：孚兑，吉，悔亡。

初九：和兑，吉。

《序卦传》曰："巽者，入也。入而后说之，故受之以兑。兑者，说也。""兑"，说也，"说"即"悦"的古字，故"兑"是喜悦的意思。巽是入的意思，进入之后就会喜悦，所以巽卦之后为兑卦。

兑卦讲喜悦的真谛与内涵。

卦辞：兑，亨，利贞。

【注释】

兑（duì）：兑与"说"同义，"说"即"悦"的古字。"兑"在这里是喜悦快乐的意思。

《兑》卦是八卦之一，兑象征泽，两兑重叠为兑卦。卦义是泽以润生万物，万物皆悦。

卦辞解读：喜悦快乐才能亨通，得利于固守正道。喜悦由正道而生，喜悦快乐做事才亨通顺达。

A解：亨，祭祀。古人举行祭祀前占到此卦，得到利于祭祀的占断。

B解：帛书《周易》"兑"作"夺"，夺取之义。卦辞的意思是：夺取财物没有受到阻碍，占卜得到利贞的占断。

初九：和兑，吉。

【注释】

和：平和。

爻辞解读：以平和喜悦的态度待人做事是吉祥的。

A解：兑是谈说的意思。意思是以温和的态度与人谈说是吉祥的。

B解：帛书《周易》"和兑"为"休夺"。意思是停止掠夺是吉利的。

九二：孚兑，吉，悔亡。

【注释】

孚：诚信。

爻辞解读：以真诚之心和悦待人，内心喜悦，可获吉祥，原来悔憾的想法也消失了。以真诚之心处事待人，即使有误会，悔憾也会消除。

A解：以诚信的态度与人谈说，吉祥。一些悔憾的事消失了。

B解：孚的意思同"复"。又一次进行掠夺，占卜得吉与悔亡的占断。

六三：来兑，凶。

【注释】

来：外来。

爻辞解读：以不正当的手段使人喜悦，或者说外来的诱惑使人喜悦，是凶险的，外来喜悦或许是外人有目的地取悦于你，纵然有喜悦，也会遭遇凶险灾祸。

A 解：来谈说的人还没说到我，我自己先说了起来，说话不当，言多必失，易招致凶险。

B 解：正为掠夺了财物而高兴，突然又来人向他们强取了，这是凶险的事情。

九四：商兑未宁，介疾有喜。

【注释】

商：商品交流的经济活动。　宁：安定、安宁。　介：间隔，隔开。

疾：小疾。这里喻贪欲。　喜：病除。

爻辞解读：因商贾得到利益而喜悦，有时却不得安宁，若与贪欲杂念相隔离，其病即愈。作为商品交易的经济活动，多以利益最大化为目标，难免有不如意的时候。交易的方法各异，因此在商贸活动中往往会有愧疚之感。只有去除过分的贪欲，诚实交易，才能心中喜悦无愧。

A 解：商，商谈。介疾，病。有喜，病愈。意思是，商谈之事未定，病未愈，商谈之事与小病有关，商谈之事有望成功，病也就将愈。

B 解：帛书"商兑"为"章夺"，章夺是明要、强抢之义。介，小问题。爻辞的意思是，因明要强抢弄得鸡犬不宁，这是小问题，夺取了财富是好事情。

九五：孚于剥，有厉。

【注释】

剥：阴消阳为剥。指侵蚀正义的奸佞小人。

这条爻辞的意思是：信任那些侵蚀正义的奸佞之人是危险的。这一爻辞针对上位者而言，奸佞小人往往以花言巧语或以腐败之举，取悦于位尊权贵者而获得信任重用，权贵者因喜悦陷入泥潭不可自拔，这是非常危险的。

A 解：孚为罚的意思。剥，裂也，离也，引申为国破家毁。爻辞的意思是，君主行罚于国家危难之时，则臣下怨叛；小人被罚于国家危难之际，君主则遭遇困境，其势皆危险。

B 解：帛书"孚"为"复"。剥，夺。已经夺得的东西又被抢回去了，出现了危险。

上六：引兑。

【注释】

引：求人引介。

爻辞解读：刻意追求快乐，以快乐为唯一引导，过度苛求喜悦，认为人生追求的根本在于快乐，忘却生命还有更多的责任，很可能引出下一个不快乐。《兑》卦上六以"引兑"二字结束，戛然而止，并无断语，是对人们盲目地追求快乐、以快乐为人生价值观的默然否定，严肃而果断。

A 解：有人牵引我谈说，我便言说。

B 解：帛书"引兑"为"景夺"。"景"，大的意思。爻辞的意思是进行大规模掠夺。

易语杂谈

《易》就喜悦、快乐设此一卦，并就此娓娓道来。《易》是平民之《易》、仁慈之《易》、关怀之《易》、简约而意深之《易》。

追求快乐是人之常情，殊不知快乐有其丰富的内涵。《易》告诉我们走正道，以善意、诚意使别人快乐，由此而获得的喜悦才是最吉祥的，而外来的事物引诱你而得到的快乐是危险的。贪腐使你快乐，不义之财使你快乐，美色使你快乐，邪恶之物、低俗之风使你快乐，溜须拍马使你快乐，虚荣使你快乐，这些快乐都将先喜而后号啕，与吸毒无异！

盲目追求快乐之风气，应当引起我们的警惕和思考。追求快乐的行为应以不妨碍他人为基本要求，特别是人到老年，常有"对酒当歌，人生几何""人生得意须尽欢"的感慨，忘了"不逾矩"的戒语，不顾他人感受去追求快乐。爱因斯坦曾说："我从来不把安逸和快乐看作生活目的本身——这种伦理基础，我叫它猪栏的理想。"追求快乐实质上是在追求使你快乐的东西，而使你快乐的东西必须是正当的、善的、美好的、光明的、有价值有意义的，这些东西你追到了，也追到了快乐与幸福。这种快乐与幸福是发乎内心的自然而美好的感觉。庄子曰："至乐无乐，至誉无誉。"（《庄子·至乐》）意思是说，最大的快乐就是无所谓快乐，最大的荣誉就是无所谓荣誉。这是先贤对快乐、对荣誉的理解。

高亨先生将"兑"解释为谈话，就谈说来解释《兑》卦的卦义，很有意义也很有意思，正所谓"横看成岭侧成峰"。

与人谈话也有学问，根本一点要诚心诚意，讲实话，讲真话，不说谎话，还要注意谈话的环境和时机，还要看人脸色。《论语·季氏》曰："言未及之而言谓之躁。言及之而不言谓之隐，未见颜色而言谓之瞽（瞽，gǔ，眼瞎）。"意思是，还没到你说的时候就抢着说，这是急躁；该你说时却不说，这是把自己隐藏起来，会错失良机；不看别人的脸色表情就轻率地说话，这叫睁眼瞎。《荀子·劝学》篇："不问而告谓之傲，问一而告二谓之囋。"意思是说，没人求教你而去教导别人叫作傲，问一答二叫作啰唆。古之先圣贤对谈话的要求是严格的，这正契合了从谈话角度理解兑卦的卦义。《系辞传》曰："吉人之辞寡，躁人之辞多。"不懂得说话的时机而多言，言多必失，失则遭凶，祸从口出也！

◎ 涣卦　巽(风)上 坎(水)下

涣，亨，王假有庙，利涉大川，利贞。

上九：涣其血，去逖出，无咎。

九五：涣汗其大号，涣王居，无咎。

六四：涣其群，元吉。涣有丘，匪夷所思。

六三：涣其躬，无悔。

九二：涣奔其机，悔亡。

初六：用拯马壮，吉。

《序卦传》曰："兑者，说也。说而后散之，故受之以涣。涣者，离也。"人之气，忧则易结，悦则易疏散。所以继兑卦后是涣卦。涣卦，巽上坎下，巽为风，坎为水，风行于水上，自然成纹（文），后人将"风行水上，自然成文"喻写作发乎真情，文字自然流畅。

涣卦讲散而不乱、散而能聚、散聚相承的道理。

卦辞：涣，亨，王假有庙，利涉大川，利贞。

【注释】

涣（huàn）：水融流散、离散。又水盛的样子，因水盛又有冲散、冲刷、荡涤的意思。涣在这里是一个词义相反的双义词。

卦辞解读：水流荡涤冲散污垢是亨通的（也可释为聚合涣散的人心，是亨通的），王到宗庙祭祀，有利于干大事，得利于贞正。君王以至诚之心祭祀神灵，感化民众，使涣散的人心聚合，有利于冒险犯难，干大事业。

初六：用拯马壮，吉。

【注释】

拯：举。

爻辞解读：用可举起马的力量去治理社会涣散之局，是吉祥的。用举马之壮喻治理涣散局面需要下大力气。

九二：涣奔其机，悔亡。

【注释】

机：通"几"。几，可以俯凭而安坐的类似小凳子的东西。

爻辞解读：水流荡涤污垢的凭借，先前的悔意已消除。

六三：涣其躬，无悔。

【注释】

躬：自身。

爻辞解读：水流荡涤自身，没有后悔的事情。喻自身提高道德水准，清除私弊。

六四：涣其群，元吉。涣有丘，匪夷所思。

【注释】

匪：通"非"。　夷：平，指平常之人。

爻辞解读：水流荡涤营私的小群，使其污垢皆除。小群涣散，大吉。去除了小群却聚合了正气如丘的大群。这不是平常之人所能想到做到的。

九五：涣汗其大号，涣王居，无咎。

【注释】

涣汗：流汗，大汗淋漓。　号：大声哭。

涣汗其大号：高亨先生疑"涣汗其大号"应为"涣其汗大号"。六三"涣其躬"，六四"涣其群"，九五依上句式应为"涣其汗大号"。

爻辞解读：流汗涉险，历经艰辛，去除涣散，荡涤污垢之害，因感动而号啕。涣散之弊危及王位，最终没有灾祸。回顾危情，激动而后怕。

另解：一、君王发出号令，犹如汗出于肤无法收回，大水冲到了王居住的地方，喻君王散尽财物以济民众，这样没有咎错。二、大汗已出透，涣散之疾病已解除，处于涣散之时居于王位者如此方可无咎。

上九：涣其血，去逖出，无咎。

【注释】

血：通"恤"，忧伤，忧虑。　逖：害怕，畏惧。

爻辞解读：流散其忧伤，去除其畏惧，没有咎灾。荡涤之后，君民皆安。九五、上九照应了卦辞"亨通，利贞"所表达的含义。

易语杂谈

涣，既有流散、离散、涣散等义，又有水盛大之义。所以涣卦并非只立于"散乱"，而是兼从涣的对立意义上讲由水盛冲刷荡涤涣散之弊端、社会之污垢，从而达到聚合的情势，阐述散与聚互为依存的关系。

聚合是团结的象征，而流散是分裂不睦的表现。离散不一定是坏事，而聚合也不一定全是好事。洪水先聚合是好事，比如可用于灌溉，而后散，冲毁了村庄、农田，就成了坏事。原子武器的基本原理就是核裂变反应瞬时释放巨大能量产生的爆炸。第二次世界大战，德、日、意法西斯，扭曲了本国民众的灵魂，聚合了人力物力，扑向世界文明，给世界人民带来巨大伤害。因此散与聚是事物的不同形态，在某种意义上无好坏之分。

◎ 节卦　坎(水)上 兑(泽)下

节，亨。苦节，不可贞。

上六：苦节，贞凶，悔亡。

九五：甘节，吉，往有尚。

六四：安节，亨。

六三：不节若，则嗟若，无咎。

九二：不出门庭，凶。

初九：不出户庭，无咎。

《序卦传》曰："涣者，离也。物不可以终离，故受之以节。"节卦兑下坎上，兑为泽，坎为水，泽上有水，满则溢出，应当节制。节卦主旨是，节制约束事物非常态进展，使其不越中界线，万事适中为最好。

卦辞：节，亨。苦节，不可贞。

【注释】

节（jié）：节制，约束。

卦辞解读：节制，亨通，顺利。苦于节制，不可为正。以节制为苦，必然走向反面而放纵，放纵则败家、害己、误国。

另解：节制是美德，因而亨通，过分的节制则不为正道。

初九：不出户庭，无咎。

【注释】

户：本义指单扇的门。泛指房屋出入口。　户庭：房屋的门外围绕房屋的庭院，即内院。

爻辞解读：不走出内院，不会有灾咎。条件尚未成熟时，行事需节制、谨慎，不会有咎错。

九二：不出门庭，凶。

【注释】

门庭：大门内的庭院，即外院。

爻辞解读：不出外院，会有凶险。当行不行，不该节制而过度节制，坐失良机，应有为而不为，这样也会有凶险。当今失职、渎职之谓也。初九、九二两爻讲止或进应因时势而异。

六三：不节若，则嗟若，无咎。

【注释】

嗟：叹息。

爻辞解读：不加节制，则带来悔憾叹息的结果。有悔意，就不会再出现咎错。

六四：安节，亨。

爻辞解读：心安理得地节制，亨通顺利。节制要顺应自然，安于自然，不可勉强。另解：安，自然性，妥当，适宜。适当地节制，亨通。另解：因有节制而安，这样做事亨通顺达。

九五：甘节，吉，往有尚。

【注释】

甘：甜美。　尚：崇尚，褒奖。

爻辞解读：适度节制感到甜美愉悦，可获吉祥，前往行事，会得到赞许。另解：甜美愉快地节制则吉利，如此以往，德行高尚。

上六：苦节，贞凶，悔亡。

爻辞解读：极端过分地节制是痛苦的，即使初心是贞正的，仍然会带来凶险。应知悔改，才不会有凶险。另解：为过分地节制而痛苦，这样固守过分节制的做法，会有凶险，后悔不该有这样的节制，则不会有凶险。

易语杂谈

节制是对当做的事而言，不该做的事何谈节制？当做的事做得不够，也不存在节制的问题。只有当做的事已经做到相当程度，过之则有害而无益，这时需要节制，不加节制事物则会走向反面。节制对每个人、对社会各个领域均有意义。

人有欲望，人性使然，过之则为患害。身体体能有限，过度劳累，健康受损；财资丰盈，奢侈浪费，不知节俭，终将资不抵债。反之，过分节制消费，生活苦不堪言，何谈尊严？过度追求权力与金钱，为此不择手段，触动法律，受到制裁。个人是这样，国家也是如此，如果不顾环境保护，无节制地开发资源；渲染娱乐，引导过度消费等等，就会遭到惩罚！

节制，有时像良药，吃着苦，却能治疗贪欲之疾。有疾饮此药，适度节制则安，则甘。过度节制则苦，不加节制则毁！让"节制"二字像警钟伴随我们一生，一生则吉祥无咎。

◎ 中孚卦　巽(风)上　兑(泽)下

中孚，豚鱼，吉。利涉大川，利贞。

上九：翰音登于天，贞凶。

九五：有孚挛如，无咎。

六四：月几望，马匹亡，无咎。

六三：得敌，或鼓或罢，或泣或歌。

九二：鸣鹤在阴，其子和之，我有好爵，吾与尔靡之。

初九：虞吉，有它不燕。

《序卦传》曰："节而信之，故受之以中孚。"节制，使事物不越过中位，作为具有诚信，所以中孚卦在节卦之后。中孚卦阐释诚信的原则。

卦辞：中孚，豚鱼，吉。利涉大川，利贞。

【注释】

中孚（zhōng fú）：内在的诚信。中，内也。孚，诚信。　豚：小猪。

卦辞解读：内心的诚信能感动愚冥的小猪小鱼，还有什么不被感化，所以吉祥。利于涉越大河巨流，得利于坚守正道。

另解：一、何楷先生认为豚鱼即江豚鱼，江豚鱼守信于风，有风便浮出水面，有南风则口向南，有北风则口向北，有人称之为风信。卦辞以豚鱼守信为喻，说明人守信于中则吉。二、心怀诚信，即使用小猪小鱼这样的薄礼来祭祀神灵，亦可获吉祥，利于涉越大河巨流。

初九：虞吉，有它不燕。

【注释】

虞：安。　燕：安宁。

爻辞解读：安于诚信而得吉祥，若有它心则会不得安宁。

另解：虞，猜度，预料。初与人交往，猜度、不轻信则吉，一旦深交就不再有它心和疑虑，以免使自己不得安宁。

九二：鸣鹤在阴，其子和之，我有好爵，吾与尔靡之。

【注释】

阴：通荫。　和：应和。　爵：酒器，借指酒。　靡：分散。这里指分散而共享。

爻辞解读：鹤在荫处鸣叫，小鹤闻声应和。我有好酒，与你共享。诚信于心，有见解讲出来，有人听之和之；虽不求人知，但声名传于天下，无不与之相感应，我有收获，愿与志同道合之人共享。

六三：得敌，或鼓或罢，或泣或歌。

【注释】

得敌：战胜敌人。　罢：通"疲"，疲劳，衰弱。

爻辞解读：战胜了敌人，有的鼓乐，有的疲劳在休息，有的哭泣，有的歌唱。克艰至胜之后虽表现不同，都在为胜利而喜，至诚之心相同。

六四：月几望，马匹亡，无咎。

【注释】

月几望：月亮接近满月，近乎圆满而未满之时。望，指满月。　马匹亡：失去马匹。

爻辞解读：月亮近乎圆满而未满之时，马匹丢失，无咎害。喻欲望未实现，有所损失，自己无过错，无有咎灾。六三是克艰得胜的喜悦，六四是对于有所失去的承担。

九五：有孚挛如，无咎。

【注释】

挛：牵系。　挛如：互相牵系的样子。

爻辞解读：有诚心就会对他人有所牵系挂念。这样就不会出现错咎。讲仁爱之心。

上九：翰音登于天，贞凶。

【注释】

翰音：鸡的代称。

爻辞解读：鸡高飞而升于天，物反其常，贞固于此则凶。

另解：翰，高飞。翰音，飞向高空的声音。喻名声虽远闻，实则徒有虚名，诚信未符，贞固于此，不知改变，则有凶险。

这两种解释都是在说，缺乏诚信，追求虚名，以矫伪为尚，以虚夸为手段，声名再高，人所耻之。长此以往，后果凶险。

易语杂谈

中孚卦讨论诚信可谓字字珠玑，不温不火，娓娓道来，读来心悦理明，感悟颇深。

先圣把诚信看得相当重要，诚信的力量也是巨大的，诚内于心信外于人，能感化小猪小鱼。诚信的品德和作为能得到"其子和之"的结果，高兴地拿出美酒与你分享，为"得敌"而"或鼓或罢，或歌或泣"，有所损失，勇于承担。这些阐述直抵人心，孟子曰："诚者，天之道也；思诚者，人之道也。至诚而不动者，未之有也，不诚未有能动者也。"(《孟子·离娄上》)天讲诚信，人效法于天也应讲诚信，有诚信才有作为，诚信的行为能感化周围的人。《韩非子》讲曾参杀猪践诺教子的故事耐人寻味。北宋政治家、文学家、宰相晏殊十四岁奉召进殿随机参加进士考试，见试题十天前已做过，便明言以告宋真宗皇帝，宋真宗非常赞赏其诚实品质，赐给他"国进士出身"，可见诚实会决定人的命运前程。《荀子·不苟》"君子养心，莫善于诚，致诚则无它事矣。"诚信为立人之本，有诚信则"利涉大川"。因为诚信是美德，有人便以假诚信伪装自己，以假诚信欺骗世人，以假诚信迷惑百姓，说一套做一套，玩弄"假大空"把戏。泰戈尔说过："虚伪的真诚比魔鬼更可怕。"彼无诚信，此怎会以诚信待之？父母无诚信，小孩怎会有诚信？

◎ 小过卦　震（雷）上 艮（山）下

小过，亨，利贞。可小事，不可大事。飞鸟遗之音，不宜上，宜下，大吉。

上六：弗遇过之，飞鸟离之，凶，是谓灾眚。
六五：密云不雨，自我西郊，公弋取彼在穴。
九四：无咎，弗过遇之，往厉必戒，勿用永贞。
九三：弗过防之，从或戕之，凶。
六二：过其祖，遇其妣。不及其君，遇其臣，无咎。
初六：飞鸟以凶。

《序卦传》曰："有其信者必行之，故受之以小过。"有诚信就必有所作为，有所作为就容易有过越，所以继中孚而后小过，小过卦是讲如何对待"小过"的道理。

卦辞：小过，亨，利贞。可小事，不可大事，飞鸟遗之音，不宜上，宜下，大吉。

【注释】

小过（xiǎo guò）：在小事上稍微过分，小有过失，为过为小。

卦辞解读：小过，通达顺利，得利于贞正，小事有过可以谅解，可以矫正，大事不可，大事有过则不易矫正。像飞鸟远去，仍有遗音，为人所闻见，飞得越高离中越远，过则甚矣。飞得低，离中程度微小，即使有小过，也会吉利。"不宜上，宜下"，也有解释为过失不应出现在上位的大事情，对于下位的平常事稍有过度，还是可以的。

初六：飞鸟以凶。

【注释】

以：有。

爻辞解读：飞行的鸟有风险。以飞鸟喻人生历程，行动就会有过或者不及，适中较难，像鸟儿飞行就有遇到风险的可能。

六二：过其祖，遇其妣。不及其君，遇其臣，无咎。

【注释】

祖：祖父。　妣：祖母。

爻辞解读：走路越过祖父，遇到祖母，没赶上君主，却遇到君主身边的大臣，这不会有咎害。行为超过值得依赖的祖父（值得依赖的人），做事情接近柔顺品德高尚的祖母（德高望重的领导或同仁）是不会有咎害的。功业威望不能赶上君主，与同朝臣子相当就不会有咎害，这里讲"过"与"不过"的原则与分寸。

九三：弗过防之，从或戕之，凶。

【注释】

弗：不，没有。　从：跟从。　戕：杀害。

爻辞解读：没有超过时，就要知道防止超过，威望功绩距君主太接近，将有被残害的危险。

另解：从，纵，放纵。对小过不防止，放纵会有凶险。

九四：无咎，弗过遇之，往厉必戒，勿用永贞。

【注释】

厉：危险。　遇：对付，抵挡。　贞：固守，贞固。

爻辞解读：要避免咎害，在不太过时就要停止，否则小过往前发展有危险，这是必须小心戒备的。不要执意固守对小过的纵容行为。

六五：密云不雨，自我西郊，公弋取彼在穴。

【注释】

弋：带绳子的箭。射出后可拉回。

爻辞解读：在西郊这地方，密云遍布雨未下，王公用带绳子的箭射鸟在洞穴中。密云不雨，喻指上下不和，做事不顺，在形势危机情况下，无过也可能受害，并且无处躲藏。

上六：弗遇过之，飞鸟离之，凶，是谓灾眚。

【注释】

离：鸟被罩住为离。　眚：本义眼睛生翳，借指人祸。　灾：天灾。

爻辞解读：不停止"过"的行为，就会遭遇凶险，就像鸟儿被罩住那样遭遇天灾人祸。

高亨先生认为：爻辞的意思是，不但不遏止其过，且故意使之更过，是设陷阱也，像网捕飞鸟，酿成灾难。

易语杂谈

无论是日常生活，还是治国理政，做到无过无不及的适中状态是非常不易的。吃饭过多伤身，饮酒过量失态，言多则有失，车速过快则易招致车祸，情绪失控则害人害己。这些日常行为之过，你有过吗？如果日常生活中的"小过"都难以掌控，那么在社会层面，面对各种矛盾，有过也就难以避免。过度消费、过度养生、过度开发、过度医疗、过度炫耀、过度崇拜、过度施罚以及中小学生过度负担，等等，都是从"小过"开始，继而成为大过。

◎ 既济卦　坎（水）上　离（火）下

既济，亨小，利贞，初吉终乱。

上六：濡其首，厉。
九五：东邻杀牛，不如西邻之禴祭，实受其福。
六四：繻有衣袽，终日戒。
九三：高宗伐鬼方，三年克之。小人勿用。
六二：妇丧其茀，勿逐，七日得。
初九：曳其轮，濡其尾，无咎。

《序卦传》曰："有过物者必济，故受之以既济。"既济卦表示表面暂时不再变动，表示事物阶段性达成目标。卦旨在阐发守成不易之理，卦爻辞中无欢乐之情，反而多戒慎之言。圣人忧世之心于斯可见。

卦辞：既济，亨小，利贞，初吉终乱。

【注释】

既济（jì jì）：既，本义为吃完饭，虚化表示"已经"。济，本义指渡河，引申为成功。已经过河，借渡河完成，喻事物处在暂时阶段性成功的状态。

卦辞解读：已经有了成功，是为小的通达，利于贞固自守，巩固成果。如果因成功而妄作，可能开始吉顺，最终出现乱子。

初九：曳其轮，濡其尾，无咎。

【注释】

曳：拖，牵引。　濡：溺。

爻辞解读：用力拖车前行，小狐狸沾湿了尾巴，过河更加艰难，没有咎错。喻取得成功，需要付出极大的辛劳。

另解：曳其轮，从后面拖拽车轮，喻不使速度过快。濡其尾，小狐狸渡河沾湿尾巴，喻不使疾行。这种解释似乎不通。"曳其轮"是主动使车慢行，而车是怎么前行的呢？"濡其尾"是指小狐狸尾巴被沾湿，是被动地造成过河困难，而不是主动慢行。

六二：妇丧其茀，勿逐，七日得。

【注释】

茀（fú）：头巾。这里指首饰。

爻辞解读：妇人丢失了首饰，不必去寻找，七日内将失而复得。喻有成就者，失去什么财物不可避免，不必计较，失去的还会复得。

九三：高宗伐鬼方，三年克之。小人勿用。

【注释】

高宗代鬼方：鬼方是商代西北方一个小国，经常骚扰中原，故殷高宗去征伐。高宗即武丁，盘庚之弟小乙之子，即盘庚的侄子。殷自盘庚死后，国势衰落，武丁立，武丁勤于政事，外伐鬼方，为殷商名主，在位五十九年。

爻辞解读：高宗伐鬼方，三年才取得胜利，小人不可任以做大事。任何大事的成功都来之不易，成大事非小人可为，且事情成功之后，小人往往会因私欲而乱为，所以对小人要有所戒备，不可大用。

六四：繻有衣袽，终日戒。

【注释】

繻（xū）：彩色丝织品，这里指华丽的衣服。　袽（rú）：指破衣败絮。

爻辞解读：华丽的衣服迟早也会变为破衣败絮的，要终日为戒。无论多么珍贵之物都有破败之时，富贵和财物也是如此，成功也会转化为破败，对此要时刻有所警惕。

九五：东邻杀牛，不如西邻之禴祭，实受其福。

【注释】

禴：古代夏祭，也指薄祭。

爻辞解读：东邻杀牛以盛祭，不如西邻薄祭而受到实实在在的福报。杀牛失去耕种之力，而西邻薄祭，即表示对神灵的敬诚之意，又不失去牛这一耕种之本，由于祭祀从简，这本身就已受其福。爻辞告诫人们寻求事业的成功，要真诚付出，还要务实从简，摒弃浮华虚夸之风。

上六：濡其首，厉。

【注释】

濡：沾湿。

爻辞解读：小狐狸渡河沾湿了头部，有危险。有成就者继续努力，会遇更加严重的艰险。

易语杂谈

人们无时无刻不在追求成功，而成功之后继续前进的道路会更加坎坷，会面临更加严峻的考验。既济卦之"亨小"就是指每个阶段性成功都被视为小的亨通，因为事物还要向更高层次发展。改革开放以来，多少民营企业创业之初"曳其轮，濡其尾"，艰苦奋斗，取得了成功，这种成功有的往往是昙花一现，很快败落，最主要的原因当是经不起成功的考验，成功之后不懂谨戒之理，或者盲目冒进，或者乱作乱为，逃不出"始吉终乱"的结局。

◎ 未济卦　离（火）上　坎（水）下

未济，亨。小狐汔济，濡其尾，无攸利。

上九：有孚于饮酒，无咎。濡其首，有孚失是。

六五：贞吉，无悔。君子之光，有孚，吉。

九四：贞吉，悔亡。震用伐鬼方三年，有赏于大国。

六三：未济，征凶，利涉大川。

九二：曳其轮，贞吉。

初六：濡其尾，吝。

《序卦传》曰："物不可穷也，故受之以未济，终焉。"事物变化无有穷尽，成功之时不是终结、停止，而是新的发展的开始，所以继既济卦之后设之以未济，六十四卦终结。

卦辞：未济，亨。小狐汔济，濡其尾，无攸利。

【注释】

未济（wèi jì）：象征事情尚未成功。　汔：即将，几乎。

卦辞解读：事情尚未成功，勉力推进实现成功是亨通的。小狐狸即将渡过河时打湿了尾巴，很不利。事情将近成功之时要更加谨慎小心。

另解：汔，水干涸。小狐不能泅水，水涸而后渡。乃水未尽涸时，急欲渡河，遂招濡尾之祸，自无所利。

初六：濡其尾，吝。

爻辞解读：小狐狸在渡河时不小心沾湿了尾巴，渡河遇到困难，恨惜。实现目标，必经艰难困苦，不能盲目冒进，逞一时之勇而蛮干。

九二：曳其轮，贞吉。

爻辞解读：拖拽车轮，守正则吉。在实现奋斗目标的道路上竭尽全力，奋勇前行，坚持走正道则是吉利的。

另解：求济之时，戒急于求成，故后曳其车轮，使之慢行。

六三：未济，征凶，利涉大川。

爻辞解读：未实现当前目标，另开拓新的领域设定另一目标是凶险的，就其原有目标涉险渡难是有利的，适宜的。也可理解为：未实现目标，要做征讨之事是凶险的，做大事是有利的，适宜的。

九四：贞吉，悔亡。震用伐鬼方三年，有赏于大国。

【注释】

九四爻辞断句众多版本为："震用伐鬼方，三年有赏于大国。"笔者以为这样的断句，容易让人理解为连续三年被大国奖赏，实则是伐鬼方用了三年才获胜，故应为"震用伐鬼方三年，有赏于大国"。

爻辞解读：守持正道，吉利，没有什么后悔的事情。以雷霆之势讨伐鬼方，三年取胜，受到大国的奖赏。喻做大事要雷厉风行，坚持不懈，最终取得成功。"震用伐鬼方三年，有赏于大国"是借事说理，可以理解伐鬼方是指殷高宗武丁所为，高宗因此受到全国上下的褒扬和赞赏，也可理解为伐鬼方的主要将帅，因伐鬼方受到国之奖赏。若断句为"震用伐鬼方，三年有赏于大国"，可解释为因伐鬼方，连续三年得到国之奖赏。

六五：贞吉，无悔。君子之光，有孚，吉。

爻辞解读：守持正道，吉利，没有什么可后悔的事。君子光明磊落，心怀诚信则诸事吉利。

上九：有孚于饮酒，无咎。濡其首，有孚失是。

爻辞解读：满怀诚信与人饮酒，无咎错。无节制地饮酒以至于酒浆沾湿了头部，虽有诚信的品格，却因欲望失节失去正道。爻辞告诫人们未济向既济变化发展，如果对过度享乐不加节制，即将实现的既济的成果将会丧失。

易语杂谈

《易经》将既济卦和未济卦放在六十四卦的最后。按一般的思维逻辑，六十四卦最后两卦应先"未济"后"既济"，"未济"尚未成功，经过努力达到了成功的状态，即"既济"，因此六十四卦以"既济"结尾才圆满。而《易经》却把"既济"放在"未济"之前，这样的安排其实是有深意的。

老子《道德经》中说："人法地，地法天，天法道，道法自然。"老子一气贯通，将天、地、人及整个宇宙万物相互关系精辟地阐述出来，也是对《易经》"变易无穷"思想的诠释和发挥。按照老子所讲的逻辑关系，人也法道，也要法自然。那么道是什么呢？道可以说是宇宙万物生成的创造力量和源泉，也可以说是万物发展变化运动的自然规律。那么"道法自然"是什么意思呢？即遵循效法万物自身本来就该如此的样子的。万物自身本来就该如此的样子不是固定不变的，而是无时无刻不在变化的，宇宙万物没有不变的，唯有"变"是"不变"的。"天人合一"，人类与人类社会也与天地万物一样，也是在不断变易中发生、发展、结束，循环往复于无穷。《易经》设"既济"在前"未济"在后，就在于告诉人们"未济"之后必然是"既济"，"既济"不是结束，而是孕育着"未济"新的开始。先圣告诫人们一切要按规律行事，懂理阶段性始终的道理。其忧民之心可谓良苦。

自然界日月星辰、风雷雨雾、寒暑四季的变化有其常态，有时也有失态之时，地震、火山、旱涝、风雹不时侵害人类，超寒、超高温天气也不时光顾地球，这些"异常"也在"正常"范围之内，异常短暂，很快过去，一切又将恢复正常。人类社会也是如此，从野蛮到现代文明，社会形态经历了上万年的变化发展。相信人类社会不管如何有分歧、有矛盾、有斗争，甚或有战争、有杀戮，但始终在既济——未济——既济——未济的往复变化中向着更加光明的未来前进，这是不容质疑的！人生也是如此，在变化中开始，在变化中成长，在变化中前行。因此我们要自律自励，守正真诚，顺其自然，社会不断地迎来光明。

象传（上）

《象传》是解释六十四卦的卦名、卦辞的经典著作。相传孔子为了让后人理解周文王所作的卦名、卦辞的意义，便对卦名、卦辞进行全面的诠释，这些诠释便叫作"象传"。传是解释、诠释的意思。六十四卦中，只有乾、坤、坎、离、艮、兑、震、巽这八个卦没有解释卦名，这大概是先儒以为伏羲作八卦，卦义相传已久，大家都很熟悉，不需要诠释的缘故。

孔子解释"象"，先解释卦名，然后再解释卦辞。解释卦名的方法是从卦象、卦体、卦德、卦义等方面阐明六十四卦某卦为什么取此卦名。解释卦辞的方法并不一样，有直接根据卦名的意义去阐述卦辞的，有杂取卦象、卦德、卦义、卦体去解释卦辞的。

《象传》是以儒家思想为基础对《易经》各卦卦名卦辞进行诠释，对其卦名、卦辞的诠释不免有拓展渲染和发挥。后世《易》之学者也基本上沿袭儒家的思想对《象传》进行了再诠释。本章的内容是在读经、传原文的基础上认真学习先辈的研究成果，再经过自己的分析、理解得出的认识和观点，不论这些认识和观点距离经传之原义是近还是远甚或相背离，毕竟是自己的一家之言。

为日后再温习的方便，分别将六十四卦的卦名、卦辞记于其《象传》原文的前面。

乾卦卦辞：乾，元亨利贞。

象传·乾

大哉乾元，万物资始，乃统天。云行雨施，品物流形。大明终始，六位时成，时乘六龙以御天。乾道变化，各正性命。保合大和，乃利贞。首出庶务，万国咸宁。

【注释】

乾元：乾卦卦辞的"元"指阳气，是万物产生的根源。　资：凭借。　统：囊括，统率。　品物：各种事物。　流形：流通变化的形态。　大明：太阳。　六位：六爻的位置。　六龙：古代神话，传说日神羲和驾六龙之车，载着太阳在天空运行，从扶桑至虞泉循环往复，形成昼夜。　咸：全部。

《象传》解读：多么浩大的乾元之气啊！万物凭借它而产生，是万物产生的根源。它囊括并主宰着整个自然界。云行于天空，雨施于大地，万物周流，畅通无阻，各自成形。太阳周而复始地运转，乾卦的六爻就是按太阳的循环运动而设置的，如同羲和驾着六龙载着太阳在天空运行一样。乾象征了天的变化，使万物各自具有其属性，万物保合其元气，和而聚之，形成宇宙万物之形态，各自生命和属性因此而正固持久。人类社会的元首德行高于众庶而出于众庶，天下皆得安宁。

易语杂谈

壮哉乾象！写乾元之气形成自然万物，写太阳运转不息，阐释大自然规律的永恒，写六龙御天万物正定，然后由天道回到人类"首出庶务，万国咸宁"，一气呵成！壮而美，美而遂，读来情志荡漾，梦萦远方。

坤卦卦辞：坤，元亨，利牝马之贞，君子有攸往，先迷后得主，利。西南得朋，东北丧朋。安贞吉。

象传·坤

至哉坤元，万物资生，乃顺承天。坤厚载物，德合无疆。含弘光大，品物咸亨。牝马地类，行地无疆，柔顺利贞。君子攸行，先迷失道，后顺得常。西南得朋，乃与类行，东北丧朋，乃终有庆。安贞之吉，应地无疆。

【注释】

至：极。　顺承：顺从，接受。　疆：边际。　弘：大。　光：广。咸：全部，都。

《象传》解读：至大无限的坤"元"啊！万物依赖它生长，它顺承天道。大地深厚载养万物，德性与天相合无边无际，它无所不包无所不达，万物因此亨通发达。牝马是地面动物，在无边无际的大地上驰骋，它柔顺得利于守正。君子有所往，开始不懂得顺从，迷入歧途而失正道，后来柔顺得以回归正道。"西南得朋"是说往西南方向行走将得到同类，"东北丧朋"是说往东北行走失去了同类，但最终还是吉庆。安于守正而吉祥，是因为效法了大地无限深厚而又柔顺的德性。

易语杂谈

乾、坤两"象"合起来便是关于宇宙自然万物初始、生长以及发展规律的论文，同时也是对于天的浩然之气、地的厚重柔顺的赞美诗！大乾至坤的创始精神和载养万物的品格值得敬畏，值得推崇，值得顺承！

屯卦卦辞：屯，元亨利贞。勿用有攸往，利建侯。

象传·屯

屯，刚柔始交而难生，动乎险中，大亨贞。雷雨之动满盈。天造草昧，宜建侯而不宁。

【注释】

草昧：指万物在杂乱冥昧的状态下开始萌生。草，杂乱。昧，本义是天色将明未明之形，引申暗昧、冥昧。

《象传》解读：乾、坤象征天地、刚柔，卦名"屯"的意思是天之阳刚交于地之阴柔而生成万物，生成万物是很困难和艰险的，又是大为亨通的。这是因为天和地有贞正的德性。阴阳相交、雷雨交加充满天地之间，在杂乱晦冥之中万物萌发。在社会大的发展变革大势之中，君子应有所作为，宜建国封侯，造福万民，而不可安居以自宁。

"宜建侯而不宁"也有解释为：宜建国封侯，但将不得安宁。

易语杂谈

雷雨交加，电闪雷鸣，天振地动，《象传·屯》描绘的是大自然万物生成时的磅礴之势，意在告诫人们要效法乾坤造物载物的精神，善于打破落后、腐朽的旧世道，创立充满活力的新世界。

蒙卦卦辞：蒙，亨。匪我求童蒙，童蒙求我。初筮告，再三渎，渎则不告。利贞。

象传·蒙

蒙，山下有险，险而止，蒙。"蒙""亨"。以亨行时中也。"匪我求童蒙，童蒙求我"，志应也。"初筮告"，以刚中也。"再三渎，渎则不告"，渎蒙也。蒙以养正，圣功也。

《象传》解读：蒙卦坎下艮上，坎为水为险，艮为山为止，卦象是山下有险，见险而止步。幼童蒙昧幼稚，要教童蒙见险而止。"蒙亨"是说启发教育蒙童是亨通的，亨通的原因是"行时中"之道，时就是把握行为的时机，中就是无过与无不及，恰如其分，"时中"就是从蒙童实际出发，非常恰当地实施教育。"匪我求童蒙，童蒙求我"，是说童蒙有求知的欲望，心志与我相应。"初筮告"喻童蒙初次发问，我用刚中之道启发童蒙。"再三渎，渎则不告"，喻再三发问是对教者的不恭敬，不恭敬则不告知。启蒙是培养人的贞正品格，这是圣人的功德。

易语杂谈

读《象传·蒙》感慨万分，我们现今的教育真正关爱我们的蒙童吗？我们的蒙童早 7 时到校，下午 5 时回家，晚上作业到亥时，这样的工作时间，成年人受得了吗？节假日本来是蒙童休息、玩耍以及与社会接触的时间，却被校外各色各样的辅导、兴趣班所侵占。学校教育不仅是传授各种知识，而是通过教授语、数、化、物、音、美、体等培养"童蒙求我"的良好求知习惯，通过学习文化知识开拓童蒙的视野、思路，提高童蒙的思与想的境界和水准，实现"蒙以养正"，咱们的教育做到了吗？

启蒙不仅对蒙童重要，对成年人的教育同样重要。成年人的愚昧更可怕。私欲满盈，喝多了迷魂汤，黑白不分，没有思想，人云亦云，眼光短浅，行为野蛮，因此对成年人的启蒙较之对蒙童的启蒙更为不易！

需卦卦辞：需，有孚，光亨，贞吉，利涉大川。

象传·需

需，须也，险在前也，刚健而不陷，其义不困穷矣。"需，有孚，光亨，贞吉，"位乎天位，以正中也。"利涉大川，"往有功也。

《象传》解读：需卦卦象上为坎，坎为水为险；下为乾，乾为天为刚健。需卦卦名的意思是需要而能等待。险陷在前面，虽刚健而不妄进，没有陷于危险之中，是因为懂得知险而止的意义。"需，有孚，光亨，贞吉"的意思是，这是因为位于天子之位（九五爻），居正而得中道的缘故。"利涉大川"是说宜于涉越大河，前往可以建功立业。

易语杂谈

《象传·需》讲知险而止的意义。前面有风险，不再冒险而妄进，这不是常识吗？这不是自然而然的事情吗？其实不然，在现实生活中做到知险而止并非易事！一条小河看似能跨得过去，结果恃勇而入，湿了鞋裤还崴了脚。多少探险者知险妄行，陷入困境。经济活动中也有人明知有风险，为求利润最大化，险中取利，陷于危境。官场中有人明知贪腐有违道德，有违党纪国法，却偏偏胆大妄为，以身试法，落得身败名裂。因此说，能够做到知险而止，需要崇高的品德，需要有智慧和勇气，需要有科学的思维能力，需要有高瞻远瞩的境界。然而"明知山有虎偏向虎山行"这是因为有打虎的力量和把握。但一旦等到机会，则会"有孚，光亨，贞吉"。

知险而止，知险而待，知险而进，因时因势而异，意义非同小可，愿我们一生要谨记慎行！

讼卦卦辞：讼，有孚窒惕，中吉，终凶。利见大人，不利涉大川。

象传·讼

讼，上刚下险，险而健，讼。"讼，有孚窒惕，中吉"，刚来而得中也。"终凶"，讼不可成也。"利见大人"，尚中正也。"不利涉大川"，入于渊也。

【注释】

窒惕：窒，阻塞不通；惕，戒惧，小心谨慎。窒惕，因阻塞不通而戒惧。

《象传》解读：讼，争讼。讼卦乾上，乾为刚；坎下，坎为险。刚健遇险难，故有争讼。"讼，有孚窒惕，中吉"，意思是说，讼事是因事物被阻塞不通而导致，必须以诚信、戒慎的态度去面对，讼事中止则吉。"终凶"诉讼最终不论胜负都可能带来风险，不可能取得圆满的结果。"利见大人"，是说宜拜见大德之人，崇尚中正之德。"不利涉大川"，是说不能在本来就有危难风险的时候，再去做争讼之事，以避免陷入更加危险的深渊不可自拔。

另解："讼，有孚，窒惕，中吉"，争讼是因为诚信被阻塞不通而产生的，对讼事谨慎而有所戒惧，争讼可能有利，这是因为刚健持正居中。

易语杂谈

诸位是否经历过诉讼？或者听闻过诉讼的案子？我和朋友做生意时，运货车辆运输途中着火，烧光了价值二十八万元的货物，于是将运输司机起诉于法院，结果不但分文钱没要回，还支付了近万元费用。当今社会各类诉讼案件多如牛毛，诉讼中，胜负、痛苦、辛劳、彷徨、愤懑、绝望、委曲、无助，五味杂陈，只有讼者自知，输了自不必说，即使赢了官司也可能会因诉讼而产生仇恨、恐惧，可能由于伤神劳气失去健康，有的则胜了官司输了信用，得不偿失等等。讼卦告诫我们，"利见大人，尚中正也"。走正道，不违法，避免争讼，或者让利免讼，是非曲直让众人评说。不得不讼时也要"复即命渝，安贞吉"，更不能居于险境还去打官司。为匡扶正义而讼则义不容辞！

师卦卦辞：师，贞，丈人吉，无咎。

彖传·师

师，众也。贞，正也。能以众正，可以王矣。刚中而应，行险而顺，以此毒天下，而民从之，吉又何咎矣。

【注释】

毒：通"督"，治理。

《象传》解读：师，是聚众的意思。聚众必须坚守贞正之道。引导大众行正道，才能成就王业。君王刚健持中，天下人响应顺从拥护他，即使行危险之事，也能顺利。（师卦卦体坎下坤上，坎为水为险，坤为地为顺，故谓"行险而顺"）以此治理天下，民众服从，此乃吉祥，怎么会有咎害呢？

易语杂谈

《象传·师》由谈聚众为师延伸扩展到统治者引导天下大众走正直道路的重要意义。何为正道？有些人明明是走邪路、走回头路、走死路，却偏偏自誉为走正道。正道必须是民众富裕之道、国家强大之道、社会文明公正进步之道，惠风和畅之道，是人民的幸福之道。整日拘泥于虚妄空洞的理论教条之中，是走不出光明而文明之道的。

比卦卦辞：比，吉。原筮，元永贞，无咎。不宁方来，后夫凶。

象传·比

比，吉也。比，辅也，下顺从也。"原筮，元永贞，无咎"，以刚中也。"不宁方来"，上下应也。"后夫凶"其道穷也。

《象传》解读：亲近依附是吉祥的。比，是亲密辅助的意思，是居下者顺从上者。"原筮，元永贞，无咎"，意为仔细审视相比之事，开始便执持贞正，无错咎。这是因为具有阳刚之德，又处中正之位的缘故。"不宁方来"是说从不安宁的诸侯国前来归附，是因为彼此亲比而相应和。"后夫凶"，谓后来归附的失礼无道，错失机遇，后果是凶险的。

"不宁方来"，笔者以为这里的"方"或作"彷"，彷徨之意。意思是心神不宁，怀有图谋来依附，其后果是凶险的，必然导致穷途末路的结局。

易语杂谈

亲比是美好吉祥的，亲比是心心相印、无私念无他图、情纯意和的和善状态。

《象传》以"仁""义"解《比》卦，谓君王与民亲比，与民同乐，为民谋利，民才能顺从归附，辅翼君上。君民上下同心，才能国泰民安。否则治道困穷，乱象则丛生。在我们日常生活和工作中，亲比互助是心情愉快、生活幸福的前提。

小畜卦卦辞：小畜，亨。密云不雨，自我西郊。

象传·小畜

小畜，柔得位而上下应之，曰小畜。健而巽，刚中而志行，乃亨。"密云不雨"，尚往也。"自我西郊"，施未行也。

【注释】

尚：同"上"。　施：布。　未行：未下雨。喻条件不成熟，事业未成。

《象传》解读：小畜卦乾下巽上，六个爻只有六四是阴柔，其余五爻均为阳刚。阴爻在四，四为阴位，故称"柔得位"。五爻为阳皆与六四应和，故曰"上下应之"。一阴以畜五阳，所以叫"小畜"。小畜就是小有积蓄的意思。乾为刚健，巽为风顺，健与顺应和，刚健持中，志向顺行，所以事物亨通顺利。阴阳二气相合才能成雨，"小畜"一阴五阳，故云"密而不雨"，喻时机不到，条件不具备，还需努力上进。"自我西郊"，是说云布于西郊而没有下雨，小有积蓄，还不能够施惠于民。

易语杂谈

《象传·小畜》讲小有积蓄、小有成就，应继续努力上进，才能亨通顺利。时机不成熟，条件不具备，要想施惠于他人也是枉然。一个普通人，要想帮助他人，首先自己先要吃饱。有"密云"才会有下雨的可能。一个国家更是如此，有了大的成就和进步，要"刚中而志行"，由小畜发展为大畜，密云越厚，才能更好地施雨于大地，润泽万物，造福众生。

履卦卦辞：履虎尾，不咥人，亨。

象传·履

履，柔履刚也。说而应乎乾，是以"履虎尾，不咥人"。"亨"，刚中正，履帝位而不疚，光明也。

【注释】

说：同悦。　　咥：咬。　　疚：因过失而内心惭愧，追悔之意。

《象传》解读：履卦下卦兑，为阴为柔；上卦乾，为阳为刚。履阴柔，慎行于阳刚，以悦顺应于"乾"，所以踩了虎的尾巴，虎也不咬人。亨通顺利是因为以刚健中正之德。履行帝王之职而没有追悔的事，这是德盛辉煌、至善光明的。

易语杂谈

履卦卦辞主旨在于阐述以柔顺和悦的态度和行为顺行于刚健，处于危险之地也不会受到伤害的道理。老子"柔之胜刚，弱之胜强"（《道德经》第七十八章）之见，是否受之于履卦不得而知。而《象传》以儒家"忠君"思想解释卦辞之意，将履卦卦辞的意思扩展到帝王履行职责，这是《易传》的特色之一。

《象传·履》告诫我们"履虎尾"是危险的，不可妄为，不可大意。从反面也告诉我们对于"虎"的恶行要对抗，但要讲究策略，不能仅凭一时之勇，等到时机成熟、力量足够强大，才能"履虎尾"，万不可鲁莽行事。

泰卦卦辞：泰，小往大来，吉，亨。

象传·泰

泰，小往大来，吉，亨。则是天地交而万物通也，上下交而其志同也。内阳而外阴，内健而外顺，内君子而外小人，君子道长，小人道消也。

《象传》解读："泰，小往大来，吉，亨"，是指天地（泰卦，乾为下卦，为天、为健、为阳；坤为上卦，为地、为顺、为阴）阴阳二气相互交通，因而天地万物得以通泰。上下交（乾象征君，坤象征民）即君与民上下交感，心志相同，所以国家安定、通达、吉祥。泰卦内卦为阳，象征君子，外卦为阴，象征小人。内卦刚健，外卦柔顺，君子的能量逐渐盛强，小人的能量逐渐削弱，这就是"小往大来"的意思。

易语杂谈

《象传·泰》诠释泰卦卦辞，揭示了一个看似简单普通的道理，"国泰民安"必须"小往大来"，即卑微、狭隘的颓势已去，安定、通达的局面到来，国泰民安才得以实现。这样的大好局面必须"天地交而万通也"，"上下交而其志同也"，"君子道长，小人道消也"。

再从泰卦卦体上看，泰卦乾下坤上，乾（天）象征执政者在下，坤（地）象征民众在上，意味执政者将民众的利益置于至高无上的位置。执政者则以谦恭的态度为民众服务。

在《泰》卦中，乾象征阳气是上升的，坤象征阴气是下沉的，乾在下阳气上升，坤在上阴气下沉，阴阳交通，万事成矣。执政者与民众意志相通，这样社会是通泰的，正所谓"国泰民安"。

《象传·泰》"君子道长，小人道消"是有条件的，这条件就是"天地相交""上下交而其志同也"。天地不交，阴阳不合；上下不交，志不相同，社会就会失衡。正义得不到伸张，善行得不到推崇，君子之道得不到保障，邪气得不到抵制，这样社会就会"小人道长，君子道消"，社会看似泰然安定，实则隐患已伏矣，应引以为戒。

否卦卦辞：否之匪人，不利君子贞，大往小来。

象传·否

"否之匪人，不利君子贞，大往小来。"则是天地不交，而万物不通也。上下不交，而天下无邦也。内阴而外阳，内柔而外刚，内小人而外君子，小人道长，君子道消也。

《象传》解读：否卦，坤下乾上，内卦为坤，外卦为乾。与泰卦卦象相反，故《象传》的解释也相反。《象传·否》反映天地、上下、阴阳不交的状态。

"否之匪人，不利君子贞，大往小来"，正大之气逐渐消减。邪气逐渐生长起来。天地之气不相交感，而万物阻隔；上下（君民）不相交感，而天下国邦混乱不堪。内卦阴柔，象征小人；而外卦阳刚，象征君子。小人在内，君子在外，小人的能量逐渐盛长，君子的能量逐渐消退。

易语杂谈

《象传·否》由天道自然阐释人道之理。天道——天地不交，万物不通；人道——上下（君民）不交，天下无邦。而上下不交，在于"小人道长，君子道消"。纵观中国历史的朝代更迭，可以得出结论：社会进步兴盛之时，正是社会政通人和、正气盎然之时；反之，社会混乱、衰退之时，正是政乱民怨、污邪弥漫之时。《象传》往往将社会安泰或社会塞否的根本原因归于君子、小人，而忽视了执政者所起的主要作用。君主正，则君子道长，小人道消；君主昏，则小人道长，君子道消。

否卦卦象与泰卦相反，乾象征执政者在上卦，坤象征民众在下卦；乾象征阳气上升，坤象征阴气下沉，阴阳之气背道升降，互不相交。执政者高高在上，以权力为追求目标，视民众为卑微，怎么会真正把民众的疾苦冷暖放在心上呢？言行均为假大空，上下不通，这样的国家哪有不"否"呢？一个国家是这样，一个公司、一个团体也是这样，公司执掌者一身正气，又有管理才能，小人邪气就成了不气候，正直有为的君子将会得到信任和重用，这样的企业、团体哪有不发展昌盛之理呢？

同人卦卦辞：同人于野，亨。利涉大川，利君子贞。

象传·同人

同人，柔得位得中，而应乎乾，曰同人。同人曰："同人于野，亨。利涉大川。"乾行也。文明以健，中正而应，君子正也。唯君子为能通天下之志。

《象传》解读：志同道合的人，品格柔顺，处事适中（同人卦象一阴爻五阳爻，这一阴爻又处于六二得中得位），而又与刚健性情的人相应和（六二阴爻与九五阳爻相应），这样的人在一起就叫作"同人"。

《象传》认为，同人卦卦体由下卦离与上卦乾构成，离象征火、明，乾象征天、刚健。下卦离之六二阴爻在阴位，叫作得位，又在离三爻的中间位置，叫作得中，与上卦乾卦得位得中的九五阳爻相应，所以是"柔得位得中，而应乎乾"。同人卦说"同人于野，亨，利涉大川"，这是因为志同道合的人刚健无私、自强不息的作为带来的结果。文明而又刚健（同人卦下卦象征火、明，上卦乾象征刚健），持中贞正而相互应和，故曰："文明以健，中正而应。"这是君子所遵循的正道。唯有君子才能通达天下人的心志。

易语杂谈

"唯君子为能通天下之志。"可谓佳句！只有君子才能通天下之志，而能够通天之志的人才能称得上君子。君子指具有高尚品德的人，也指具有君子之风范的领导。那么，天下人共同的"志"即愿望与志向是什么呢？

其实很简单，就是希望天下太平，生活富足。能通天下百姓如此简单的基本需求的领导者便是"君子"，反之就是"倒行逆施"的独夫民贼！世间最大的"恶"莫过于发动侵略战争，以任何借口和理由发动的侵略战争都是恶魔所为、邪恶之行。攻守两方死伤之人，均为百姓之子，战争给多少家庭带来失去亲人之痛苦！不见硝烟的争斗，也不是"天下之志"。和平时期人为地把民众分为不同的群体，群体之间形成对立和对抗，使社会不得安宁。有硝烟的和无硝烟的争斗都是野蛮的行径，非铲除不能使天下走向光明。

人类就其生理属性而言只有男女之别，并无贵贱之分；就其社会生活而言，只有贫富之别，并无尊卑之分；就其人性显现而言，只有善、恶之别，并无高低之分。"四海之内皆兄弟"，兄弟有其共同的追求，"君子"的追求与天下人的追求相"通"，相"通"之后才能构建美好的世界，才能实现"治国平天下"的伟大宏愿。

大有卦卦辞：大有，元亨。

象传·大有

大有，柔得尊位大中，而上下应之，曰"大有"。其德刚健而文明，应乎天而时行，是以"元亨"。

《象传》解读：大有收获，阴柔得尊位象征大德中正，上下应之（大有卦上离下乾，六五爻以阴柔居上卦中位，五个阳爻均与六五相感应），所以称"大有"。其内怀刚健（内卦为乾）之德则能奋发不息，而卦行文明（外卦为离）则处事得宜。顺应于天体的运动规律，按照时节运行，这是大有亨通的原因。

易语杂谈

《象传·大有》解释大有卦辞，即解释大有之"元亨"之道。"大有"

的"元亨"之道三个要点：一曰位。无论刚健或者柔顺，所处的位置很重要，在其位谋其政则有为；在其位不谋其政，叫作懒政；不在其位而谋其政，是妄为、乱为。位置不对，诸事不通。二曰德。德性刚健而文明，德配其位，才能上下应之。三曰顺。顺客观规律而行，顺天下文明大势而为，顺民意而作，顺时机而动，这样做，就国家而言，万事亨通，民获福祉，就个人而言，则会大有收获。若相反，则祸国殃民，诸事不利。

谦卦卦辞：谦，亨。君子有终。

象传·谦

谦，亨。天道下济而光明，地道卑而上行。天道亏盈而益谦，地道变盈而流谦，鬼神害盈而福谦，人道恶盈而好谦。谦，尊而光，卑而不可逾，君子之终也。

【注释】

济：相助，益也。　害：这里有使受祸害之意。

《象传》解读：谦，亨通的道理是什么呢？天道（即天的运行之道）下行而济生万物，光明普照。地道（即大地的运行之道）卑谦处下，长养万物使万物生机勃勃往上生长。天道将盈满亏损，补益于谦虚；地道将盈满变易，而去充实谦虚；鬼神使盈满招致祸患，施福于谦虚；人类的运动规律也是厌恶抛弃盈满，喜好表彰谦虚。谦虚的尊居高位而更加光明盛大，屈居卑位时，其谦恭之德也不可逾越。君子终其谦虚之德，获得谦虚之福，这就是"君子有终"的意义。

易语杂谈

《象传·谦》通过表述天道、地道、鬼道及人道对盈满、谦虚的不同作为和态度，表现出了对盈满极尽摒弃，对谦虚之道的极尽推崇。告诫人们任何事物盈满则亏，谦虚得利。唯谦谦君子，人生事业亨通顺达，有始有终。

谦虚是一种高尚的品德，往往说着容易，真正做到却是很难。

有些位高权重、事业有成就的人，口头上谦虚，内心狂妄，行为傲慢，"当今之世，舍我其谁"，自负加无知；有些位卑者，也无谨小谦卑之心。满口"正能量"，实则自私、懦弱、愚昧。

只有真正谦虚的人才是精神上的强者，是受人尊敬的人。

豫卦卦辞：豫，利建侯行师。

象传·豫

豫，刚应而志行，顺以动，豫。豫，顺以动，故天地如之，而况建侯行师乎？天地以顺动，故日月不过，而四时不忒。圣人以顺动，则刑罚清而民服。豫之时义大矣哉！

【注释】

故：《说文解字》曰："故，使为之也。"即使他成为这样。　行师：出兵作战。　过：过度。　忒（tè）：差错。　时：古代金文"时"字写作"旹"，其结构从"日"从"之"，"日"为太阳，"之"有行走之义，"日"与"之"结合起来含义是"太阳运行"。后引申为"四时"，又引申有时辰之义，又引申为时机，表示适时、合时宜。这里指合于时宜，指事物合于自然时宜。

《象传》解读：卦名豫，从卦象看，豫卦五个阴爻应九四阳爻，九四阳刚之气顺以动大行，象征事物顺性而动则安，安则和顺，和顺则喜悦，这就是卦名"豫"的意义。"豫"是快乐、安逸的意思，这种快乐、安逸是由于顺性而动而产生的性情的自然表露，是顺其本性而发生的，像天地自然给予的那样。人的喜悦是这样，何况建国为民兴利、行师为民除害呢？天地顺其规律而动，所以日月的运行不至于有过失，四季交替不会出现差错。圣人顺从事物规律，顺从民意而动，就会刑罚清正，民众则服从拥护。豫卦所阐述的万物合于时宜的意义多么重大啊！

易语杂谈

《象传·豫》阐述了"顺以动"这一重要哲学观点。所谓"顺以动"，就是遵循事物固有的、内在的、属于本质的自然构成的规律而作为。日月星辰的运行、四季的变换，规律是固有的、不变的。那么是谁给予它这种运行规律？万物的生成、生发是怎么的原理？没有人说得清楚。老子只好说是"道"的作用使然，而"道"的能量是谁给的呢？老子又说"道法自然"。"道"是按事物"本来如此"的性质、规律去运行。可见老子所说的"道"即万物的造就者、生成者、发动者，又是万物的依照者、遵循者。"自然"就是事物"本该如此"的意思。人类之外的物的属性、规律、本质容易界定和认识，人类社会生活中的"自然规律"和本质属性就不好界定和认识了，比如"公平""正义""阶级""贫富""剥削""主义""思想""路线""形态"等等。不好界定的根本原因是利益之争使然。这样一来，如何"顺而动"呢？不妨这样认为：创造有利于人的个性发展、能力才智发挥的社会环境就是顺而动，反之是逆而动；提倡人人平等是顺而动，制造人群的分类，形成人与人之间的敌视和斗争是逆而动；惩治贪腐是顺而动，贪腐是逆而动。一个社会制度之下，是否"刑罚清"，则是衡量"顺而动"还是"逆而动"的重要标志之一。故此《象传·豫》特别强调"刑罚清"，因为"刑罚清"关乎民心向背，关乎国运，难怪《象传》感叹："豫之时义大矣哉！"

随卦卦辞：随，元亨利贞，无咎。

象传·随

随，刚来而下柔，动而说，随。大亨贞无咎，而天下随时。随时之义大矣哉！

《象传》解读：随卦卦体震下兑上，震为阳刚，为动；兑为阴柔为乐，震居兑下，所以说："刚来而下柔。"震阳刚居兑阴柔之下，阳刚有谦卑之德，震动兑乐，必得人之所追随，故卦名为"随"。"大亨贞无咎"，是说大道通达而得正无灾，阳刚随从阴柔是美好的。天下万物要合乎时宜地变化，才会有通达无灾的结果。随从又合时宜的道理是多么重要啊！

易语杂谈

《象传·随》给予人们两个重要提示，一是跟随他人或者希望别人随从自己，都要谦虚，姿态居下。二是随从要合"时宜"。"时宜"的内涵包括时机，时机错过或者时机未到则随不成事不就，也包括跟随的对象要"正"，跟随不正的东西要遭祸殃。

蛊卦卦辞：蛊，元亨。利涉大川。先甲三日，后甲三日。

象传·蛊

蛊，刚上而柔下，巽而止，蛊。蛊，元亨，而天下治也。"利涉大川，"往有事也。"先甲三日，后甲三日"，终则有始，天行也。

《象传》解读：蛊卦卦体下为巽，巽为风为顺，上为艮，艮为山为止，止而不动，顺而偷安，天下必蛊，这是卦名取"蛊"的道理。蛊是可以整治的，整治"蛊"害顺民意而行必定亨通顺利，治蛊亨通，天下可以由乱达到治。"利涉大川"，是指于蛊之时，不能坐视不为，应勇于涉险济难，勇往直前去干事。"先甲三日，后甲三日"，是说更旧图新，乱之终、治之始，这种循环运动是自然发展的规律。

易语杂谈

《象传·蛊》告诉我们，蛊是可以整治的，由蛊乱达到大治是事物发展的规律，整治蛊乱需要勇于涉险救难，与邪恶势力奋勇相搏。社会平安、稳定、文明、进步是民众的基本诉求，绝不允许大的蛊乱出现！

临卦卦辞：临，元亨利贞。至于八月有凶。

象传·临

临，刚浸而长，说而顺，刚中而应，大亨以正，天之道也。"至于八月有凶"，消不久也。

《象传》解读：临卦，两个刚爻于下，卦体是兑下坤上，兑为悦，坤为顺。上以柔顺接下，下以喜悦迎上，故言"说而顺"。下面两个刚爻分别与六四阴爻、六五阴爻相应，所以说"刚中而应"。即和顺又刚正，大亨通而又行正道，这是符合天道运行的自然规律的。"至于八月有凶"，于刚长之时则知其不久将消，到了八月，阳气盛极而衰，逐渐消减，阴气逐渐增生，要知道这种情况下，不好的事情就会出现。

易语杂谈

《象传·临》阐明两个观点：一是社会治理，在上的人用健康愉快的心理和柔顺的性情去真心实意地体恤百姓、服务于百姓，百姓就会以喜悦的心情顺应他，社会就会大通大治。二是阴阳消息、治乱兴替是循环的。自然界是如此，人类社会的发展也是如此。因此遇逆境要除弊兴利，满怀信心，遇顺境要"大亨以正"，知其"消不久也"，防患于未然，谨慎前行。

观卦卦辞：观，盥而不荐。有孚颙若。

象传·观

大观在上，顺而巽，中正以观天下，观。"盥而不荐，有孚颙若"，下观而化也。观天之神道，而四时不忒；圣人以神道设教，而天下服矣！

《象传》解读：观卦九五阳刚之君（大观）居于四阴爻臣民之上，象征君王高高在上察视民情。观卦下坤柔顺，上巽谦逊，君王以中正之德做出表率，让天下人观察学习，上观示于下，下观示于上，上下互观，这就是卦名"观"的意义。"盥而不荐，有孚颙若"，君主主持大祭，从洗手开始就表现出非常庄重而精诚专一，显示出很有威仪，不待奉献祭品，就已经使仰望的臣民信服他是一个中正、诚信的明君，臣民由此均被感化，不会怀有不敬之心。观看日月星辰自然运行的神奇规律，便懂得春夏秋冬四季交替循环而无差错的道理，圣人用自然运行的规律去设教于天下，天下民众纷纷服从跟随。

易语杂谈

《易》是哲学之易，也是平民之易，似乎是从六十四个方面与平民述事，拉家常，告诉你该怎么做，不该怎么做，同时很自然地揭示诸多事物内在的本质构建、基本属性以及事物发展的基本规律。而《易传》大部分内容以儒家"忠君"思想为指导去解释易理，这样的解释对历代研《易》者的研究方向、立足点、思想出发点影响极大。但对于理解《易》的基本哲学思想脉络，所表达的哲学观点似也无妨。

《象传·观》所阐述的"观"道有两个重点：一个是"观"是双向的，你观察别人，别人也在观察你。上下级之间、同事朋友之间、亲人之间、师生之间、执政者与民众之间，莫不如此。知此道理，管理者的言语行为、执政施策就要特别慎重，不可妄而为之。二是以什么样的心态去观察事物非常重要。心态不同，观察的结果是不一样的。看到富人捐出上亿元给慈善机构，以济贫弱之困，有的人说：人家凭能力、凭本事赚来的钱也不容易，捐出这么多，是善举，值得称赞！有的人则会说：这是剥削工人得来的钱，属不义之财，全部吐出来才好！

噬嗑卦卦辞：噬嗑，亨，利用狱。

象传·噬嗑

颐中有物，曰噬嗑。噬嗑而亨，刚柔分，动而明，雷电合而章。柔得中而上行，虽不当位，利用狱也。

《象传》解读：口中有物就要咀嚼，这就叫作噬嗑。噬嗑而能亨通。这一卦三个阴爻，三个阳爻，阴阳相等，刚柔相济。下卦震为雷为动，上卦离为火为明，雷电相合，使雷的威力和闪电的光明显现出来（雷动喻断狱声威，离电喻明察事理，雷电相合，声威与明察并用，是非曲直无不彰显昭著）。这一卦由"否"卦变化而来，"否"卦的下卦"坤"初六之阴爻上升到上卦"乾"，将九五替换，变成"噬嗑"卦的六五爻。而"否"卦的九五阳爻下降将"坤"的初六替换成为"噬嗑"卦的初九，这就是说"噬嗑"卦的六五爻是由"否"卦初六上升而成的。六五爻虽不当位（阴爻居阳位）但却居中，断治枉直，不失情理法度。这就是卦辞"利用狱"的道理。

易语杂谈

《象传·噬嗑》"动而明，雷电合而章"，喻断狱之道是何等的恰切、生动！是否依法公正断案，关乎正义的伸张，关乎百姓生死存亡、家庭兴衰祸福，甚或关乎国之命运，非同小可！断案实践中，因缺乏证据而受到冤屈自不多说，而断案中如果执法者徇私枉法，故意制造冤案、错案、假案，致使正义得不到伸张，邪恶逍遥法外，无辜生命被剥夺，企业倒闭，妻离子散，家破人亡，这样的断案者人鬼共愤，当依法严惩不贷！

贲卦卦辞：贲，亨，小利有攸往。

象传·贲

贲，亨，柔来而文刚，故亨。分刚上而文柔，故"小利有攸住"。刚柔交错，天文也。文明以止，人文也。观乎天文，以察时变。观乎人文，以化成天下。

《象传》解读：贲是文饰的意思。质与文不可分，质与文通过刚柔交错来表现。贲卦是由泰卦变化而来，泰卦的下卦（乾）九二与上卦（坤）的上六互换而成了贲卦。贲卦的下卦离六二阴柔文饰上下两个刚爻，离卦是以刚为质，以柔为文，故"柔来而文刚"，六二阴爻居位得中，所以亨通。贲卦上卦为艮卦，上九阳爻文饰下面两阴爻，故称"刚上而文柔"，一刚文饰两柔质，看似刚强，实则柔弱，所以不能有大的作为，故"小利有攸往"。刚（日、月）交错运行是天文，人有礼仪当止而止（贲卦上为艮，艮为止），这是对人的言语行为的文饰。观乎日月星辰的运行，可以察知春夏秋冬四时的变化；观乎人的文明礼仪、上下尊卑之序，以此教化天下而成其礼俗。

易语杂谈

观天象，圣人常以日月星辰、春夏秋冬的运行变化规律来阐释人类社会以及万事万物的变化规律，形成了指导人们正确认识世界、认识自我的哲学思想。由于所处地理位置的不同，自然环境、季节变化各不相同，世界各民族形成了不同的语言、礼俗、文化、信仰，进而社会制度也不尽相同，这是自然而然的事情。因此各民族之间相互尊重其礼俗、信仰、文化是非常重要的，这种尊重是文明进步。在政治制度等方面也是如此。

剥卦卦辞：剥，不利有攸往。

象传·剥

剥，剥也，柔变刚也。"不利有攸往"，小人长也。顺而止之，观象也。君子尚消息盈虚，天行也。

《象传》解读：剥就是剥落的意思。剥卦坤下艮上，全卦五阴一阳，一阳在上，五阴在下，一刚爻在上将要被五个阴爻所剥落，将要被消尽。这就是"柔变刚也"的意思。小人正在得势上升，君子不宜有所作为，只能顺应时势，停止进取，观察时局变化，待机而行。君子重视消长盈虚，是符合天道运行的自然规律的。

易语杂谈

《象传·剥》曰："小人长也，顺而止之。"这句话看上去是面对乱世采取的一种消极的态度，细思则不然。在动乱无序的社会环境中，君子不可能有所作为，动则获咎。止而不动，不是绝对不动，而是在酝酿等待"动"的时机，正所谓止中有动，动中有止。若以为"顺而止之"是消极的，那么《象传·剥》为什么又说"君子尚消息盈虚"呢？君子懂得阴阳对立两个方面：此方消减，彼方生息；彼方消减，此方生息。彼此总是处在不停地运动变化中，所以君子的"顺而止"是积极的睿智的选择。如果"遂而动"命则休矣。前车之鉴尚不远矣！

复卦卦辞：复，亨。出入无疾，朋来无咎。反复其道，七日来复，利有攸往。

象传·复

复，亨，刚反，动而以顺行，是以"出入无疾，朋来无咎"。"反复其道，七日来复"，天行也。"利有攸往"，刚长也。复，其见天地之心乎？

《象传》解读：复卦是由剥卦（䷖）发展而来，剥卦上九一阳被剥掉，剥极而复返，由上而返下则成复卦（䷗）。复卦下震，震为动，上坤，坤为顺，所以行动亨通顺利，因此出入没有疾病，朋友来没有灾害。"反复其道，七日来复"，这是天道的运行规律，这种阴阳消长的循环运动是自然运动的法则。"利有攸往"，是因为阳刚生长。复卦所阐释的道理是显观天地滋养万物的善美愿望。

易语杂谈

《象传·复》"复，其见天地之心乎？"意谓天地自然滋养万物的心是恒久不变的。就人类社会的发展而言，滋养万物的"天地"是什么？是神，是真主？皆不得而知，而"人心"是确定的。人心即儒家所称"天理""良知"。社会光明是人心所向，社会黑暗则是人心所背。有一种像"天地之心"那样的看不见的巨大推动力，这种推动力使人类始终向着光明前进，尽管过程中有反复。一个国家经济发展出现上升下行的波动，国际关系中有和谐共处有紧张对立，这些现象是正常的，只要向着光明之道前进，即使"反复其道"也终为正道。

无妄卦卦辞：无妄，元亨利贞。其匪正有眚，不利有攸往。

象传·无妄

无妄，刚自外来而为主于内。动而健，刚中而应。大亨以正，天之命也。"其匪正有眚，不利有攸往"，无妄之往何之矣？天命不佑，行矣哉？

【注释】

无妄：至诚不虚妄，不妄为，不妄想。

《象传》解读：没有虚妄。无妄卦由震下乾上组成。下卦的震卦是"坤"初六阴爻换阳爻而成的，这一阳爻成为震卦的主爻。震为动，乾为健，故无妄卦为"动而健"。九五阳爻居中与六二爻相应，象征行正道有大的亨通，这是自然规律，"其匪正有眚，不利有攸往"，《无妄》卦中所说的往，是往何处去呢？若天不保佑，你还能有所行动、有所作为吗？

易语杂谈

《象传·无妄》说"大亨以正，天之命也"，又说"天命不佑，行矣哉？"那么天命是什么？所谓"天之命"，即天给予的命运。而"命运"又分为"命"和"运"。人自己无法选择的东西就是命中注定的，如生命、性别、出生地、父母、家庭、智商、身体、性情等，这些因素很大程度地决定人的生命轨迹和前途。如智商决定你的智力、能力；身体条件决定你的体质、寿命。而这些因素与社会生活诸多事物相交融、运化、变易，形成了人的思想和能量，这些思想和能量也在一定程度上决定了人的前途和结局。有人说没法选择的东西，如上面所说的生命、智商、父母等就是"命"，而你后天努力做出的理性选择，或得到的机遇是"运气"。其实你后天的努力与否、作如何选择，也是由你的智力、性情决定的，而智力性情在很大成分上是天生的。你所遇到的任何事物都是偶然的，是"缘"，也就是机遇，有了缘，再由你的智商做出选择，这种运是"命"在运，"命"是主动，运由命主导。

人走正道，或走邪路，有各自不同的结局，这也是"天之命"。历史上的清官、明君流芳百世，贪官、暴君遗臭万年，均为"天之命"。几千年的封建社会，明君民之福，暴君民之祸，这也是"天之命"。那又为什么"天命不佑"呢？好的事物人们拥护、尊崇，就亨通顺利，这是"天佑之"，而走邪路、做恶事，背离天理人伦，这不符合事物向好的自然规律，当然"天命不佑"。

了解了"天之命"的道理，就会以平静、踏实、自然、科学的心态，理性地面对任何事物。

顺天道而行，天将佑之，逆天道而行，"天命不佑"。说到底"天"就是你自己。

大畜卦卦辞：大畜，利贞，不家食，吉。利涉大川。

象传·大畜

　　大畜，刚健笃实辉光，日新其德。刚上而尚贤。能止健，大正也。"不家食，吉"，养贤也。"利涉大川"，应乎天也。

　　《象传》解读：大有积蓄。大畜卦乾下，乾为天为健；艮上，艮为山为止。所以大畜卦卦辞含义为刚健而笃实，品德的光辉日日增亮增新。大畜卦的六五爻象征尊重贤人，又象征刚健进取，这是大正之道。"不家食，吉"，是养贤的意思。"利涉大川"，是尚贤、养贤所形成的局面，是顺应天道的，即顺应自然规律的。

易语杂谈

　　大畜卦本来讲的是凭自己的努力积蓄财富，以及积累财富所遵循的原则和防范过度行为的道理，而《象传·大畜》却将大畜释为道德的刚健笃实，日积日新，以及尚贤、止健、养贤等意义。儒家以崇德、尚贤、忠君为核心意识解释《易》可见一斑。殊不知这样的解释，似有曲解或拔高《易》之本意之嫌。再细想，道德的"大畜"也不无道理，"横看成岭侧成峰"，"仁者见仁，智者见智"，不同角度看风景，不是也很好吗？

　　颐卦卦辞：颐，贞吉。观颐，自求口实。

象传·颐

　　"颐，贞吉"，养正则吉也。"观颐"，观其所养也。"自求口实"，观其自养也。天地养万物，圣人养贤以及万民。颐之时大矣哉！

　　《象传》解读：颐养，守正道则吉。以正道来养身养德则吉。"观颐"，就是观察所养的是什么样的人。"自求口实"，是观察其自食其力、自省自悟养德的作为。天地养育万物，圣人效法天地颐养贤人以及万民百姓，颐养适宜意义重大啊！

易语杂谈

《象传·颐》所言，贤臣和万民都要由圣人来颐养，圣人大概指圣贤之人，也指君主。颐养指品德的培养教化，也指生活的给予。贤臣和万民道德行为规范由圣人来制定，生活之需也是圣人所赐，难怪几千年来忠臣多怯懦而受到赞誉，奸臣多谄媚而受到重用。顺民无恙，乱民遭辱。难怪百姓民众没有思考，也吸收不到除圣人之言之外的"颐养"。民只视君为"天子"，不知天外还有天！

大过卦卦辞：大过，栋桡，利有攸往，亨。

象传·大过

大过，大者过也。"栋桡"，本末弱也。刚过而中，巽而说行，"利有攸往"，乃亨。大过之时大矣哉！

《象传》解读："大过"，过太大了。栋梁弯曲是因为栋梁的两端柔弱（大过卦中间四爻为阳爻，两头的初爻和上六为阴爻）。大过卦巽下，巽为柔顺；兑上，兑为悦。刚强过盛（中间四爻匀为阳爻）而处中，所以说逊顺喜悦而行动是有利于前往的，前往则亨通。大过之时，治理危局的时机适宜意义是多么大啊！

易语杂谈

"大过"的过，不是过犹不及的过，"大过"是指达到非常程度，处于非常状态。栋梁都弯曲了，大厦将倾，国家处于危难之中。《象·大过》告诉我们，解决大过问题，时机非常重要。一是要有正义、刚强的力量，二是要顺应大势，把握时机。这些道理已被我们近百年以来的历史经验所证实。

坎卦卦辞：习坎，有孚维心，亨。行有尚。

象传·坎

"习坎"，重险也。水流而不盈，行险而不失其信。"维心，亨"，乃以刚中也。"行有尚"，往有功也。天险不可升也，地险山川丘陵也，王公设险以守其国。险之时用大矣哉！

《象传》解读：两坎（习坎卦上、下均为坎卦，坎为水）相重，有重重危险。水流动而不盈溢，历尽危险，终归大海而不失诚信。"维心，亨"，是指坎卦九二与九五两个刚爻分别居于二、五两个中位，以其刚中之德出险，像两颗刚毅的心维系在一起，所以行动亨通。"行有尚"，是说处于坎险之时，勇敢前往，有所作为，建立功业，受到崇尚。天险在于无法升越，地险为山川丘陵。君王公侯设险以守护邦国，抵御外侵。用险设险要适宜的道理和意义太大了！

易语杂谈

《象传·坎》由"险"阐发多义：一是在陷险的环境中生存要不失诚信。二是处险要有中正、刚健之德，要有所作为；三是利用地险或设险以御敌守国。古代墨子同公输盘模拟攻守之法，力劝楚王放弃攻宋。中国万里长城的修建，都是古人"设险以守其国"的范例。当今世界各国竞相研发攻守武器，也是"设险"之举。对敌方设险，对自己何尝不是"险"呢？现代社会生活中，各类风险繁多复杂，天灾人祸之险、投资理财之险、上当受骗之险、经济竞争之险、国际关系博弈之险等。《象传·坎》处险之道对于今日也不失其借鉴指导意义。

离卦卦辞：离，利贞，亨。畜牝牛，吉。

象传·离

离，丽也；日月丽乎天，百谷草木丽乎土，重明以丽乎正，乃化成天下。柔丽乎中正，故亨，是以"畜牝牛，吉"也。

【注释】

丽：本义成双成对，引申为附丽，一方附着另一方。

《象传》解读：离，附着。日月依附于天，百谷草木依附于地。离卦双重之明（离卦上下均为离，离为明）而依附于正道（离下卦三爻均位正，故离附着于正），于是化育天下走正道。阴柔依附于中正之道（六二、六五都在上下卦的中间位置，六二又位正），柔顺且中正，所以亨通。这就是"畜牝牛，吉"的原因。

易语杂谈

"依附"是自然界万物的恒常之态。人也不例外，依附于某种势力，依附于上位权贵之人等。依附可带来进步与成功，也可带来失败与崩溃。清代巨商胡雪岩先后依附王有龄、左宗棠，靠官府后台一步步走向巅峰，被御赐二品顶戴，被赏黄马褂，但最后成为李鸿章"排左先排胡，倒左先倒胡"官场倾轧的牺牲品，商业大厦顷刻崩塌。所以，依附要正，不以贪欲私利为目的；依附要有度，过深过密则会"城池失火，殃及池鱼"。《象传·离》曰"日月丽乎天，百谷草木丽乎土"，在笔者看来，人的灵魂要依附于文明正大的天理正道，做丽乎天的日月，做丽乎大地的百谷草木，任由自由运动、自然生长，兴衰由天，快哉乐哉！

象传（下）

咸卦卦辞：咸，亨，利贞。取女，吉。

象传·咸

咸，感也。柔上而刚下，二气感应以相与。止而说，男下女，是以"亨，利贞。取女，吉"也。天地感而万物化生，圣人感人心，而天下和平。观其所感，而天地万物之情可见矣。

《象传》解读：咸，是感应的意思。阴柔处上，阳刚处下（咸卦上兑，兑为柔，为喜悦；下为艮，艮为刚为止），阴阳二气感应以相授受，喜悦而又能止其所止，男下女上，所以"亨，利贞。取女，吉"也。天地互相交感，万物变化生成。圣人感化人心，于是天下和平，通过观察了解天、地、人感应的道理和原则，便可以发现天地万物之情。

易语杂谈

感应，是自然界和人类社会之所以生存和发展的基本条件和原则。天地之间有了空气、阳光、水、土地这些物质，这些物质相互作用、相互感应，万物才得以生长、生存。笔者种了几棵青萝卜，第一次种时出苗少，又种第二次，结果第一次发芽长出的萝卜个头大，很是喜人，切割开来，里面却是糠的，后种的个头虽小，但水分饱满，清脆可口，其中缘由不得其解。问了邻居大嫂才知道，早种的时节不适，所以出了问题。男女之间缺乏感应，缺乏感情上的相互给予，就不会有理想的婚姻。一个国家，上下同心，目标一致，就会政通人和，天下太平，反之则衰运难免。

天地万物皆有情，感应则通，通则顺，顺则安。

恒卦卦辞：恒，亨，无咎。利贞，利有攸往。

象传·恒

恒，久也。刚上而柔下，雷风相与，巽而动，刚柔皆应，恒。"恒，亨无咎。利贞"，久于其道也。天地之道，恒久而不已也。"利有攸往"，终则有始也。日月得天，而能久照。四时变化，而能久成。圣人久于其道，而天下化成。观其所恒，而天地万物之情可见矣。

《象传》解读：恒，是长久的意思。恒卦上为震，为刚，为雷；下为巽，为柔，为风。初六与九四、九二与六五、九三与上六皆相应。所以阳刚处上而阴柔处下，雷动风起，风起雷动，雷风相交相与。巽顺而动，阳刚与阴柔皆相应，这就是卦名恒的意思。"恒，亨，无咎。利贞"，是因为长久行于恒久之道。什么是恒久之道？恒久之道就是恒久不变的规律。如上面所说的：一是"刚上而柔下"柔顺配合刚健之合和之常道，二是"雷风相与"二气中和自然之常道，三是"刚柔皆应"的顺理人情的事物之常道。有了这三条就能长久亨通，无过咎而守之。天地的运动规律恒久而不停止。"利有攸往"，是说恒久之道就是周而复始的循环往复运动。日月顺应天道运动的规律，才能长久地照耀人间而不停息，春夏秋冬四季往复变化，才能久生万物。圣人长久地守持其道，天下就大有成就。观察各种事物保持恒久的情状，就可以发现天地万物的情理和长久的发展规律了。

易语杂谈

恒为长久。天地长久，是因为天地遵循其规律而运动；四季长久，是因为四季的变化按其规律不随意改变。按规律而行就是按正道天理而行。人要长寿，就要行正道，按健康规律而为。文明社会要恒久，就要顺应人性自然而普遍的追求，以使民众生活更富有，更舒适，更自由，更文明，更健康。恒久也不是静止的，而是一种有始有终、循环往复不断变化的持久状态。

遁卦卦辞：遁，亨，小利贞。

象传·遁

"遁，亨"，遁而亨也。刚当位而应，与时行也。"小利贞"，浸而长也。遁之时义大矣哉！

《象传》解读："遁，亨"，是说隐退而亨通。遁卦的九五爻与六二爻相应，象征顺应时势而行。"小利贞"，是说顺应时势而行，有小利而宜守正。

小人势力渐长，君子还是隐遁退避为好。遁卦提示的审时度势、适时退隐的意义太大了！

易语杂谈

人对于进退的抉择有时是件痛苦的事情。历史上因政治原因隐退的贤臣不乏其人。春秋末的范蠡，秦末汉初的张良，唐代的王维、郭子仪，明初的刘伯温、汤和，等等。他们面对乱世，不恋权贵，不怀侥幸，决然而退，实为明智之举。在现今社会，知退更是难得。企业做大了，盲目扩张，以倒闭终结；官做大了，才疏学浅不自知，不择手段往上爬，爬得越高摔得越惨；年龄大了，事业有成，当退不退，成为企业发展的绊脚石。家庭也是这样，年龄大了，还对后辈的事指手画脚，其结果是伤神、伤身、伤心。

因时度势，抉择进退，是人的修养、品德、格局、智慧的重要表现。

大壮卦卦辞：大壮，利贞。

象传·大壮

大壮，大者壮也。刚以动，故壮。"大壮利贞"，大者正也。正大，而天地之情可见矣。

《象传》解读：卦名大壮，是大而壮的意思。刚健而动（大壮卦上震，震为雷为动；下乾，乾为刚健），所以称壮。"大壮利贞"，是说不但要壮大，而且要正。用正大的观点去观察分析天地万物，才能认识天下万物的性情。

易语杂谈

"正大光明"是做人的道德标准，是做事的行为规范。古代官府衙门、帝王圣殿就常悬挂"正大光明"的牌匾。在社会实践中，正与不正是难以研判的。企业家每年纳税几十亿、几百亿，解决就业人员上万人、几十万人，有人说是"正大"，有人却说他们剥削工人，是奸商、害人精。明星卖字，有人说愿卖愿买并无不妥，有人说这是跨界夺金、糟踏艺术。野猪毁坏庄稼几十亩，农民打死五六只野猪，被判刑，有人说违犯《动物保护法》就该判，有人说农民为保护赖以生存的庄稼，不该判。孰是孰非，难以断定。根本原因是判断的标准不正。由此可见，"正"是判断事物的基础和前提。那"正"是什么呢？"正"是天理良知，"正"是客观规律，"正"是光明无私欲。

晋卦卦辞：晋，康侯用锡马蕃庶，昼日三接。

象传·晋

晋，进也。明出地上，顺而丽乎大明，柔进而上行，是以"康侯用锡马蕃庶，昼日三接"也。

《象传》解读：晋，是前进上升。晋卦下坤，坤为地为顺；上离，离为日为明。晋卦象征太阳从地上升起，大地依附于太阳一片明亮，大地阴柔之气上升与阳气交融。这就是卦辞所说的"康侯用锡马蕃庶，昼日三接"的意思。

易语杂谈

《象传·晋》的中心意思是有了功绩才会上升，上升像太阳从大地升起那样，给大地带来光明。就个人而言，上升给心灵带来光明，给家庭带来光明，也给社会带来光明。社会的进步、国家的发展给人民带来光明，也为人类的文明之光做出贡献。

明夷卦卦辞：明夷，利艰贞。

象传·明夷

明入地中，明夷。内文明而外柔顺，以蒙大难，文王以之。"利艰贞"，晦其明也。内难而能正其志，箕子以之。

《象传》解读：太阳落山了，光明进入地下，象征光明陨灭，这就是卦名明夷的意思。明夷卦内卦（下卦）为离，离为光明；外卦（上卦）为坤，坤为顺。"明夷"象征内有文明之德，外以柔顺行事，因而蒙受大难。周文王就是这样。"利艰贞"的意思是，在困境中贤德之人韬光养晦，坚守正道而不改，内心苦涩而不失其正，箕子就是这样的人。

易语杂谈

读《象传·明夷》受到两点启示：一是内有光明之德，外有柔顺之性的人，在昏暗不正的环境中极易受到排挤、迫害。二是受到迫害打击时，"晦其明"是避祸的策略。"正其志"是不失其独立正直人格的高尚品德。

　　家人卦卦辞：家人，利女贞。

象传·家人

　　家人，女正位乎内，男正位乎外。男女正，天地之大义也。家人有严君焉，父母之谓也。父父、子子、兄兄、弟弟、夫夫、妇妇，而家道正。正家，而天下定矣。

　　《象传》解读：家人即一家人。家人卦六二是阴爻居于内卦，得位得中，象征女正位乎内，即妇女在家守正操持家务。九五阳爻居于外卦，得位得中，象征男正位乎外，即丈夫在外持守事业。男女各正其位，这是天地间的大义。一家人威严的君主就是父母。父尽父之道，子尽子之道，兄尽兄之道，弟尽弟之道，夫尽夫之道，妇尽妇之道，因而家道得正，家道正，则天下安定了。

易语杂谈

　　家，天地之大义。家对个人来说就是天，家有祸事，常曰："天塌了！"家事再小也是大事，家是幸福的源泉，家是事业的基础，在外取得成绩或者受到委屈首先想到的是家，而不是别的什么。"家和万事兴"，家不和，何谈幸福？家不和，事业也不会发达，即使事业有成，还有意义吗？家是社会的细胞，家庭与社会息息相关。国泰则民安，国家正则民顺、民富。

　　睽卦卦辞：睽，小事吉。

象传·睽

　　睽，火动而上，泽动而下。二女同居，其志不同行。说而丽乎明，柔进而上行，得中而应乎刚，是以"小事吉"。天地睽而其事同也，男女睽而其志通也，万物睽而其事类也。睽之时用大矣哉！

　　《象传》解读：睽，是背离、不合、离散的意思。睽卦上为离，离为火，为明，为中女；下为兑，兑为泽，为悦，为少女。火动往上行，泽动往下走。火、泽相背而行。二女同居一室，其心志是不相同的。这就是卦名为什么取"睽"的原因。睽卦下卦兑（悦）依附于上卦离（明）。六五阴柔居尊位得中，与九二阳爻相应，这象征在睽的境况下，不宜有大作为，只能做小事，所以"小事吉"。天地虽有差异而相分离，养育万物的事相同。男女性别、体质不同，而其心志相同，万物形形色色各有不同，但其生长过程却有类似之处。睽卦所阐释的睽散万殊适时统一的道理意义是多么伟大啊！

易语杂谈

　　《象传·睽》阐释差异性和共性、统一性的关系，告诉人们如何用这种差异性和统一性的辩证思维指导我们的社会实践。人的信仰不同，其行善、修身、积德是共性吧！人的肤色不同、语言不同、种族不同，但追求科学、利用科学是相同的；追求富裕、追求自由、追求尊严、追求爱和被爱、追求家庭兴盛是共同的。

　　蹇卦卦辞：蹇，利西南，不利东北。利见大人，贞吉。

象传·蹇

　　蹇，难也，险在前也。见险而能止，知矣哉！蹇"利西南"，往得中也。"不利东北"，其道穷也。"利见大人"，往有功也。当位"贞吉"，以正邦也。蹇之时用大矣哉！

　　《象传》解读：蹇是行走困难的意思。险在前也（蹇卦上为坎，坎为险），见险而能止（蹇卦下为艮，艮为止），是智慧的表现啊！"利西南"（后天八卦方位图，西南为坤方，坤为顺，往西南顺，故有利），前往可得中道（九五得中位），"不利东北"（后天八卦方位图，东北为艮，艮为止，故不利东北），往东北方向行走乃穷途末路。"利见大人"，是说在困境中应求助于大人帮助，摆脱困境取得成功。位当其位（蹇卦除初六以外，其余五爻均当位），所以"贞吉"。当位贞吉就可以正定邦国，使国家从困境中走出来。蹇卦阐释的适时克蹇之道意义多么伟大啊！

易语杂谈

遇到困境艰险，是人一生之中或者社会发展过程中不可避免的。处于蹇境，蹇卦告诉人们：一是知止，不能恃勇赴险。二是选择对自己有利的方向。三是虚心争取"大人"的帮助。四是思想纯正，立场坚定，位置正确。处于困境必有博弈，博弈如战场。古之先贤留给我们许多克敌制胜的法宝。如太极之理以柔克刚，曲以委蛇，避其锋芒，出其不备，攻其不意，蛇打三寸，一鼓作气，等等。

解卦卦辞：解，利西南。无所往，其来复吉。有攸往，夙吉。

象传·解

解，险以动，动而免乎险，解。"解利西南"，往得众也。"其来复吉"，乃得中也。"有攸往，夙吉"，往有功也。天地解而雷雨作，雷雨作而百果草木皆甲坼。解之时大矣哉！

【注释】

夙：早。　甲：皮壳。　坼（chè）：裂开。

《象传》解读：疏解危难是解的意思。解卦上震，震为雷为动；下坎，坎为险为水。遇险而行动，行动则能走出危难，所以卦名为解。"解，利西南"，是指走出困境的方向是西南方向（西南方向是坤位，坤为阴为顺为众），往西南得众心之归。解卦（☷）是蹇卦（☷）的反转，解卦九二居中，反转到蹇卦成为九五，也居中位。所以说"其来复吉，乃得中也"，即九二来去都是吉，是因为来去都居中道之位。象征以中正之道前往就会走出困境，走出困境早获吉祥，从而建立功业。解卦上震下坎，象征天地之气交感而形成雷雨，雷雨大作，百果草木皆破土而出，发芽生根。解卦阐释在适宜的条件下疏解危难、求得新生的道理是多么伟大啊！

易语杂谈

《象传》在解释诸多卦辞时，对"时"在事物变化发展中的重要性极为重视，"时"有季节、时令、时间、时运以及在一定时间内出现的机会、时机等意义。任何事物的变化都有其规律，条件成熟到一定的"时"才发生变化。"天时、地利、人和"，把"天时"放在首位是有道理的。不合时宜地强行使事物发生变化，这种变化不会成功。自然界的雷雨、大风、海啸、地震、火山爆发等，只有到一定的"时"才会发生，人的力量无法左右。人类社会活动中，时机未到事则无成，"时"并不以人的主观意志而改变。"时"是事物变化的节点，需要很好地把握。

损卦卦辞：损，有孚，元吉，无咎，可贞，利有攸往。曷之用？二簋可用享。

象传·损

损，损下益上，其道上行。损而"有孚，元吉，无咎，可贞，利有攸往。曷之用？二簋可用享"。二簋应有时，损刚益柔有时。损益盈虚，与时偕行。

【注释】

簋：盛食的器皿。　曷：何。

《象传》解读：损，减损。减损下面增益上面，是正道上行（损卦由泰卦变化而来，泰卦的九三拿到上面成为上九，由此变成损卦，所以叫损下益上，其道上行）。减损时心怀诚信，则大吉大利，不会出现过错。持守贞正之德，有利于前往。这个道理怎么运用呢？比如说减损之时，只要有诚信，即使是只有二簋的祭品（祭品简而少，属于薄祭），也可以用来祭祀。用二簋祭品来祭祀应选择合适的时机（如：在损减时适用，在旺盛时不适用）。减损强盛的，增益柔弱的也要适宜，当损则损，当益则益。或损或益，要与时偕行。

易语杂谈

社会的发展，形成了一定的贫富差距。笔者认为，富人的财富再多，只要是合法所得，就应受到法律的保护。他们的消费总是有限的，其财富只要不是用来作恶，不论做何种投资，甚或存入银行，终究是消融在社会的经济生活领域的汪洋大海而有利于社会。至于捐给国家、团体，属于定向投入，仍然是在社会中发挥着资金应发挥的作用，只是其支配权由个人转到国家、团体之手。共同富裕是文明社会的必然，必须损盈满的一方即富有者的一方，去增益贫穷不足的一方。这种"损"不是巧立名目，强取豪夺，而是依法损之，有尊严地损之，存善意怀诚心地损之。富人的"损"只能用来"益"补低收入者的不足。

做好"共同富裕"这篇大文章，需要诚信，也需要智慧。

益卦卦辞：益，利有攸往，利涉大川。

象传·益

益，损上益下，民说无疆。自上下下，其道大光。"利有攸往"，中正有庆。"利涉大川"，木道乃行。益动而巽，日进无疆。天施地生，其益无方。凡益之道，与时偕行。

《象传》解读：益，增益。减损上而增益下（益卦由否卦变化而来，否卦☲的九四下移至初九，就成了益卦☲，故损上益下），民众喜悦无穷。阳爻自上而下，象征损益适宜其德盛大、光明。"利有攸往"，是因为九五爻与六二爻居中得正，象征以中正之道益天下，天下得到福庆。"利涉大川"，有木舟渡水而行。增益行动顺利（益下震为动，上巽为顺），必将日进一日，增进无穷。天施阳气而地生万物，使万物受益而无方域之限。凡增益之道，皆顺应合适的时机一起行动。

易语杂谈

"益"在象传中有两种含义：其一是"损上益下"的益，是增加的意思。二是"天施地生，其益无方"的益，大概指效益、利益之意。《象传》对"益"表现出极大的热情——"民说无疆""其道大光""日进无疆""其益无方"，圣人期冀民众百姓受益的爱民之情跃然纸上。时至今日，实现共同富裕的目标仍然是全民上下共同的期盼。

夬卦卦辞：夬，扬于王庭，孚号有厉，告自邑，不利即戎，利有攸往。

象传·夬

夬，决也，刚决柔也。健而说，决而和。"扬于王庭"，柔乘五刚也。"孚号有厉"，其危乃光也。"告自邑不利即戎"，所尚乃穷也。"利有攸往"，刚长乃终也。

《象传》解读：夬，是决断的意思。夬卦下乾，乾为健为刚；上兑，兑为悦为柔。刚健而喜悦和谐，象征君子遇事决断，众人喜悦，上下和谐。"扬于王庭"，是说君子以至诚之心告诉大家危险将至，这种忠诚勇敢据实以告的品格光明可嘉。"告自邑，不利即戎"，是说所崇尚的免于战争的愿望可能落空。"利有攸往"，因为刚健决断，事物有了好的终结，有利于前往。

易语杂谈

对于夬卦卦辞的解释多有不同。大多认为卦辞之义为：五刚夬一柔，即君子刚健驱除小人。笔者以为《象传·夬》在赞扬大事面前敢于直言并勇于决断的精神，这种精神也是夬卦所要表达的主旨。当然，古代敢于决断之人非君即贤臣。

大事当前，没有勇于决断之人，事物将会混乱无序，加重危机。决断人物常为领军人物，或是谋士重臣，或是德高望重之人。这样的人敢于"扬于王庭"，其决断的结果往往是化险为夷，渡过艰难。

姤卦卦辞：女壮，勿用取女。

象传·姤

姤，遇也，柔遇刚也。"勿用取女"，不可与长也。天地相遇，品物咸章也。刚遇中正，天下大行也。姤之时义大矣哉！

【注释】

取：通娶。　品：众。　章：显著，显明。

《象传》解读：姤，遇也，相合。《夬》卦的倒转就是《姤》卦，夬卦一阴爻在上，五阳爻在下，姤卦一阴爻在下，五阳爻在上，故曰柔遇刚也。因为女壮，对男不利，所以不能娶这样的女子为妻，娶这样的女子为妻不会长久。天地二气相遇而交合，各种生物明显地产生。九五以刚爻居中正之尊位，象征天下的人伦教化大为畅行。姤卦所阐释的相遇相合关键在于适机。适机的意义很远大啊！

易语杂谈

《姤》卦中的"姤"字的意思不仅指相遇，还包含了相知。所以相遇相聚相合是有条件的。"方以类聚，物以群分"，"道不同不相为谋"，没有共同之点，不可能相遇，即使相遇也不可能相知相合相聚。"女壮勿娶"有偏颇。壮女嫁壮男有何不可？弱男娶壮女，壮女是贤惠、漂亮之女，何乐而不为呢？由此《象传·姤》曰"刚遇中正，天下大行也"，相遇相合的根本在于"正"。正则有价值，正则长久。相遇相聚是缘，缘是天意，天意就是时机、机遇。天意加"中正"，事物得以圆满。

　　萃卦卦辞：萃，亨。王假有庙，利见大人，亨，利贞。用大牲吉，利有攸往。

象传·萃

　　萃，聚也。顺以说，刚中而应，故聚也。"王假有庙"，致孝享也。"利见大人，亨"，聚以正也。"用大牲吉，利有攸往"，顺天命也。观其所聚，而天地万物之情可见矣。

　　《象传》解读：萃，聚集的意思。顺从而喜悦（萃卦下坤，坤为顺；上兑，兑为悦），九五阳刚居中而与六二阴柔相应，所以卦名为萃，即聚的意思。

　　"王假有庙"，是说君王来到宗庙，向天神和祖先献上祭品。"利见大人，亨"，是说相聚必以正道，有大人的佑助才亨通。"用大牲吉，利有攸往"，这是顺从天命之举。观察各种聚合，就可以认识到天地万物的情状了。

易语杂谈

　　《象传·姤》讲姤为相遇、相合，《象传·萃》讲萃为聚集、聚合。相遇是偶然，聚集是主动行为。主动行为有价值趋向，因此聚集、聚合意义大矣。

　　古时圣人祭祀神灵和祖先是其精神与神灵、祖先相聚合，精神因此而有寄托。君主与臣民相聚合，民则有福祉。人与自然万物相聚合，从自然万物之中汲取智慧灵感，则能利用自然万物造福人类。这些聚合之道至今不废。人与其他动物区别之一在于人有精神世界，把精神置于一定高度，哪怕这高度处于虚无状态，这就是所谓的"精神信仰"吧！人不可无信仰，无信仰精神便无所依。如果换一个角度，也可与王阳明所讲的"天理""良知"相聚合。王阳明说"天理"与"良知"是人所固有的，只是往往被私欲所遮蔽，如果我们与"天理""良知"永久聚合，"天理""良知"就不会被遮蔽。有"信仰"知"天理"致"良知"，人的精神才有归宿，才饱满生动，人才有追求善美的动力。

升卦卦辞：升，元亨，用见大人，勿恤，南征吉。

象传·升

柔以时升，巽而顺，刚中而应，是以大亨。"用见大人勿恤"，有庆也。"南征吉"，志行也。

《象传》解读：阴柔因时而升（萃卦☷☷反转而成升卦☷☴，萃时坤在下，坤为阴，由下升至上，成为升卦，故曰"柔以时升"），巽而顺（升卦下巽，巽为风；上坤，坤为地，风吹大地一切皆顺，故曰"巽而顺"），九二阳刚居中而应六五，所以大为亨通。"用见大人勿恤"，意为宜被贤德之人推荐，不要忧虑，有喜庆。向南征战则吉，其志可以实行。

易语杂谈

《象传·升》言升是谈人的职位、地位的上升，要点有三：一曰"柔以时升"，柔指地位弱低，若升需要抓住时机。二曰"刚中而应"，品德中正，有贡献，百姓拥护。三曰"用见大人"，要有人推举、提拔。三点不可或缺。若缺第二条，第一条则可能变成投机取巧，无孔不入，不择手段；第三条则可能变成权钱交易，贿赂上级，寻找靠山。两种选择，两种结果，或有庆或有祸。

困卦卦辞：困，亨。贞，大人吉，无咎。有言不信。

象传·困

困，刚掩也。险以说，困而不失其所亨，其唯君子乎！"贞，大人吉"，以刚中也。"有言不信"，尚口乃穷也。

《象传》解读：《困》卦之所以卦名为"困"，是因为九二、九四、九五三个刚爻被阴爻掩盖，也就是刚被柔顺围困。困卦下坎，坎为险；上兑，兑为悦，象征处险而悦。处在困难艰险之中能乐观不失其正，仍能亨通。这一点只有君子才能做到！"贞，大人吉"，是说九二、九五阳刚之爻居于中位，即守持正道，君子、大人即使遇到困境也是吉顺的。处在艰难困苦之时，你说什么话别人都不相信，靠嘴巴力图解除困境是徒劳的，这样做只能越加困顿。

易语杂谈

《象传·困》告诉人们，处困之时要"险以说"，守正乐观，这是脱离困境的思想和精神基础。处困之时"有言不信"，正所谓"喝凉水也塞牙"，尤其是向别人倾诉你的委屈、艰难，不仅无济于事，别人还会更加小瞧于你。因此即使向别人请求帮助，也要以自信、和悦的情态去言说。人生在世，孰能无困？处困不惊，豁达乐观，静心思进，寻找突出困境的突破口，才是正道。

井卦卦辞：井，改邑不改井，无丧无得。往来井。井汔至，亦未繘井，羸其瓶，凶。

象传·井

巽乎水而上水，井。井养而不穷也。"改邑不改井"，乃以刚中也。"汔至，亦未繘井"，未有功也。"羸其瓶"，是以凶也。

《象传》解读：《井卦》下巽，巽为木；上坎，坎为水。用木做的提水工具，将水从井下提水而上，所以井卦以"井"为卦名。井养人养物，井水取之不尽，用之不竭，无有穷尽。城邑、村庄变迁而井不会变动，这是九二、九五刚爻处于中位的象征意义。井将要干涸。井绳还未到井口，打水还未成功，打水的瓶子却毁坏了，这是凶险之兆。

易语杂谈

《井》卦以井喻百姓大众。统治者和社会形态不管如何变化，民众是不变的。民众是滋养社会取之不尽、用之不竭的"水"。井需要适时地甃（zhòu，修理井壁）渫（xiè，除去污泥），水才能取之不尽。井卦讲的是君民关系，其意明了，无需赘言。

二十世纪五六十年代出生在农村的人，对井都有很深的感情。一个村，几口井，临井的人家都到同一口井里取水。井是共用的，甃井时，大伙都来参与，拿出酒和好吃的食物给下井的人食用。大家爱护井就像爱护自己的衣服那样认真。井也不负众望，井水清澈，取之不尽。民间有过年拜"五神"的习俗，五神分别是宅神、井神、灶神、门神、土神。其中拜井神就是在年三十挑水，灌满自家的水缸、盆等器皿，以备年三十、初一、初二这三天用水，意为井神一年来为村里供水辛苦了，过年这几天也该让井神休息一下，以表对井神的敬意。

革卦卦辞：革，已日乃孚。元亨，利贞，悔亡。

象传·革

革，水火相息，二女同居，其志不相得曰革。"已日乃孚"，革而信之。文明以说，大亨以正。革而当，其悔乃亡。天地革，而四时成。汤武革命，顺乎天而应乎人。革之时大矣哉！

《象传》解读：革为变革。革卦上兑，兑为泽，为少女；下离，离为火，为中女。水火互相熄灭，二女住在一起，其心志不同，所以卦名为"革"。"己日乃孚"是说变革要取得民众的信服。以文明之德，和悦之色，文明能洞察事理，和悦则人心和顺。行正道进行变革就会大为亨通。变革得当，才不至于有悔。天地之变化，而四时形成。商汤、武王变革夏桀、殷纣的王命，顺应天道又顺乎民心。革卦所阐释的变革要适时的意义多么大啊！

易语杂谈

"革之时义大矣哉！"革是改朝换代，革是改变命运，革是吐故纳新。革可以使事物向光明正义的方向发展，也可以使事物逆光明倒退而行。革在某种意义上是中性词。所以《象传·革》曰："革而信之""大亨以正""革而当""顺乎天而应乎人"。革是动态的、不停止的，旧的东西革掉了，新的东西产生了，而新的东西会出现新的问题，所以变革永不会停止。

鼎卦卦辞：鼎，元吉，亨。

象传·鼎

鼎，象也。以木巽火，亨饪也。圣人亨以享上帝，而大亨以养圣贤。巽而耳目聪明，柔进而上行，得中而应乎刚，是以元亨。

【注释】

亨：此处读 pēng，同烹。　享：这里是祭祀的意思。

《象传》解读：鼎卦卦象像鼎的样子。鼎卦下巽，巽为木为顺；上离，离为火，用木生火用以烹饪。圣人烹饪祭祀上帝，而大烹以养圣贤。巽顺而耳聪目明，六五阴柔居中与六二阳刚相应，象征圣人（君主）上敬神灵，下礼圣贤，故能听其微，视其广，持中守正，与民众同心相应，所以治国大为亨通。

易语杂谈

鼎是古代最重要的青铜器之一。最早用来烹煮食物，后来逐渐成为王权的象征、国家的重宝。《象传·鼎》以鼎烹饪食物为喻，阐释君主敬神、纳贤、与百姓同心相应，国家因此大为亨通的道理。古之先贤将国泰民安的希望寄托于君主一人身上，君主盛德贤明，国家就会富强，百姓就会福顺安宁。

震卦卦辞：震，亨。震来虩虩，笑言哑哑，震惊百里，不丧匕鬯。

象传·震

震亨。"震来虩虩"，恐致福也。"笑言哑哑"，后有则也。"震惊百里"，惊远而惧迩也。"不丧匕鬯"，出可以守宗庙社稷，以为祭主也。

【注释】

社稷：古代帝王，诸侯为土神（称为社）、谷神（称为稷）所立的神社，后用作国家政权的象征。

《象传》解读：雷声震动，亨通。"震来虩虩"，是指震雷隆隆，闻声战战兢兢、恐惧害怕的人懂得戒备，谨言慎行，不去冒险，以保安全，因恐惧而致福。"笑言哑哑"，而恐惧过后从容自若，做事有法则，不失常态。雷声震动百里，远方惊恐，近处畏惧，主持祭祀的人用匕匙取酒非常镇静，精诚专一，匙中的酒未曾洒出，这样的人可以守宗庙社稷，作为祭主了。

易语杂谈

自然界的灾难（天灾）、社会的震荡（人祸），都足以使人惊恐畏惧。

面对震荡之局势，不顾一切抱头鼠窜者，乃小人；不畏艰险而行者，乃勇者。胆战心惊，左顾右盼，不知所措者为俗人；深思熟虑，躲进小楼静观其变者为隐者；从容不迫，胸有成竹，指挥笃定者为伟人。

艮卦卦辞：艮，艮其背，不获其身；行其庭，不见其人，无咎。

象传·艮

艮，**止也**。时止则止，时行则行，动静不失其时，其道光明。艮其止，止其所也。上下敌应，不相与也。是以"不获其身，行其庭，不见其人，无咎"也。

《象传》解读：艮，抑止、停止的意思。适时该停止的时候停止，适时该行动的时候行动，行动与停止不失时机，符合事物规律而光明畅通。艮卦的意义是讲停止，停止在应该停止的地方。艮卦六爻上下相敌，均不相应，所以卦辞说："不获其身，行其庭，不见其人，无咎。"

易语杂谈

《象传·艮》主张止和动要"适时"，停止在该停止的"所"。"时"与"所"是停止的关键。对于"时"与"所"的认识和掌握，是对人的品德、修养、学识、智慧、经验的考验。所有的该止而不止，都是欲望过度膨胀使然，只有背对欲望，才能抑止欲望，就像在庭院行走，你背对的人你是看不到的，看不到，在你的大脑中就无任何反映。不被贪欲所诱，才能"时止则止，时行则行，动静不失其时，其道光明"。

渐卦卦辞：渐，女归吉，利贞。

象传·渐

渐之进也，"女归吉"也，进得位，往有功也。进以正，可以正邦也。其位刚得中也。止而巽，动不穷也。

《彖传》解读：渐卦卦义为循序渐进。"女归吉"这句卦辞说的是要像嫁女那样循序渐进，才能吉善平安。六四爻得位，象征前往可建功立业。行正道可以定邦国，这个卦义从九五爻阳刚得中位而来。渐卦内卦（下卦）为艮，艮为止；外卦（上卦）为巽，巽为顺。止于内不妄动，顺于外循序渐进，这样的运动就不会陷入穷困。

易语杂谈

循序渐进，循就是遵循、按照，序就是规律、顺序，渐就是不妄动，进是前进，是结果。循序渐进是自然界的运动规律，也是人类社会所有运动变化的规律。"跨越式发展""跳跃式发展"这些说法和作为最终成为泡影。循序渐进不等同于"慢慢来"，而是科学的积极主动的发展观。

归妹卦卦辞：归妹，征凶，无攸利。

彖传·归妹

归妹，天地之大义也。天地不交而万物不兴。归妹，人之终始也。说以动，所归妹也。"征凶"，位不当也。"无攸利"，柔乘刚也。

《彖传》解读：少女出嫁，是天经地义的大事情。天地阴阳不相交，方物就不会繁殖兴旺。少女出嫁，人类因此可以终而复始地繁衍生息。归妹卦上为震，震为动；下为兑，兑为悦。象征男娶女嫁，男子动情，女子喜悦。"征凶"是因卦中间四爻均不当位，"无攸往"是因六三阴爻在九二阳爻之上，六五阴爻在九四阳爻之上，有夫屈于妇、妇制其夫之象。

易语杂谈

《周易》反复强调对于"时"与"所"在事物运动变易中的重要性，

"时"即时机、时间，即"天时"，"所"即处所、位置，即"地利"，这两者，有一方不适宜，事物不会完美吉顺。《象传·归妹》"征凶，位不当也"，就是说夫妇各自位置不对，吵吵闹闹，对立不和谐是必然的。家庭不和谐，出门工作哪会顺利？"无攸利，柔乘刚也"，反映在现实生活中，即妻子过分强势，丈夫受气，不会有好的发展。所以在家庭之中，夫妇位置摆正非常重要。不论夫还是妇，在外工作事业有所成就，都是夫妇和谐、相互支持的结果。反之，夫妇一方不行正道，另一方不仅不加制止，还同流合污做帮凶，哪有不遭厄运之理呢？

丰卦卦辞：丰，亨，王假之，勿忧，宜日中。

象传·丰

丰，大也。明以动，故丰。"王假之"，尚大也。"勿忧，宜日中"，宜照天下也。日中则昃，月盈则食，天地盈虚，与时消息，而况于人乎？况于鬼神乎？

《象传》解读：丰是盛大的意思。丰卦下离，离为明；上震，震为动。明而动则盛大，所以卦名为"丰"。"王假之"，是说只有君王可以达到盛大的境界，这是因为君王崇尚盛大，德性大明。"勿忧，宜日中"，是说持久盛大之势是困难的，是可忧的。唯有像日之中午那样既中且正，方可无忧。日过中午则倾斜，月至盈满则亏损，天地之间的盈满亏虚，都是与时间同步的，更何况人呢？更何况鬼神呢？

易语杂谈

"日中则昃，月盈则食"的道理所有人都明白，但是总有人希冀家庭、事业永远如日中天，强盛不衰，这当然不符合自然规律。"天地盈虚，与时消息"，谁都改变不了这样的规律。当我们事业遇到挫折，或者经济收入稍有下滑、生活质量稍有下降之时，有了这样的认识，还会怨天尤人，不能接受吗？

旅卦卦辞：旅，小亨。旅贞吉。

象传·旅

"旅，小亨"，柔得中乎外而顺乎刚，止而丽乎明，是以"小亨旅贞吉"也。旅之时义大矣哉！

《象传》解读："旅，小亨"，是说行旅小有亨通。六五阴柔在外卦得中位，并且顺从九四、上九两个阳刚之爻，所以说"柔得中乎外而顺乎刚"。旅卦内卦（下卦）艮，艮为止；外卦（上卦）离，离为明。所以说止而丽乎明，象征旅居在外之人有柔顺中正之德，投靠明德之人，并且得到帮助，小有亨通，旅途吉顺。这就是"小亨，旅贞吉"的意思。

易语杂谈

随着时代的进步，国际间的交往日益频繁，旅居海外的同胞越来越多。而国际形势风云变幻，身在异国的境遇难以预料，"柔得中乎外而顺乎刚""止而丽乎明"显得非常重要。在外的旅人要贞正自强，争取得到别人的帮助，要依附于明德之人、刚正之人，这样旅途才能亨通吉安。旅居国外如此，人生旅途何尝不是这样呢？

巽卦卦辞：巽，小亨。利有攸往，利见大人。

象传·巽

重巽以申命。刚巽乎中正而志行。柔皆顺乎刚，是以"小亨，利有攸往，利见大人"。

《象传》解读：巽卦上下皆巽，象征反复申述命令。九五爻阳刚居中正之位，象征君主刚毅而且行中正之道，其意志能贯彻施行于天下。初

六、六四两个阴柔之爻顺附在阳刚之爻下面，象征阴柔顺从于阳刚，所以"小亨，利有攸往，利见大人"。

易语杂谈

《象传·巽》实际上是阐释君王与臣与民的关系，君主中正刚毅，所发出的号令像风（巽为风，为顺）那样无孔不入，无处不在，传遍天下；民则以柔顺之性顺从于君主，君主的意志便得以贯彻施行。这是多么理想的君民和谐的美好图景啊！

兑卦卦辞：兑，亨，利贞。

象传·兑

兑，说也。刚中而柔外，说以利贞，是以顺乎天而应乎人。说以先民，民忘其劳。说以犯难，民忘其死。兑之大，民劝矣哉！

【注释】

说：悦。　劝：勉励。

《象传》解读：兑，愉悦。九二、九五两阳爻居中，象征内心诚实，不虚伪；六三、上六两阴柔在外，象征待人柔和不粗暴，故能使人愉悦。愉悦有利守持正道，因此能顺乎天理之正，应乎人心所向。君王愉悦地率领民众，民众便会忘记劳累地跟随，以愉悦乐观的态度应对危难，民众就会忘记死亡地跟随。愉悦的功效那么宏大，足以使民众勉力奋发。

易语杂谈

以悦待人，豁达乐观，是一种良好的处世态度。《象传·兑》"说以先民""说以犯难"的主语应该指统治者。其中"先""犯"是关键词。"先"，率先；"犯"，遭遇、冒着、顶着。这两个词都有率领在前之意。

只有管理者以乐观愉悦的态度率先垂范，百姓才会"忘其劳""忘其死"地追随。

　　涣卦卦辞：涣，亨，王假有庙，利涉大川，利贞。

象传·涣

　　"涣，亨"，刚来而不穷，柔得位乎外而上同。"王假有庙"，王乃在中也。"利涉大川"，乘木有功也。

　　《象传》解读：涣散，可以致亨通。九二阳刚不会穷困于下，六四与九五均得位在外卦而同德。"王假有庙"，是说君王来到宗庙祭祀祖先，至诚之心浑然在中，精神与先祖相感应，以聚会臣民之心。"利涉大川"是以涣卦象卦理而言。涣卦上为巽，巽为木；下为坎，坎为水。木舟行于水上，有利于渡过大河，木舟有涉险历难之功。

易语杂谈

　　《象传·涣》多根据卦象、卦数、卦变、爻变来推演解释卦义，这种推演论证极其纷杂，翻来覆去，读者看得头昏脑胀，仍在云雾之中，不得要领。在这一点上，《象传·涣》尤为突出。因此笔者便弃繁就简而为之。在人心涣散、社会趋乱的情况下，如何凝聚人心，纳新图治，《象传·涣》给出的答案是"王假有庙"以表其至诚之心，"乘木有功"依靠民众的力量渡过险难，可见社会发展动力在民众之力，民众之力在于民心。

　　节卦卦辞：节，亨。苦节，不可贞。

象传·节

　　"节，亨"，刚柔分而刚得中。"苦节，不可贞"，其道穷也。说以行险，当位以节，中正以通。天地节而四时成。节以制度，不伤财，不害民。

《象传》解读：节制，亨通。节卦三刚三柔对半分，说明事物均衡得中，九二、九五居中位，意味着能节制持中，所以亨通。过分节制难以持正，没有前途。节卦下兑，兑为悦；上坎，坎为险。象征喜悦以行险。在适当位置行以节制，才可以保持中正亨通。天地运行有所节制，一年四季才能形成。以制度节制，即不浪费资财，也不损害百姓。

易语杂谈

"节"的道理运用十分广泛，任何事物不加节制都会"其道穷也"，不会健康发展。人的欲望不加节制，欲壑难填，便会走向邪路。坑蒙拐骗、杀人越货、贪污腐化无不源自欲望无节。喜怒哀乐不加节制，伤神伤身，疾苦难避。追求奢侈浪费，享乐至上，便会陷入欲望的陷阱不能自拔。"成由勤俭败由奢"，从家庭到国家都是如此。

中孚卦卦辞：中孚，豚鱼，吉。利涉大川，利贞。

象传·中孚

"中孚"，柔在内而刚得中，说而巽，孚乃化邦也。"豚鱼，吉"，信及豚鱼也。"利涉大川"，乘木舟虚也。中孚以利贞，乃应乎天也。

《象传》解读："中孚"是心中怀有诚信的意思。六三、六四两阴柔之爻在卦的中间，象征内心是虚的，唯有虚心才能持中道，怀诚信。

九二、九五两阳刚之爻居中，象征中道诚信充实于心。中孚卦下兑，兑为悦，为泽；上巽，巽为顺，为木。意为上位者以至诚中道顺巽下民，下民以诚信喜悦顺从上位者，因此诚信能感化邦国。诚信甚至可以施与豚和鱼。巽木在兑泽之上，木舟行于水上，而利于涉险也，故曰"利涉大川"。心怀诚信，利于守持正道，这个道理合乎自然天道。

易语杂谈

"豚鱼，吉"有两种解释：一是豚鱼就是江豚鱼，江豚鱼有一个特性，即江面起风它就浮出水面，南风则口向南，北风则口向北，从不失信。诚信如豚鱼，则吉。二是王弼认为，豚乃小猪，是动物中微贱者，鱼属隐者，小猪和鱼这类低微愚钝的动物都被诚信所感动，以诚信做事哪有不吉利的？诚信也有主体，往往上位为主体，下位为客体，社会诚信度的高低取决于上位者的诚信度，上对下讲诚信，强对弱讲诚信，下位者、弱者哪有对上位者、强者不讲诚信之理呢？

小过卦卦辞：小过，亨，利贞。可小事，不可大事。飞鸟遗之音，不宜上，宜下，大吉。

象传·小过

小过，小者过而亨也。过以利贞，与时行也。柔得中，是以小事吉也。刚失位而不中，是以不可大事也。有飞鸟之象焉，"飞鸟遗之音，不宜上，宜下，大吉"，上逆而下顺也。

《象传》解读：小有过越而能亨通。小过要守正道顺应时势而行。六二、六五阴爻居中象征做小事吉利。九四以刚爻居阴位是"失位"，九三以刚爻居阳位，虽然得位，但未得中位，象征不可做大事。小过卦卦象有飞鸟的样子，飞鸟过后遗音犹在，不宜上而宜下，大吉，是因为往上逆飞，离地面越远，声音越小，反之越往下顺飞，声音传得快，声音越响。

易语杂谈

《象传·小过》中的"小过"是小有过分的意思，不是过错的"过"。《象传·小过》以客观、务实的态度直言"小过"也可亨通。小过亨通是有条件的，必须持守正道，必须与时势相行。"人非圣贤，孰能无过"，有

"小过"，及时矫正则可吉顺，现实社会生活中，经常见到有人对人的"小过"夸大其危害，不顾事实，上纲上线，扩大惩罚尺度，恨不得将其一棍子打死。这种风气必须停止，还原实事求是的精神，让"小过"也能亨通。

既济卦卦辞：既济，亨小，利贞，初吉终乱。

象传·既济

既济，亨，小者亨也。"利贞"，刚柔正而位当也。"初吉"，柔得中也。终止则乱，其道穷也。

《象传》解读：既济为大功已成，大局已定，安于守成，不思进取，只能是小小的亨通。"利贞"是说，既济卦六爻阴阳刚柔均当位，说明"既济"之时应守其正道。"初吉"指六二阴柔居中，象征事业开始是吉祥的，但是最终若停止进取则懈怠，懈怠则容易产生祸乱，说明事物发展到尽头，就会走向反面。

易语杂谈

事物走向成功是好事，但成功之后要守持正道，否则就会"初吉终乱"。成功之后继续前进，那就是一个新的开始，即下一卦"未济"所表达的意思。

未济卦卦辞：未济，亨。小狐汔济，濡其尾，无攸利。

象传·未济

"未济，亨。"柔得中也。"小狐汔济"，未出中也。"濡其尾，无攸利"，不续终也。虽不当位，刚柔应也。

《象传》解读："未济，亨"，是指事情虽未成功，最终是亨通的。原因是六五阴柔居中，象征持守中正之道。"小狐汔济"，是说小狐狸渡河还未成功，原因是九二居下，象征事物处在初始阶段。"濡其尾，无攸利"，是说小狐狸过河，尾巴浸在水里，大为不利。意为未济之时，前途多有坎坷，仅凭勇敢而盲动不会顺利达到成功。《未济》卦六爻皆不当位，但初与四、二与五、三与上皆刚柔相应，象征同心协力、协调一致，将由未济达到既济，即由未成功达到成功。

易语杂谈

《易》将既济、未济两卦放在六十四卦之尾，并且把未济放在最后，是有其深刻含义的。"既济"与"未济"是相互转化的，"既济"可转为"未济"，"未济"也可转为"既济"，事物就在未成功——成功——未成功——成功或者开始——结束——又开始——又结束的永无止境的循环往复中发展进步的。最后一卦未济，就意味着还未成功，必将达到成功，而成功后面又是新的开始。

象传（上）

　　《象传》相传为孔子所作，后来一些易学家和史学家对此提出质疑，认为《象传》非孔子所作。至今《象传》的作者究竟是谁尚无定论。

　　《象传》从卦象、爻象的角度对六十四卦的卦辞、爻辞进行了阐释。对卦名、卦辞的阐释称为"大象传"，对爻辞的阐释称为"小象传"。"大象传"和"小象传"合在一起称为《象传》。例如，《象·乾》：

　　天行健，君子以自强不息。"潜龙勿用"，阳在下也。"见龙在田"，德施普也。"终日乾乾"，反复道也。"或跃在渊"，进无咎也。"飞龙在天"，大人造也。"亢龙有悔"，盈不可久也。"用九"，天德不可为首也。

　　其中"天行健，君子以自强不息"为"大象传"，"潜龙勿用，阳在下也"以下是"小象传"，整个篇章总称为《象传》。

　　为什么《象传》用"象"作为篇名呢？唐代著名易学家李鼎祚说："象者，象也，取其法象卦爻之德。"唐代大易学家崔憬说："易者象于万物，象者形象之象也。"南宋哲学家朱熹说："象者，卦之上下两象及两象之六爻，周公所系之辞也。""象者，物之似也。"以上诸说法总的意思概括起来就是，卦的形象表达世间万物。根据卦的形象，古之圣贤加入了卦名、卦辞和爻辞。《象传》从卦象、爻象的角度对卦辞爻辞进行阐释，因此《象传》以"象"作卦名。

　　有些易学家将卦的图像称为"大象"，将爻画称为"小象"，因而卦名、卦辞称为"大象辞"，爻辞称为"小象辞"，卦爻辞合起来称为"象辞"。《象传》就是对"象辞"进行诠释的文字。即《象传》是对六十四卦的卦名、卦辞、爻辞进行诠释的文字。

象传·乾

天行健，君子以自强不息。

"潜龙勿用"，阳在下也。"见龙在田"，德施普也。"终日乾乾"，反复道也。"或跃在渊"，进无咎也。"飞龙在天"，大人造也。"亢龙有悔"，盈不可久也。"用九"，天德不可为首也。

《象传》解读：天的运行用乾来表示，天的运行永无止息，君子效法天的运行，发愤自强，奋斗不息。

初九爻"潜龙勿用"，表示刚健之君子在下面未得施展才能。九二爻"见龙在田"，表示君子得以普遍施展才能，其德业普施于世。九三爻"终日乾乾"，表示君子每日行事不息，今日之终、明日之始，小心谨慎勤勉于事业。九四爻"或跃在渊"，表示君子审其时机而进，没有过失。九五爻"飞龙在天"，表示达到了大人的境界，可以大有作为。上九爻"亢龙有悔"，表示物极必反，过于盈满，超过极限，必定不可能长久。用九"群龙天首"，表示天的德性是不允许为首的。

象传·坤

地势坤，君子以厚德载物。

"履霜坚冰"，阴始凝也，驯致其道，至坚冰也。六二之动，直以方也。"不习，无不利"地道光也。"含章可贞"以时发也。"或从王事"知光大也。"括囊无咎"慎不害也。"黄裳元吉"，文在中也。"龙战于野"，其道穷也。用六"永贞"，以大终也。

《象传》解读：地势柔顺极厚无所不载，君子效法坤德，当以宽厚之德容载万物。

"履霜坚冰"，表示阴气开始凝结成霜，顺从其中的规律，霜就形成了坚冰。六二爻承天而动，象征万物以各自的属性成长是永不改变的。"不习，无不利"，是指地道含育万物而使之发扬光大，万物不需要习，便没有什么不利的。"含章可贞"，表示待时而发挥作用。"或从王事"，表示发扬大地的品德，其才智是光大的。"括囊无咎"，表示谨言慎行就不会有灾害。"黄裳元吉"，表示文采蕴含其中，表现在外。"龙战于野"，是说阴盛至于穷极，必争而伤。"永贞"，意为坤之大地养育万物盛大于终，也指坤卦阴极将要转为阳乾，乾坤之变为大的变化。

象传·屯

云雷，屯。君子以经纶。

虽磐桓，志行正也。以贵下贱，大得民也。六二之难，乘刚也。"十处乃字"反常也。"即鹿无虞"以从禽也。君子舍之，往吝穷也。求而往，明也。"屯其膏"，施未光也。"泣血涟如"，何可长也。

【注释】

经纶：本指治丝之事，后引申为匡济、经营之义。

《象传》解读：屯卦卦体震下坎上，震为雷，坎为水，水在上则为云。云在天上，阴阳二气凝结交密，欲雨而未雨，其卦象二气屯积，故称屯。君子应经纶治世，治世如治丝，要从杂乱中理出头绪，以使事物条分缕析。这样治理天下大事，虽然遇到困境盘旋难进，但志向和行为是正道，这正道就是礼贤下士，以高贵而下接低贱，因而大得民心。"六二之难，乘刚也，"意思是力量薄弱，能力尚小，却乘凌刚者之上，所以陷于"危难"之中。"十年乃字"是反常的现象。"即鹿无虞"，是说追逐一头鹿欲获之，但却无虞人带路。"君子舍之"，表示再追下去就会陷入困境，君子不如暂时舍弃，前往会陷入困境，无路可走。"求而往"，求婚而前往，是明智之举。"屯其膏"，象征在困难条件下即使能施展才干，前途也不会光明远大。"泣血涟如",象征事物不可能长久。

象传·蒙

山下出泉,蒙。君子以果行育德。

"利用刑人",以正法也。"子克家",刚柔接也。"勿用取女",行不顺也。"困蒙"之"吝",独远实也。"童蒙"之"吉",顺以巽也。"利"用"御寇",上下顺也。

《象传》解读:蒙卦卦体坎下艮上,坎为水,艮为山。山下有水即山下出泉,泉者水之源,源水纯而清,喻幼稚蒙童天真无邪,故卦名为"蒙"。山下流出泉水,告诫君子要言必行,行必果,培养自己的品德如水流不止不息。

初六"利用刑人",意思是教化蒙昧幼童,以法正之,即借刑法以教化幼童。九二"子克家",意思是蒙童将来能承家业,因九二阳刚之爻与六五阴柔之爻相应,因此得师之教,成发蒙之功。六三"勿用取女",是说女子行为邪辟不恭顺,这样的女子不可娶。六四"困蒙之吝",是说愚昧的人独处幽居远离贤明之人,得不到贤师的教化。六五"童蒙之吉",意思是说儿童能如和风般顺应师者的教诲是吉祥和顺的。上九"利用御寇",意思是教育蒙童要严厉,但不能像对付盗寇那样严酷,要像防御盗寇那样对蒙童易发生的问题提早预防,防患于未然,这样的教育方式上下和顺。

象传·需

云上于天,需。君子以饮食宴乐。

"需于郊",不犯难行也。"利用恒无咎"未失常也。"需于沙",衍在中也。虽小有言,以终吉也。"需于泥",灾在外也。自我致寇,敬慎不败也。"需于血",顺以听也。"酒食贞吉",以中正也。"不速之客来,敬之终吉",虽不当位,未大失也。

《象传》解读：《需》卦卦体乾下坎上，乾为天，坎为水，水在天上则为云，云降于地为雨，云未降下成雨，只能等待，所以卦名为"需"。君子以饮食养其身体，以宴乐陶冶其精神，待时而后动。

初九"需于郊"不冒险行动，爻辞"利用恒，无咎"，是说行为没有越轨。九二"需于沙"，意思是进到河边的流沙之地，则止步等待，虽然有些小的非议，最终还是吉善的（衍，指水流顺河道而行，这里指流沙）。九三"需于泥"，是说进到泥泞之地，灾难就在自身之外，自己招致盗寇，只有敬畏谨慎，相时而动才不败于寇。六四"需于血"，是说要顺从听命。九五"酒食贞吉"，意思是以酒食自养，守中正之德所以吉祥。上六"不速之客来，敬之终吉"，意思是满足了所需，会有意外事件发生，只有敬而待之，最终是吉祥的，意外之事不会造成大的过失。

象传·讼

天与水违行，讼。君子以作事谋始。

"不永所事"，讼不可长也。虽"小有言"，其辩明也。"不克讼"，归逋窜也。自下讼上，患至掇也。"食旧德"，从上吉也。"复即命，渝"，安贞不失也。"讼，元吉"，以中正也。以讼受服，亦不足敬也。

《象传》解读：讼卦卦体上乾下坎，乾为天，坎为水，天往西转，水向东流，上下违行，象征争讼的情状，所以卦名为"讼"。君子处理事情在开始的时候就应当慎重谋划以防止引起诉讼。

初六"不永所事"，是说讼事不能长时间拖下去，即使有一点小争论，辩明是非适可而止，就会相安无事。九二"不克讼"，意思是不能争讼，应归而逃避，本自理曲，又以下讼上，力量薄弱，如讼则祸患俯拾皆是。六三"食旧德"，是指安分于现有的情状，不妄求、不妄动，顺从上层，不与上争就会吉祥。九四"复即命，渝安贞"，是说改变争讼的态度，反归于不争讼，安分守己不失其吉，因此没有过失。九五"讼，元吉"，讼事得到公正的结果，所以大吉。上九意思是因讼而受到赐以衣服的奖赏也不足以让人敬重。

象传·师

地中有水，"师"。君子以容民畜众。

"师出以律"，失律凶也。"在师中吉"，承天宠也。"王三锡命"，怀万邦也。"师或舆尸"，大无功也。"左次无咎"，未失常也。"长子帅师"，以中行也。"弟子舆尸"，使不当也。"大君有命"，以正功也。"小人勿用"，必乱邦也。

《象传》解读：师卦卦体为坎下坤上，坎为水，坤为地，水潜藏在地下，取之不尽用之不竭，为众聚之象，所以卦名取"师"。君子当像大地容水那样容纳百姓，畜养庶众。

初六"师出以律"，是说出师作战失去军律的约束，必有凶险。九二"在师中吉"，意思是主帅承受君王的宠信，军队因此而吉顺。"王三赐命"，是说得到君王多次嘉奖并委以重任，目的是为了安抚万国诸侯。六三"师或舆尸"，意指打了败仗。六四"左次无咎"，意思是军队没有违背作战规律。六五"长子帅师"，是因为长子行中正之道。"弟子舆尸"，是说用人失误吃了败仗。上六"大君有命"，是说君王为了公正行赏而发布命令。"小人勿用"，重用小人国家必乱。

象传·比

地上有水，比。先王以建万国，亲诸侯。

比之初六，有它吉也。"比之自内"，不自失也。"比之匪人"，不亦伤乎？外比于贤，以从上也。显比之吉，位正中也。舍逆取顺，"失前禽"也。"邑人不诫"，上使中也。"比之无首"，无所终也。

《象传》解读：比卦卦体上为坎，坎为水，下为坤，坤为地，地上的水与地亲密无间，所以卦名为"比"。先王以这种亲民的感情建立各诸侯国，先王与万国诸侯亲密无间。

初六"有它吉"，就是这种亲民、亲邦的感情的感召力所达到的境界。六二"比之自内"，表明内部团结，就不会失去自己的亲人。六三"比之匪人"，依附于行为不正当之人，怎么可能不受到伤害！九五"显比"之吉，意为光明正大的亲比吉祥，是因为行为贞正，去者为逆，来者为顺，舍弃离去者，迎取归顺者，就像打猎，离去的不追，来者收抚之。九五"邑人不诫"，是说上层行使中正之道。上六"比之无首"，意思是说亲比之道无所终，亲比之终则不亲比，亲比到一定程度则由亲比转向离散。

象传·小畜

风行天上，小畜。君子以懿文德。

"复自道"，其义吉也。"牵复"在中，亦不自失也。"夫妻反目"，不能正室也。"有孚惕出"，上合志也。"有孚挛如"，不独富也。"既雨既处"，德积载也。"君子征凶"，有所疑也。

《象传》解读：小畜卦卦体上巽下乾，巽为风，乾为天，构成风行天上的卦象。风拂万物以使万物生长，风行于天上，不急于发挥济物的作用，是在积蓄力量，故卦名为"小畜"。君子以美好去修养文辞和品德。

初九"复自道"，表示能够返回于正道，行为正当而"吉"。九二"牵复"，意思是因上进受到牵制而退回来复归于中位，这也不算是过失。九三"夫妻反目"，表明家室不正。六四"有孚惕出"，因诚信消除惕惧，志合意投。九五"有孚挛如"，是说邻里互助共同富裕。上九"既雨既处"，表示道德水准高而积满厚重。上九"君子征凶"，意思是小畜积满而成，君子不可妄动，动则凶险，对此君子有所疑虑。

象传·履

上天下泽，履。君子以辩上下，定民志。

"素履"之"往"，独行愿也。"幽人贞吉"，中不自乱也。"眇能视"，不足以有明也；"跛能履"，不足以与行也。"咥人"之"凶"，位不当也。"武人为于大君"，志刚也。"愬愬终吉"，志行也。"夬履贞厉"，位正当也。"元吉"在上，大有庆也。

《象传》解读：履卦卦体上乾，乾为天；下兑，兑为泽，构成上天下泽的履卦卦象。君子区分尊卑上下的等级名分，定民志，使人人明白尊卑有序。践履执礼不可逾越。

初九安于行素而往，按自己的志愿，特立独行。九二"幽人贞吉"，表示心中平静，守持中道，不为外界干扰而自乱分寸。六三"眇能视"，说明不可能看得清楚。"跛能履"，说明了不可能走得轻松。"咥人"之"凶"，是说因不明白眇不足以看清东西、跛不可能行走自如的客观实际，所以被咬至凶，导致祸害。"武人为于大君"，是指意志刚强。九四"愬愬终吉"，是指能够戒慎恐惧，最后得吉善的结果，志向在于有所作为。九五"夬履贞厉"，意为位置正当，动机正确，依然会有危险隐患，居上位的君王履礼而大吉，万民则有大的福庆。

象传·泰

天交地，"泰"。后以财成天地之道，辅相天地之宜，以左右民。

"拔茅征吉"，志在外也。"包荒，得尚于中行"，以光大也。"无往不复"，天地际也。"翩翩不富"，皆失实也。"不戒以孚"，中心愿也。"以祉无吉"，中以行愿也。"城复于隍"，其命乱也。

【注释】

后：指君主。　财：通裁，裁制，掌握，驾驭。　辅相：辅助。

《象传》解读：泰卦卦体下乾，乾为天，上坤，坤为地。天本在上，地本在下，现在天来居于下、地往居于上，是以阴阳二气相交，天地阴阳二气相交，万物才能化生而亨通，故卦名为"泰"。君主应效法裁度天地通泰的运行之道、天地化育万物之宜，帮助百姓更好地生存发展。

初九"拔茅征吉"，是说君子的志向在外，是为天下百姓谋福祉，而不是在内为自己谋利益。九二"包荒，得尚于中行"，意思是能配合中行道德的人，他的品德就一定会发扬光大。九三"无往不复"，是说天地的交际，阳降于下，必将复归于上，阴升达于上，必将复归于下，有往就有来，有来就有往，这是常理。六四"翩翩不富"，是说不以富有示人而其实是富有的，所以"不富"是失实的。"不戒以孚"，是说不需要教诫，诚意相合，是处于心中的愿。六五"以祉元吉"，是说行为持中道，合人心，实现了愿望，大吉大利。上六"城复于隍"，是说命令紊乱，导致社会混乱，像城墙塌倒又填到城壕里。

象传·否

天地不交，否。君子以俭德辟难，不可荣以禄。

"拔茅贞吉"志在君也。"大人否，亨"，不乱群也。"包羞"，位不当也。"有命无咎"，志行也。"大人"之"吉"，位正当也。否终则倾，何可长也。

《象传》解读：否卦为上乾，乾为天；下坤，坤为地。天地不相往来，阴阳二气不相交通，所以卦名为"否"。处于否塞之世，君子有才德必遭嫉妒而受害，收敛其才德而不露可以免祸，不使荣华禄位加身才可逃避乱世。

初六"拔茅贞吉"，指有道德的人虽处天地不通的逆境，仍然念念不忘君王朝廷，忠心耿耿于君王。六二"大人否亨"，是说大人处于乱世而不得灾咎，是因为不与小人为伍。六三"包羞"，意思是忍受羞辱，是因为所居位置不当。九四"有命无咎"，君子有施展自己抱负才能的机会。九五"大人"之"吉"，意指大人志向得到行施，能变闭塞为通泰，是因为位置正当，品德中正。上九否终则倾，否极泰来，没有什么可以长久的。

象传·同人

天与火，同人。君子以类族辨物。

出门同人，又谁咎也。"同人于宗"，吝道也。"伏戎于莽"，敌刚也。"三岁不兴"安行也。"乘其墉"，义弗克也。其"吉"则困而反则也。同人之先，以中直也。大师相遇，言相克也。"同人于郊"，志未得也。

《象传》解读：同人卦上乾，乾为天；下离，离为火。天在上，而火性炎上，天与火在不同之处，又有相同之性，由异而求同，才能与人相合同，故卦名为"同人"。君子以同类事物相聚而辨明异同。

初九出门同人，是说出门与志同道合的人在一起，又有谁会给予你灾害。六二"同人于宗"，是说只与宗祖内的人相交往是遭悔恨之道。九三"伏戎于莽"，是因为敌人太强。"三岁不兴"，指平安稳定。九四"乘其墉"，是说虽攻上了城墙，终因道义而罢休停战，其"吉"意为处于困境时复归于正道。九五"同人之先"，是指同人之间坦诚相待。"大师相遇"，意为大军相会，相继取胜。上九"同人于郊"，意为虽取得了阶段性胜利，还未实现"同人于野"的志向。

象传·大有

火在天上，大有。君子以遏恶扬善，顺天休命。

大有初九，无交害也。"大车以载"，积中不败也。"公用亨于天子"，小人害也。"匪其彭，无咎"，明辨晢也。"厥孚交如"，信以发志也。"威如"之"吉"易而无备也，大有上吉，自天佑也。

【注释】

休：美也。

《象传》解读：大有卦卦体上离，离为火；下乾，乾为天。火在天上，万物生长旺盛，故卦名"大有"。君子应铲除邪恶，张扬善良，顺从天道就有善美之命。

初九"无交害"，是说没有财物的交易就没有人为的灾害。九二"大车以载"，意思是大车材质强壮，承载的东西适中不过量，可以走远路不至于败毁，喻承担重任，持守中正之道，则不会失败。九三"公用亨于天子"，是说小人享用于天子，对国有害。九四"匪其彭无咎"，意为大有之时能减损其盛大之势而得无咎，是因为对形势考察辨别得很清楚。六五"厥孚交如"，是说以优良诚实的品德相感于上下，激发众人志向。"威如"之"吉"，是说实行简易原则，宽以待人，对人无所防备。上九有大吉，是因为上天佑助。

象传·谦

地中有山，谦。君子以裒多益寡，称物平施。

"谦谦君子"，卑以自牧也。"鸣谦贞吉"，中心得也。"劳谦君子"，万民服也。"无不利，撝谦"，不违则也。"利用侵伐"，征不服也。"鸣谦"，志未得也。可用行师，征邑国也。

【注释】

裒（póu）：减少。　可用行师：通行本《周易》为"利用行师"。

《象传》解读：谦卦卦体艮下，艮为山；坤上，坤为地。地在上，山在下，是高山平夷于地下，所以称地中有山。山高大而在地中，外在卑下，内蕴崇高，故卦名为"谦"。君子应减少多的，以补充不足的，衡量事物的多少，然后损多益少，使它们趋于平衡。

初六"谦谦君子"，以谦卑来约束自己。六二"鸣谦贞吉"，宣扬谦虚的美德则吉，是因为心怀正道，内心至诚。九三"劳谦君子"，有功劳而谦逊的君子万众尊敬服从。六四"无不利，撝谦"，指谦虚而不违背做人的原则。六五"利用侵伐"，征伐不服之邦。上六"鸣谦"，志向未能实现。"可用行师"，指对那些不能用道德感服而归顺的异国，就用武力去征服他们。

象传·豫

雷出地奋，豫。先王以作乐崇德，殷荐之上帝，以配祖考。

初六"鸣豫"，志穷凶也。"不终日贞吉"，以中正也。"盱豫有悔"，位不当也。"由豫大有得"，志大行也。六五"贞疾"，乘刚也。"恒不死"中未亡也。"冥豫"在上，何可长也。

【注释】

殷：盛也。　荐：进也。　上帝：天帝。

《象传》解读：豫卦卦体上震，震为雷；下坤，坤为地。雷在地上动，故曰雷出地奋，雷奋出于地上使万物受到震动而欢喜，故卦名为"豫"。先王制作音乐增崇其德，用盛大祭祀进献于上帝，并配祭祖先。

初六"鸣豫"，是说自鸣得意，穷极欢乐，必然导致凶险灾难。六二"不终日贞吉"，指有中正之德。六三"盱豫有悔"，是说无所顾忌地追求欢乐导致后悔，是因为行为不中正，位置不当。九四"由豫大有得"，意思是安乐由自身而得，非借助于外力，并能致天下人安乐，其志可大行于天下。六五"贞疾"，柔弱之人被强势所欺，就如疾病在身。"恒不死"指以中道而行，常怀忧患，故未亡。上六"冥豫"，是指居上位，整日娱乐，怎么能长久呢？

象传·随

泽有中雷，随。君子以向晦入宴息。

"官有渝"，从正吉也。"出门交有功"，不失也。"系小子"，弗兼与也。"系丈夫"，志舍下也。"随有获"，其义凶也。"有孚在道"，明功也。"孚于嘉，吉"，位正中也。"拘系之"，上穷也。

《象传》解读：随卦卦体上兑，兑为泽，下震，震为雷。雷震于泽中，泽随震而动，故泽中有雷，卦名为"随"。君子在晦暝之时，当入内卧寝而休息。

初九"官有渝"，是说主人变为随从，即君主随从臣民之意，随从正道就会吉祥。"出门交有功"，以正道与人相交，不会有过失。六二"系小子"，是说依附小人就不会依附丈夫，二者不可兼得。六三"系丈夫"，意为依附丈夫，其志向便舍弃了下层的小子。九四"随有获"，跟随是为了私利，后果是凶险的。"有孚在道"，诚实信守正道，才有明智之功。九五"孚于嘉，吉"，诚信是随从最好的表现，所以吉祥，这是因为位置正当，持中守正。上九"拘系之"，指拘禁捆绑不随从者，是处于困境的表现，其道穷极。

象传·蛊

山下有风，蛊。君子以振民育德。

"干父之蛊"，意承考也。"干母之蛊"，得中道也。"干父之蛊"，终无咎也。"裕父之蛊"，往未得也。"干父用誉"，承以德也。"不事王侯"，志可则也。

《象传》解读：蛊卦卦体上艮，艮为山；下巽，巽为风，故曰："山下有风。"山下有风，风遇山而折回，草木被摧毁，有蛊坏之意，故卦名为"蛊"。君子在处蛊坏之时，拯救民风，培养道德情操。

初六"干父之蛊"，其意在顺承父志。九二"干母之蛊"，是指方法、措施要适中。九三"干父之蛊"，最终没有过失。六四"裕父之蛊"，是指宽裕蛊坏之事，蛊坏得不到整治。六五"干父用誉"，意为以中正之德干事有功，未承父之事，而承袭了父之德。上九"不事王侯"，不为王侯之事所操劳，进退以道，用舍随时，这样的意志可作为法则。

象传·临

泽上有地，临。君子以教思无穷，容保民无疆。

"咸临贞吉"，志行正也。"咸临吉，无不利"，未顺命也。
"甘临"，位不当也。"既忧之"咎不长也。"至临无咎"，位当
也。"大君之宜"，行中之谓也。"敦临之吉"，志在内也。

《象传》解读：临卦卦体下兑，兑为泽；上坤，坤为地。泽上有地，
泽水临于岸地，故卦名为"临"。君子教化民众，思念民众无尽无休，包
容、保护民众没有止境。

初九"咸临贞吉"，志向行其正道。九二"咸临吉，无不利"，没有
遵从天命。这里是对卦辞"至于八月有凶"而言，意思是并未顺从"八
月有凶"。六三"甘临"，是说用甜美的语言统治民众，是处不中不正之
位。爻辞"既忧之"，是说详审形势不可冒时，须待时而后进，过失不会
长久。六四"至临无咎"，意思是至下临民则没有过失，其位正当。六五
"大君之宜"，是因为行中和之道。上六"敦临"之"吉"，是因为君臣念
念不忘民众疾苦，志向均在民众之中。

象传·观

风行地上，观。先王以省方观民设教。

初六"童观"，"小人"道也。"窥观女贞"，亦可丑也。"观
我生进退"，未失道也。"观国之光"，尚宾也。"观我生"，观民
也。"观其生"，志未平也。

《象传》解读：观卦卦体下坤，坤为地；上巽，巽为风。风自天而下
行平地，周及庶物，有游历周览之象，故卦名曰"观"。先王巡狩省察四
方，观视民情，以设政教。

初六"童观"，是说小孩子幼稚的看法。六二"窥观女贞"，是说由
门缝偷看，利于女子守正，然而对男子而言，则是耻辱之事。六三"观我
生进退"，是说观生存之道以决定进退，是不失正道。六四"观国之光"，
是说国有光，来观察的人，君王视为上宾。九五"观我生"，是说通过观
察自我生存状况，就去观察民心向背，民心向己则存，民心背己则亡。上

九"观其生"，是说人君观察民众生存条件如何，心志未敢自安而无忧患。

象传·噬嗑

电雷，噬嗑。先王以明罚敕法。

"屦校灭趾"，不行也。"噬肤灭鼻"，乘刚也。"遇毒"，位不当也。"利艰贞吉"，未光也。"贞厉无咎"，得当也。"何校灭耳"，聪不明也。

《象传》解读：噬嗑卦卦体下震，震为雷；上离，离为火。雷电相合，所以称"电雷，噬嗑"。闪电象征明察，振雷象征声威，先王严明刑罚，公正法律。

初九"履校灭趾"，加刑具于足，意指使其不再行犯罪之事，小惩大戒。六二"噬肤灭鼻"，施以刑罚，刚果决断。六三"遇毒"，刑罚不当，是因为"位"之不当。九四"利艰贞吉，"施以刑罚克服艰难，还未达到光大亨通之时。六五"贞厉无咎"，断案执法严明，守正也会有险，但行为得当，便无咎害。上九"何校灭耳"，劝诫之言听之不信，又何明之？因而造成灭耳之凶。

象传·贲

山下有火，贲。君子以明庶政，无敢折狱。"舍车而徒"，义弗乘也。"贲其须"，与上兴也。"永贞"之"吉"，终莫之陵也。六四，当位疑之。"匪寇婚媾"，终无尤也。六五之"吉"，有喜也。"白贲无咎"，上得志也。

【注释】

陵：同凌，欺凌。

《象传》解读：贲卦卦体离下艮上，离为火为明，艮为山。山下有火有明，山间草木均被照亮，有文饰之义，故卦名为"贲"。君子修治众庶之政，不敢凭主观臆测去折狱定案。修明法度是效法火之光明，判决案件必剥去外饰以求实情。

初九"舍车而徒",恪守道义而不乘非义之车。六二"贲其须",与上面的文饰一块兴起。九三"永贞"之"吉",是说"文饰"太盛,必影响到"质",长期固守本质的东西,不过度追求外表之文饰,终于未被欺凌。六四"贲如皤如,白马翰如",是说对于文饰与尚质关系的处理是否得当有疑惑。"匪寇婚媾",意指最终没有怨尤。六五中的"吉"意指尚质不尚文,有此得吉而有喜。上九"白贲无咎",意思是刚柔相济,文质彬彬所以称"上得志"。

象传·剥

山附于地,剥。上以厚下安宅。"剥床以足",以灭下也。"剥床以辨",未有与也。"剥之无咎",失上下也。"剥床以肤",切近灾也。"以宫人宠",终无尤也。"君子得舆",民所载也。"小人剥庐",终不可用也。

《象传》解读:剥卦卦体坤下艮上,坤为地,艮为山。高山附于地面,有剥落之义,故卦名为"剥"。君上应以宽厚的政策对待下民,这样居于上才得安。

初六"剥床以足",指消灭了下层基础。六二"剥床以辨",没有谁赞同和相助。六三"剥之无咎",与上下不能动作。六四"剥床以肤",很接近于灾祸。六五"以宫人宠",最终无过尤。上九"君子得舆",意为百姓拥护爱戴君子。"小人剥庐",是说小人终不可用。

象传·复

雷在地中,复。先王以至日闭关,商旅不行,后不省方。
"不远之复",以修身也。"休复之吉",以下仁也。"频复之厉",义无咎也。"中行独复",以从道也。"敦复无悔",中以自考也。"迷复之凶",反君道也。

《象传》解读：复卦卦体震下坤上，震为雷，坤为地。雷在地中，阳气上反，故卦名为"复"。先王当冬至之日关闭城门，使商人和行旅之人不得出入而得静养。后为后王，后王在此日也不出去视察四方，意为冬至阳气上升甚微，君王安静以养神。

初九"不远"之"复"，是说行不远而复回，修正其身。六二"休复"之"吉"，美好的返回以下顺仁贤之人。六三"频复"之"厉"，是说不情愿地回复，有危险而没有灾祸。六四"中行独复"，是说忠诚地顺从正道。六五"敦复，无悔"，是说以中正之道考察自己，完善自我。上六"迷复"之"凶"，是因为违背君主的道德规范而面临凶险。

象传·无妄

天下雷行，物与无妄。先王以茂对时育万物。

无妄之往，得志也。"不耕获"，未富也。行人得牛，邑人灾也。"可贞无咎"，固有之也。"无妄之药"，不可试也。"无妄之行"，穷之灾也。

【注释】

茂：勉。　试：用，这里意为用药。

《象传》解读：无妄卦卦体震下乾上，震为雷，乾为天。震雷行于天下，万物闻雷声而苏醒奋起，这一自然规律无任何妄谬，所以卦名称"无妄"。先王以无妄勉励自己，顺应天时，养育万物，泽惠万民。

初九"无妄"之"往"，以诚实无妄之志，按照规则办事，没有不成功得志的。六二"不耕获"，是说春天不耕田播种，也不期望秋天有收获，其志不在于求取富有。六三"行人得牛"，邑人有偷牛之嫌疑而获灾。九四"可贞无咎"，是说牢固遵守无妄规则可以免灾。九五"无妄之疾"，意思是其病无可用药就会自愈。自身中正无妄，有点小毛病是外在的，不必加以矫正就会改变。上九"无妄"之"行"，是说虽无妄，当止不止而行，也会有穷困之灾。

象传·大畜

天在山中，大畜。君子以多识前言往行，以畜其德。

"有厉利已"，不犯灾也。"舆说輹"，中无尤也。"利有攸往"，上合志也。六四"元吉"，有喜也。六五之"吉"，有庆也。"何天之衢"，道大行也。

《象传》解读：大畜卦卦体乾下艮上，乾为天，艮为山。高山之中有空旷的岩洞，俗语谓之"一线天"，天至大，藏畜于一山之中，是其所藏畜者甚大，故卦名为"大畜"。君子多识多闻古贤圣人的言论和行为，以积蓄自己的才能与德行，用以广大其胸襟情怀，达到能容纳天地的境界。

初九"有厉利已"，意为有危险应停止，不能冒灾危而行事。六二"舆说輹"，是说处于中道，行为不失规范，因而没有过夫。九三"利有攸往"，是说同心志合齐步上进。六四的"元吉"，意为大善大喜。六五的"吉"，意思是说上者治国有方，不用严刑以敌民欲，而用制本之方取得不劳民众不伤民心的成绩，则是天下人的福庆。上九"何天之衢"，是说大畜之道大行于天下。

象传·颐

山下有雷，颐。君子以慎言语，节饮食。

"观我朵颐"，亦不足贵也。六二"征凶"，行失类也。"十年勿用"，道大悖也。"颠颐"之"吉"，上施光也。"居贞"之"吉"，顺以从上也。"由颐厉吉"，大有庆也。

《象传》解读：颐卦卦体震下艮上，震为雷，艮为山，是山下有雷。雷震动，声音传得远，遇山而止，一动一止，可以假借为颐口咀嚼之象，故卦名为"颐"。君子养其生修其身，言语谨慎以养品德，节制饮食以养身体。

初九"观我朵颐"，意为本来可贵，因仰观其上以求供养，自贱而不足贵了。六二"征凶"，是说前往必失去同类的帮助。六三"十年勿用"，是说所行之道大大违背义理。六四"颠颐"之"吉"，意为在上礼贤下士，光被天下。六五"居贞"之"吉"，是说顺从于上，以养天下万民。上九"由颐厉吉"，是说顺其自然而养，大有福庆。

象传·大过

泽灭木，大过。君子以独立不惧，遁世无闷。

"藉用白茅"，柔在下也。"老夫女妻"，过以相与也。"栋桡"之"凶"，不可以有辅也。"栋隆"之"吉"，不桡乎下也。"枯杨生华"，何可久也。老妇士夫，亦可丑也。"过涉之凶"，不可咎也。

《象传》解读：大过卦卦体巽下兑上，兑为泽；巽为木，为舟。舟在水下，是泽水浸没巽舟，过越了正常之理，故卦名为"大过"。君子以独立而不畏惧，制止超越正常之道的事情发生，亦可退隐自守而不忧闷。

初六"藉用白茅"，是说柔弱处下事上，需十分谨慎。九二"老夫女妻"，是说虽然老夫得少妻，年龄相差很多，不合于常规，但相处得很好。九三"栋桡"之"凶"，是说过于刚强，没有人亲近辅助。九四"栋隆"之"吉"，意为栋梁不能向下弯曲。九五"枯杨生华"，怎么能长久呢？老妇士夫虽无过失，却也不光彩。上六"过涉"之"凶"，是说涉水过河，随时有灭顶之凶险，也可能有灾咎。

象传·坎

水洊至，习坎。君子以常德行，习教事。

"习坎入坎"，失道凶也。"求小得"，未出中也。"来之坎坎"，终无功也。"樽酒簋贰"，刚柔际也。"坎不盈"，中未大也。上六失道，凶三岁也。

《象传》解读：坎卦卦体坎下坎上，坎为水，两坎相重，险水相继而来，故卦名为"坎"。君子德行有常而不移，政教之事反复施之而不停。

初六"习坎入坎"，失正道而有凶。九二"求小得"，意为虽小的进展，但未走出困境。六三"来之坎坎"，是说虽劳其心竭其力终无出险之功效。六四"樽酒簋贰"，是说处危险之时，刚强意志在内，柔弱关怀在外，两者相交际，出险有望。九五"坎不盈"，意为处险难之中，未能光大而出险。上六爻辞的意思是因失正道，凶事影响多年。

象传·离

明两作，离。大人以继明照于四方。

"履错"之"敬"，以辟咎也。"黄离元吉"，得中道也。"日昃之离"，何可久也？"突如其来如"，无所容也。六五之吉，离王公也。"王用出征"，以正邦也。

《象传》解读：离卦卦体离上离下，离为日，为明，两离相重，即太阳今天降落明天又升起，故称明两作，卦名为"离"。大德大才之人以其明而又明之德，不断地去照临天下四方。

初九"履错之敬"，意为做事恭敬谨慎以避灾害。六二"黄离元吉"，是因为守持中正之道。九三"日昃之离"，意为日将落怎么能长久呢？九四"突如其来如"，意思是事物瞬间毁灭，来得突然，是无所依附，互不相容。六五的"吉"，是因为丽附于王公。上九"王用出征"，是为了消灭公害，以正邦国。

象传（下）

象传·咸

山上有泽，咸。君子以虚受人。

"咸其拇"，志在外也。虽"凶居吉"，顺不害也。"咸其股"，亦不处也，志在随人，所执下也。"贞吉悔亡"，未感害也。"憧憧往来"，未光大也。"咸其脢"，志末也。"咸其辅颊舌"，滕口说也。

《象传》解读：咸卦卦体艮下兑上，艮为山，兑为泽。山上有泽，泽居于山之上，泽水滋润在下之山，山泽交感，故卦名为"咸"，咸即"感"。君子当以谦虚之心接纳众人。

初六"咸其拇"，表示其志向在外。六二"凶居吉"，是说顺从感应之道不会有害。九三"咸其股"，是说顺从而动，意在随人处下。九四"贞吉悔亡"，是说没有因为相互感应不成造成伤害的。"憧憧往来"，是说交感刚开始，还不深入，还未到发扬光大之时。九五"咸其脢"，是说志向将要达成。上六"咸其辅颊舌"，意为相感到最佳状态，滔滔不绝相诉衷肠。

象传·恒

雷风，恒。君子以立不易方。

"浚恒"之"凶"，始求深也。九二"悔亡"，能久中也。"不恒其德"，无所容也。久非其位，安得禽也？"妇人贞吉"，从一而终也。夫子制义，从妇凶也。"振恒"在上，大无功也。

《象传》解读：恒卦卦体巽下震上，震为雷，巽为风，雷风相激是恒久不变的，故卦名曰"恒"。君子独立不惧，操守如一而不改变自己的志向。

初六"浚恒"之"凶"，意为开始就对恒久求得深，要求过高，欲速则不达，所以"凶"。九二"悔亡"，因为久行中和之道，虽有悔，也能消除。九三"不恒其德"，意为不能持久地持守德性，就会无地自容，长久地不尽其位尽其责，怎么会有收获呢？九四阳爻在阴位，因长久非其位，不会有所收获。六五"妇人贞吉"，是说妇人从一而终是美德，是夫子制定的礼俗，而一味盲目地顺从，妇人就会有凶险。上六"震恒"在上，持久地震动不安，不可能取得成功。

象传·遁

天下有山，遁。君子以远小人，不恶而严。

"遁尾"之"厉"，不往何灾也。"执用黄牛"，固志也。"系遁"之"厉"，有疾惫也。"畜臣妾吉"，不可大事也。君子好遁，小人否也。"嘉遁贞吉"，以正志也。"肥遁无不利"，无所疑也。

《象传》解读：遁卦卦体艮下乾上，艮为山，乾为天，天下有山。地上之物，以山为最高，山有进逼于天之势，天高且远不受其逼，有退避之意，故卦名为"遁"。君子远小人如天之远山，是自然而疏远，并不是憎恶与严厉。

初六"遁尾"之"厉"，是说危厉是一心想上往而招致的，若是安静自守不会有灾害。六二"执用黄牛"，意为意志坚定。九三"系遁"之"厉"，是说有牵连而不肯退避，被搞得疲惫不堪。"畜臣妾吉"，是说远近亲疏要掌握分寸，否则不可成就大事。九四意为放弃所好，断然遁去，君子做到了则吉，小人做不到则否。九五"嘉遁贞吉"，意为用中正原则坚定自己的意志。上九"肥遁无不利"，是说退避之后宽裕自得，无牵挂、无障碍，没有什么疑惧的。

象传·大壮

雷在天上，大壮。君子以非礼弗履。

"壮于趾"，其孚穷也。九二"贞吉"，以中也。"小人用壮"，君子用罔也。"藩决不羸"，尚往也。"丧羊于易"，位不当也。"不能退，不能遂"，不详也。"艰则吉"，咎不长也。

《象传》解读：大壮卦卦体乾下震上，震为雷，乾为天。雷在天上震动，阳气强壮，故卦名曰"大壮"。高亢容易不执礼，君子谦卑就下，非礼不行，这样才能保持其强壮。

初九"壮于趾"，象征居下位而用刚强则必定信用丧失，陷入穷困。九二"贞吉"，是因为以中正之道行事。九三"小人用壮"，是说小人诉诸武力，君子则不用武力。九四"藩决不羸"，象征进取往上不已。六五"丧羊于易"，意指不应到那个位置去。上六"不能退，不能遂"，指此行为不吉祥。"艰则吉"，意思是将转危为安，灾害不会长久。

象传·晋

明出地上，"晋"。君子以自昭明德。

"晋如摧如"，独行正也。"裕无咎"，未受命也。"受兹介福"，以中正也。"众允"之志上行也。"鼫鼠贞厉"，位不当也。"失得勿恤"，往有庆也。"维用伐邑"，道未光也。

《象传》解读：晋卦卦体坤下离上，坤为地，离为明。光明的太阳从地面徐徐上升，故卦名为"晋"。"晋"，上升之意。太阳自升，是自然明亮的，君子自己昭明固有的德性。

初六"晋如摧如"，是指特立独行而不违背正道。"裕无咎"，是说没有受到君命，宽裕处之没有过错。六二"受兹介福"，是因为行中正之道。六三"众允"之志，是说众人认同其志向，跟从于大明君主。九四"鼫鼠贞厉"，是因为其位不当，德不配位。九五"失得勿恤"，意为不要患得患失，前往则有福庆。上九"维用伐邑"，意思是过于刚强而沾沾自喜，虽然有功，但其道义未能光大。

象传·明夷

明入地中，明夷。君子以莅众，用晦而明。

"君子于行"，义不食也。六二之"吉"，顺以则也。"南狩"之志，乃大得也。"入于左腹"，获心意也。"箕子"之贞，明不可息也。"初登于天"，照四国也。"后入于地"，失则也。

《象传》解读：明夷卦体离下坤上，离为明，坤为地。太阳落于地中，阳光被灭掉变为黑暗，故卦名为"明夷"。君子当莅临大众，不过分使用自己的"明"而去明察秋毫，而是适当用晦掩其明，这样做反而使自己的美德更加光明。

初九"君子于行"，意思是君子在昏暗不明的社会环境中，不愿与邪恶势力同流合污，不食不义的俸禄。六二之"吉"，是因为顺中正之道，遵守法则。九三"南狩"之志，谓大得其除害之志。六四"入于左腹"，喻深入晦暗社会深处，获取事实真相。六五"箕子"之贞，是说箕子守正，光明不可熄灭。上六"初登于天"，意为地位显赫，光照四方众国。"后入于地"，则因丧失了光明法则，一败涂地。

象传·家人

风自火出，家人。君子以言有物而行有恒。

"闲有家"志未变也。六二之"吉"顺以巽也。"家人嗃嗃"，未失也。"妇子嘻嘻"，失家节也。"富家大吉"顺在位也。

"王假有家"交相爱也。"威如"之"吉"，反身之谓也。

《象传》解读：家人卦体离下巽上，离为火，巽为风。风愈大，火愈烈，风因火而显现出能量，所以说风自火出，只要看到烟筒冒烟，就断定这是一家人在生火做饭，故卦名为"家人"。君子说话有事实根据，行动则恒守其德。

初九"闲有家"，是说家人有好的家风，习性没发生变化时，就对不良意识的侵蚀采取防范措施。六二的"吉"，是因为具有顺从而谦逊的品德。九三"家人嗃嗃"，是说如此家人才不会有过失。"妇子嘻嘻"，则失去家人的家道礼节和原则。六四"富家大吉"，是说家庭富裕是大的吉利，这是因为家庭和顺，家庭成员各定其位，各尽其责。九五"王假有家"，说明家人相互亲爱和睦。上九"威如"之"吉"，是反躬自身、严以律己的结果。

象传·睽

上火下泽，睽。君子以同而异。

"见恶人"，以辟咎也。"遇主于巷"，未失道也。"见舆曳"，位不当也。"无初有终"遇刚也。"交孚无咎"，志行也。"厥宗噬肤"，往有庆也。"遇雨"之"吉"，群疑亡也。

《象传》解读：睽卦兑下离上，离为火，兑为泽。火性炎上，泽水润下，两相乖离，故卦名为"睽"。睽是背离、不合、离散之意。君子由大同中而辨其小异。

初九"见恶人"，是说见恶人及时避开，就等于避开了灾祸。九二"遇主于巷"，是说在小巷中遇到过去的主人，以礼相待，没有失去道德礼仪和原则。六三"见舆曳"，是说处于困境，因位置不当。"无初有终"，是说遇到有力的帮助，最终有成。九四"交孚无咎"，是说同心协力，其志向得以施行。六五"厥宗噬肤"，意思是与族人亲和，前往有福庆。上九"遇雨"之"吉"，意为所有的疑问和疑惑全消失了。

象传·蹇

山上有水，蹇。君子以反身修德。

"往蹇来誉"，宜待也。"王臣蹇蹇"，终无尤也。"往蹇来反"，内喜之也。"往蹇来连"，当位实也。"大蹇朋来"，以中节也。"往蹇来硕"，志在内也。"利见大人"，以从贵也。

《象传》解读：蹇卦艮下坎上，艮为山，坎为水。山上有水，水在山上，因山峦起伏坎坷不平，流水受阻，故卦名曰"蹇"。蹇为艰难之意。君子遭遇险阻必反求诸己，通过自我反省，加强自我德性修养。

初六"往蹇来誉"，意为等待时机而后前行。六二"王臣蹇蹇"，意思是事情虽然不顺利，最终也没有什么怨尤。九三"往蹇来反"，指前往险处而返回，大家从内心喜欢。六四"往蹇来连"，是说前往有险难，返回也有艰险。有德性有实力的人来接济，共渡难关。九五"大蹇朋来"，意为遇大难，朋友来相助，是因为得中道而有节操。上六"往蹇来硕"，是指往险境建功返回，是因为心怀大志。"利见大人"，意思是依从尊贵之大人。

象传·解

雷雨作，"解"。君子以赦过宥罪。

刚柔之际，义无咎也。九二"贞吉"，得中道也。"负且乘"，亦可丑也。自我致戎，又谁咎也。"解而拇"，未当位也。"君子有解"，小人退也。"公用射隼"，以解悖也。

【注释】

赦：赦免。　过：过失。　宥：宽宥。

《象传》解读：解卦震上坎下，震为雷，坎为水为雨。雷雨大作，阴阳二气由郁结难分，转而缓解散开，形成雷雨，故卦名为"解"。解是缓解、散开之意。君子当赦免过失者，宽宥有罪者，去施恩行仁。阳刚之严厉与柔和之宽松相结合，从道义上讲不会有咎错。九二"贞吉"，是因为施行中正之道。六三"负且乘"，是说行为本身很丑恶，自己招来祸害，怎么能怪罪别人呢？九四"解而拇"，是说位置不当，不具备解除困境的能力。六五"君子有解"，是说小人退却了，君子之道行。上六"公用射隼"，意为反叛平息，险难全解，天下平矣。

象传·损

山下有泽，损。君子以惩忿窒欲。

"已事遄往"，尚合志也。九二"利贞"，中以为志也。"一人行"，三则疑也。"损其疾"，亦可喜也。六五"元吉"，自上佑也。"弗损益之"，大得志也。

【注释】

惩：止。　忿：忿怒。　窒：塞。

《象传》解读：损卦兑下艮上，兑为泽，艮为山。山下有泽，泽水侵蚀山根会使山削落，山塞于泽内会使泽水容易变少，故卦名为"损"。君子修身远祸，要减损有损德性的东西，损其所当损，所以止戒其忿怒，窒塞其贪欲。

初九"已事遄往"，是说过去有所损，是因为与人志同道合。九二"利贞"，是因为守持中道，志向为善。六三"一人行"，意思是行走宜二人行，三人行则其间多疑形成矛盾。喻损有余、益不足或者阴阳合而为一，多则不宜的道理。六四"损其疾"，是说减轻了疾病是可喜的。六五"元吉"，是因为上天保佑。上九"弗损益之"，是说居上不损下，反而益于下，君子大益于天下的理想得以实现。

象传·益

风雷，益。君子以见善则迁，有过则改。

"元吉无咎"，下不厚事也。"或益之"，自外来也。"益用凶事"，固有之也。"告公从"，以益志也。"有孚惠心"，勿问之矣。"惠我德"，大得志也。"莫益之"，偏辞也。"或击之"，自外来也。

《象传》解读：益卦震下巽上，震为雷，巽为风。风烈则雷迅，雷激则风速，二者互相增益其势，故卦名曰"益"。君子见善行则迁而就之，虚心学习，自己有过失就立即改正，这样在道德修养上就会有所增益。

初九"元吉无咎"，意为有了增益，因能力、地位低下，不宜做大事。六二"或益之"，意为增益是由外部而来。六三"益用凶事"，是说把增益用于拯救凶事，才能牢固地保持自己的利益。六四"告公从"，是说顺从王公，以增益其志。九五"有孚惠心"，意思是用真诚的心施惠于民，损己之有余，勿需多问，就知道是大吉大顺的。"惠我德"，是说君王的愿望得以实现。上九"莫益之"，意为偏见之辞。"或击之"，是自外部来的打击。

象传·夬

泽上于天，"夬"。君子以施禄及下，居德则忌。

"不胜而往"，咎也。"有戎勿恤"，得中道也。"君子夬夬"，终无咎也。"其行次且"，位不当也。"闻言不信"，聪不明也。"中行无咎"，中未光也。"无号之凶"，终不可长也。

《象传》解读：夬卦乾下兑上，乾为天，兑为泽，故言泽上于天，泽水上于天有溃决之象，故卦名为"夬"。君子施其禄泽于下民，积德常存畏忌之心，以防满招损。

初九"不胜而往"，明知不胜而前往则有灾咎。九二"有戎勿恤"，是因为得到中正之道。九三"君子夬夬"，最终没有什么灾祸。九四"其行次且"，是因为所处位置不当。"闻言不信"，是说耳朵听得到，眼睛看不清。九五"中行无咎"，是说中正之道尚未光大。上六"无号"之"凶"，其势不可长久。

象传·姤

天下有风，"姤"。后以施命诰四方。

"系于金柅"，柔道牵也。"包有鱼"，义不及宾也。"其行次且"，行未牵也。"无鱼之凶"，远民也。九五"含章"，中正也。"有陨自天"，志不舍命也。"姤其角"，上穷吝也。

《象传》解读：姤卦巽下乾上，巽为风，乾为天。天下有风，风行天下，万物无不与之相遇，故卦名为"姤"。姤为相遇。君王发布命令告于四方万民，通过实施命令与万民相应相遇。

初六"系于金柅"，意思是当止则止，是因为柔弱力薄硬是前往必遭凶险。九二"包有鱼"，是说不可利于他人，喻相遇专一不二。九三"其行次且"，意为行动未受牵制。九四"无鱼"之"凶"，意指远离民众造成国之困顿有险。九五"含章"，是因为中正。"有陨自天"，有可喜的事自天而降，是因为志向从不违背天命。上九"姤其角"，意为进而无遇，不与物牵，孤独悔恨至极。

象传·萃

泽上于地，萃。君子以除戎器，戒不虞。

"乃乱乃萃"，其志乱也。"引吉无咎"，中未变也。"往无咎"，上巽也。"大吉无咎"，位不当也。"萃有位"，志未光也。"赍咨涕洟"，未安上也。

【注释】

除：修治。　戎器：兵器。　虞：臆度，料想。

《象传》解读：萃卦兑上坤下，兑为泽，坤为地。泽水居于地面之上，则水聚集，故卦名为"萃"。萃的意思是聚合、聚集、聚拢。君子修理武器，修治军事，以防备发生意外的事。

初六"乃乱乃萃"，是说其心志错乱。六二"引吉无咎"，是说有中正之德，不为惑乱所改变。六三"往无咎"，前往无咎错，是因为顺从于上。九四"大吉无咎"，是说大吉应无咎，因位置不当，大吉之中也可能有咎。九五"萃有位"，是说虽有聚合民众之位，而聚合臣民的志向未能弘扬光大。上六"赍咨涕洟"，意思是说失去民心，没有追随者，自省而悲泣，未安居于上位。

象传·升

地中生木，升。君子以顺德，积小以高大。

"允升大吉"，上合志也。九二之"孚"，有喜也。"升虚邑"，无所疑也。"王用享于岐山"，顺事也。"贞吉升阶"，大得志也。"冥升"在上，消不富也。

《象传》解读：升卦巽下坤上，坤为地，巽为木。树苗从地中生出，渐渐长成高大的树木，所以卦名为"升"。君子顺修其德，积小成多，积微成著。

初六"允升大吉"，与上志同。九二的"孚"，会有喜事。九三"升虚邑"，意为进入空虚的邑中，没有疑惑，没有障碍。六四"王用享于岐山"，是说行事顺于道义，顺于时事。六五"贞吉升阶"，意思是依靠贤才而上升，便可以使天下大治，实现君主的心愿。上六"冥升"在上，意思是上升是因为不停息地修身正德，如果消减德性休养，则德性不再富有，而趋贫脊。

象传·困

泽无水，困。君子以致命遂志。

"入于幽谷"，幽不明也。"困于酒食"，中有庆也。"据于蒺藜"，乘刚也。"入于其宫，不见其妻"，不祥也。"来徐徐"，志在下也。虽不当位，有与也。"劓刖"，志未得也。"乃徐有说"，以中直也。"利用祭祀"，受福也。"困于葛藟"，未当也。"动悔有悔"，吉行也。

《象传》解读：困卦坎下兑上，兑为泽，坎为水。水渗入泽底而泽干涸，所以称泽无水。泽无水则困，故卦名为"困"。君子知其天命难违，而不强求，处困境坚守其志。

初六"入于幽谷"，昏暗而陷于幽深之地，喻因昏昧不明陷入困境。九二"困于酒食"，意思是困境行中正之道，必能致有福庆。六三"据于蒺藜"，是说柔弱乘凌刚强，处于极困。"入于其宫，不见其妻"，表示极为不祥。九四"来徐徐"，是说慢慢从下位来与上位者共同济困，虽不在重要位置，但能给予一定助力。九五"劓刖"，表示处于困境还未达到得志的时候。"乃徐有说"，慢慢脱困，因为有中正之道。"利用祭祀"，是说利用祭祀能够循天时而不妄动，所以会有其福。上六"困于葛藟"，其位不当所致。"动悔有悔"是说动则有悔，知悔纠错，努力向前，走出困境方可吉祥。

象传·井

木上有水，井。君子以劳民劝相。

"井泥不食"，下也。"旧井无禽"，时舍也。"井谷射鲋"，无与也。"井渫不食"，行恻也。求"王明"，受福也。"井甃无咎"修井也。"寒泉"之"食"，中正也。"元吉"在上，大成也。

《象传》解读：井卦巽下坎上，巽为风为木，坎为水。木为提水工具，坎在上有提水上出之义，故卦名曰"井"。君子劝勉百姓勤劳互助，以达到各得其养。

初六"井泥不食"，意思是居于井底的泥水不干净，不能食用。"旧井无禽"，意为井底泥水不净，不仅人不能使用，禽亦不往，井被舍弃。九二"井谷射鲋"，意为井无益于人。九三"井渫不食"，是说井修好无人使用，行人都感到忧伤。求"王明"，是说求得君王圣明，百姓便有福庆了。六四"井甃无咎",意思是对井进行修理整治,没有害处。九五"寒泉之食",是说甘洌井水被食用,象征走中正之道。上六"元吉"在上,大功告成。

象传·革

泽中有火,革。君子以治历明时。

"巩用黄牛",不可以有为也。"已日革之",行有嘉也。"革言三就",又何之矣?"改命"之"吉",信志也。"大人虎变",其文炳也。"君子豹变",其文蔚也;"小人革面",顺以从君也。

《象传》解读:革卦兑上离下,兑为泽,离为火。泽中有火,泽由有水变为无水,又由无水变为长草以至焚烧有火。这是一系列变化所致,所以卦名为"革"。君子在社会大变革之后修治历法,辨明时势。

初九"巩用黄牛",意为不可有所作为。六二"已日革之",是说行动就会有好的结果。九三"革言三就",意思是还有什么可说的呢?九四"改命"之"吉",是说变革以诚信为本,顺乎天而应乎人必然得吉。诚信和意志是变革的关键。九五"大人虎变",意为变革已经成功,变革内容事理简明,如虎文之炳然也。上六"君子豹变",意思是君子通过变革,受其感化自新其德,如豹子换毛,虽不显著,也隐约可见。"小人革面",是说改革已成,虽小人也顺从君王的新政。

象传·鼎

木上有火,鼎。君子以正位凝命。

"鼎颠趾",未悖也。"利出否",以从贵也。"鼎有实",慎所之也。"我仇有疾",终无尤也。"鼎耳革",失其义也。"覆公餗",信如何也。"鼎黄耳",中以为实也。"玉铉"在上,刚柔节也。

【注释】

凝：定，巩固。

《象传》解读：鼎卦巽下离上，巽为风为木，离为火。木上有火，火在烧鼎，鼎发挥煮物的作用，故卦名为"鼎"。君子端正居其所当居之正位，巩固其所秉受的天命。

初六"鼎颠趾"，意思是鼎身颠覆足朝天，是为了去掉不洁之物，所以不违背常理。"利出否"，是说去故纳新，舍恶取善，舍贱而从贵。九二"鼎有实"，意思是鼎中有实物，于国指国有实力，于人指有真才实学，选择去向要审慎。"我仇有疾"，意为因我国力强，仇敌不敢侵扰于我，我自无忧虑。九三"鼎耳革"，是说鼎耳脱落，鼎无法移动，煮的食物吃不到，鼎就失去煮食的意义了。九四"覆公𫗧"，是说食物倾覆于地，怎么能使人信任你呢？六五"鼎黄耳"，是说因守持中道，国力充实。上九"玉铉"在上，其意为国事顺利，原因是治理国事刚柔相宜。

象传·震

洊雷，震。君子以恐惧修省。

"震来虩虩"，恐致福也。"笑言哑哑"，后有则也。"震来厉"，乘刚也。"震苏苏"，位不当也。"震遂泥"，未光也。"震往来厉"，危行也。其事在中，大无丧也。"震索索"，中未得也。虽凶无咎，畏邻戒也。

《象传》解读：震卦震上震下，二雷相重，一雷将尽一雷又至，故卦名为"震"。君子以敬畏之心修善进德，审视自我，省过改正。

初九"震来虩虩"，意为常怀恐惧之心的人便能得到福祥。"笑言哑哑"，是说因恐惧而谨慎之后有法则可依循。六二"震来厉"，是说要往高处躲避，向刚强者靠近。六三"震苏苏"，是说雷声震动，使人恐惧不安，是因为所处位置不当。九四"震遂泥"，是说因失位道德未有光大。六五"震往来厉"，是说处在危险之中行动，虽然危险，但因守持中正之道，也不会有大的损失。上六"震索索"，是说震雷一来就吓得缩成一团，原因是未得处震的中正之道，处震知戒慎行，所以虽凶险但无咎灾，见到相邻有震而自己知道戒惧，也不会有灾咎。

象传·艮

兼山，艮。君子以思不出其位。

"艮其趾"，未失正也。"不拯其随"，未退听也。"艮其限"，危薰心也。"艮其身"，止诸躬也。"艮其辅"，以中正也。"敦艮"之"吉"，以厚终也。

《象传》解读：艮卦上艮下艮，艮为山。兼山，即两山相重，山上有山，不得通过，有"止"意，故卦名为"艮"。君子尽心于自己的职位而不想入非非，做超越自己职位的事。

初六"艮其趾"，喻没有失去正道。六二"不拯其随"，意为不能纠正应该服从的人的过错，又不甘于退而听从其命。九三"艮有限"，意为危险在前，心急如焚。六四"艮其身"，意为静止自身，不为躁动。六五"艮其辅"，是说抑止其口不妄语，是因为守持中正之道。上九"敦艮"之"吉"，是说自始至终都忠厚诚信，所以吉祥。

象传·渐

山上有木，渐。君子以居贤德善俗。

"小子之厉"，义无咎也。"饮食衍衍"，不素饱也。"夫征不复"，离群丑也。"妇孕不育"，失其道也。"利用御寇"，顺相保也。"或得其桷"，顺以巽也。"终莫之胜吉"，得所愿也。"其羽可用为仪吉"，不可乱也。

《象传》解读：渐卦艮下巽上，艮为山，巽为风为木，山上有木。山上树木虽天天在生长，人们却难以觉察，故有渐进之义，所以卦名为

"渐"。君子积自己的贤德以感人从善，逐渐移风易俗。

初六"小子之厉"，是说行动正当，做事仁义就能免灾。六二"饮食衎衎"，意思是从容涵养，待机而进，不仅仅是为了填饱肚子。九三"夫征不复"，是说失去渐进的原则，纵欲失正，离开群类是丑恶的事情。"妇孕不育"，意为迷失了正道。"利用御寇"，是说顺以正道，以防邪恶侵害，相互保护。六四"或得其桷"，是说求平安之道，需柔顺而谦逊。九五"终莫之胜吉"，意为各得心愿，诸事吉祥。上九"其羽可用为仪吉"，意为前进应该渐进而有秩序，不可以紊乱无序。

象传·归妹

泽上有雷，归妹。君子以永终如敝。

"归妹以娣"，以恒也。"跛能履吉"，相承也。"利幽人之贞"，未变常也。"归妹以须"，位未当也。"愆期"之志，有待而行也。"帝乙归妹"，"不如其娣之袂良"也，其位在中，以贵行也。上六无实，承虚筐也。

《象传》解读：归妹卦兑下震上，兑为泽为少女，震为雷，为长男。泽上有雷，雷震于泽上，泽水随之而动；长男动情，少女悦顺从男，故卦名为"归妹"。归妹卦讲的是少女出嫁。男婚女嫁为承前代之所终，续后代之所始，因此君子认为婚嫁之始就应虑其终，知其是否有弊端，或懂得如何克服这中间的弊端，以便能使婚姻善始善终。

初九"归妹以娣"，乃诸侯婚嫁的常理。"跛能履吉"，是说地位低下，以妻妾之道顺助其嫡，奉承其夫则吉。九二"利幽人之贞"，意为没有改变常规。六三"归妹以须"，表示其位不当。九四"愆期"的志向，是要等待选择一个好丈夫才肯出嫁。六五"帝乙归妹"，"不如其娣之袂良"，是说有中正之美德，以尊贵之体而行勤俭谦逊之道。上六"无实"，是说接受的是一个空的筐子，喻男女感情无实，婚姻无终。

象传·丰

雷电皆至，丰。君子以折狱致刑。

"虽旬无咎"，过旬灾也。"有孚发若"，信以发志也。"丰其沛"，不可大事也。"折其右肱"，终不可用也。"丰其蔀"，位不当也。"日中见斗"，幽不明也。"遇其夷主"，吉行也。六五之"吉"，有庆也。"丰其屋"，天际翔也。"窥其户，阒其无人"，自藏也。

《象传》解读：丰卦离下震上，离为明为火，震为雷为动。雷霆闪电一并而至，其势盛大，故卦名曰"丰"。丰，盛大。君子决断狱讼，动用刑罚，断案必明察似电，执法用刑有声威如雷。

初九"虽旬无咎"，意思是不过中则无咎，过中则灾降其身。六二"有孚发若"，是说以诚信的态度去感召其他人的心志。九三"丰其沛"，是说不可以做大事。"折其右肱"，意为终究不可大用。九四"丰其蔀"，是说日全食是因位置不当，还未结束。"日中见斗"，是说黑暗尚未退去。"遇其夷主"，是说黑暗遇到了消除自己的光明，光明前行吉利。六五之"吉"，意为光明复来社会有福庆，君子有美誉。上六"丰其屋"，意为高飞于天上。"窥其户阒其无人"，意为盲目自高自大难以盛大，最终自我封闭。

象传·旅

山上有火，旅。君子以明慎用刑而不留狱。

"旅琐琐"，志穷灾也。"得童仆贞"，终无尤也。"旅焚其次"，亦以伤矣。以旅与下，其义丧也。"旅于处"，未得位也。"得其资斧"，心未快也。"终以誉命"，上逮也。以旅在上，其义焚也。"丧牛于易"，终莫之闻也。

《象传》解读：旅卦离上艮下，离为火，艮为山。山上有火，山火都是一烧而过，不可能滞留于一处太久，故卦名为"旅"。君子明察秋毫谨慎用刑，并且不停滞拖延案件。

初六"旅琐琐"，意为身穷志短，丧失意志，自取灾咎。六二"得童仆贞"，终无忧虑。九三"旅焚其次"，意思是旅途中受到损失和伤害，而又自高待下，其"义"已丧。九四"旅于处"，意为没有属于自己的住处。"得其资斧"，心中不愉快。六五"终以誉命"，意为最终得到荣誉与爵命，上及于尊位。上九在最上一爻，其意为理想被焚烧破灭。"丧牛于易"，意思是说丧失了牛，意味着有凶险，又有谁来相恤以问呢？

象传·巽

随风，巽。君子以申命行事。

"进退"，志疑也。"利武人之贞"，志治也。"纷若"之"吉"，得中也。"频巽"之"吝"，志穷也。"田获三品"有功也。九五之"吉"，位正中也。"巽在床下"，上穷也。"丧其资斧"，正乎凶也。

《象传》解读：巽卦巽上巽下，巽为风，两巽相重是风与风相继吹拂，无孔不入，故卦名曰"巽"。巽是顺从而入的意思。君子要顺从国君所申明的命令去行事，不可乱为。

初六"进退"，是说或进或退不知所措，心中疑惑，不能自决。"利武人之贞"，意为像武人那样刚勇果断，则可顺命而进。九二"纷若"之"吉"，是因为行为端正，守持中道。九三"频巽"之"吝"，意为勉强顺从，心志衰退。六四"田获三品"，是说顺命行事而有功。九五之"吉"，是因为居于至尊中正之位。上九"巽在床下"，意为顺从过分，意志颓废。"丧其资斧"，意为把刚强的资质全部丧失掉了，这不正是"凶险"的吗？

象传·兑

丽泽，兑。君子以朋友讲习。

"和兑"之"吉",行未疑也。"孚兑"之"吉",信志也。"来兑"之"凶",位不当也。九四之"喜",有庆也。"孚于剥",位正当也。上六"引兑",未光也。

《象传》解读:兑卦上兑下兑,是两兑相附丽。兑为泽,所以把两兑附丽称为丽泽。丽泽美好,美好则快乐,故卦名为"兑"。兑是快乐、喜悦的意思。君子同朋友相聚讲道习礼,互有补益。

初九"和兑之吉",是说和悦相处心无疑虑。九二"孚兑之吉",是说以诚信相处,互相友爱,就会吉祥。六三"来兑之凶",是说前来谋取愉悦有凶险,是因为定位不当,目的不端。九四之"喜",意为有福庆。九五"孚于剥",是说处正当尊位,若相信那些侵蚀正义的小人是危险的。上六"引兑",是说被引诱而喜悦,喜悦则不会有光亮。

象传·涣

风行水上,涣。先王以享于帝,立庙。

初六之"吉",顺也。"涣奔其机",得愿也。"涣其躬",志在外也。"涣其群元吉",光大也。"王居无咎",正位也。"涣其血",远害也。

《象传》解读:涣卦坎下巽上,坎为水,巽为风。风吹行于水上,冻解冰释,故卦名为"涣"。涣是离散、冲散、荡涤的意思。先王为救天下之涣散祭祀上帝,并立宗庙祭先祖,以聚合天下人心。

初六之"吉",在于柔顺。九二"涣奔其机",意为得到相聚不散的心愿。六三"涣其躬",是说立志去救济别人。六四"涣其群元吉",光明正大之举。九五"王居无咎",意为王处于正位。上九"涣其血",是说灾害已经远去。

象传·节

泽上有水,节。君子以制数度,议德行。

"不出户庭"，知通塞也。"不出门庭凶"，失时极也。"不节"之"嗟"，又谁咎也。"安节"之"亨"，承上道也。"甘节"之"吉"，居位中也。"苦节贞凶"，其道穷也。

《象传》解读：节卦兑下坎上，兑为泽，坎为水。泽容水有限度，故需节制，所以卦名为"节"。节义为节制。君子制定法度来审议人们的德行。

初九"不出户庭"，意为知道当通则通、当塞则塞的道理。九二"不出门庭凶"，意为该出去而不出去失去时机则会有凶险。六三"不节"之"嗟"，又能怪罪谁呢？六四"安节之贞"，是说顺承中正之道。九五"甘节之吉"，意为适度节制是德行高尚的行为，因此感到甜美愉快，受到赞许。上六"苦节贞凶"，是说过分节制是穷困的节，这样的节没有意义。

象传·中孚

泽上有风，中孚。君子以议狱缓死。

初九"虞吉"，志未变也。"其子和之"，中心愿也。"或鼓或罢"，位不当也。"马匹亡"，绝类上也。"有孚挛如"，位正当也。"翰音登于天"，何可长也。

《象传》解读：中孚卦兑下巽上，兑为泽，巽为风。泽上有风，风施泽受，以虚受实，上下感应，故卦名"中孚"。中孚意思是内在诚信。狱者，恐其有虚中之实，故审议之，临行刑者，恐其有实中之虚，故缓之。君子用风感水受那样宽厚忠信的态度去审理牢狱案件，宽缓死刑。

初九"虞吉"，是诚信之德性未改变。九二"其子和之"，意为诚意相通，相互感应。六三"或鼓或罢"，意为胜利后士卒不顾军纪之严，尽情发泄激动之情。六四"马匹亡"，是因为断绝与同类的关系而靠近上层。九五"有孚挛如"，是说有诚信就会对他人有所牵挂，处于尊位，这种德性更为高尚。上九"翰音登于天"，这声音怎么能长久呢？

象传·小过

山上有雷，小过。君子以行过乎恭，丧过乎哀，用过乎俭。

"飞鸟以凶"，不可如何也。"不及其君"，臣不可过也。"从或戕之"，凶如何也？"弗过遇之"，位不当也。"往厉必戒"，终不可长也。"密云不雨"，已上也。"弗遇过之"，已亢也。

《象传》解读：小过卦艮下震上，艮为山，震为雷。雷越在高空震动声音越小，越在低处震动声音越响亮。雷震动在山上，较之在高空稍越过正常，故卦名为"小过"。君子行为要小过于恭顺，服丧要小过于哀伤，生活开支要小过于节俭。

初六"飞鸟以凶"，以飞鸟喻事物发展背离中道越远，矫枉归中就越困难，以至凶险，不知道该怎么办。六二"不及其君"，意为臣不可越过君尊上之位。九三"从或戕之"，凶险该当如何，实不可测。九四"弗过遇之"，是说位置不对，太过有风险，必须制止。"往厉必戒"，意为不戒最终不可能长久。六五"密云不雨"，是因为阴阳二气不相中和，阴气上升。上六"弗遇过之"，是说不制止太过的行为，是很危险的。

象传·既济

水在火上，既济。君子以思患而豫防之。

"曳其轮"，义无咎也。"七日得"，以中道也。"三年克之"，惫也。"终日戒"，有所疑也。"东邻杀牛"，不如西邻之时也。"实受其福"，吉大来也。"濡其首厉"，何可久也？

《象传》解读：既济卦离下坎上，离为火，坎为水。水在火上，水火相需为用，有济物之功，故卦名为"既济"。君子思虑潜伏的忧患而采取措施预防危机的发生。

初九"曳其轮"，意为自我控制则义无咎错。六二"七日得"，是因为走中正之道。九三"三年克之"，会导致极度疲劳。六四"终日戒"，是因为常疑祸难即将发生。九五"东邻杀牛"，意思是说祭品盛大，不如时机适宜时以薄小祭品祭祀好。"实受其福"，意为吉福宏大，源源不断。上六"濡其首厉"，怎么能长久呢？

象传·未济

火在水上，未济。君子以慎辨物居方。

"濡其尾"，亦不知极也。九二"贞吉"，中以行正也。"未济征凶"，位不当也。"贞吉悔亡"，志行也。"君子之光"，其晖吉也。"饮酒""濡首"，亦不知节也。

《象传》解读：未济卦坎下离上，坎为水，离为火。火在水上，二者不能相资为用，所以未能成功，故卦名为"未济"。君子以慎重的态度去分辨各种事物的不同点，由同而辨异，从而看到它们各居一方不相同的矛盾差异。

初六"濡其尾"，意为勇气有余而力不足，贸然前行，不知危险之大。九二"贞吉"，是因为行中正之道。六三"未济征凶"，是说事情尚未成功就要再出征是凶险的，原因是没有把自己摆在正当的位置上。九四"贞吉悔亡"，意为志向得到了实现。六五"君子之光"，意为取得了成功，光明而生辉，吉祥可知。上九"饮酒濡首"，原因是不知道节制。

系辞传（上）

　　《系辞传》是诠释《易经》的主要代表作。系有连续、继续、关联的意思。辞，即词、说。"系辞"即接着讲，也就是接着六十四卦卦爻辞讲下去。《系辞传》对《易经》的经文原理做了全面的说明和阐述，同时也对其进行了大量的发挥和扩展，阐发了许多《易经》文本中看不到的思想。《系辞传》是对《易经》的整体评说，是《易经》经文原理的通论，是一部具备完整思想体系的著作，是学易的必读之篇。相传为孔子所作，或以为是孔子与弟子讨论六十四卦及卦爻辞的记录。

　　《系辞传》以"一阴一阳之谓道"立论，说明任何事物都有两重性，肯定自然界的事物存在阴阳、动静、刚柔等相反属性，提出"刚柔相推而生变化""生生之谓易"的观点，认为相反事物的"相荡""相感"的相互作用是事物变化的普遍规律，是万物生成的源泉。提出"穷则变，变则通，通则久"即事物必须经过变革才有前途的观念，还阐释八卦来源、占筮方法、圣人四道、乾坤德性等等。《系辞传》对中国古代哲学的产生和发展具有重大影响，诸多哲学观点至今仍有其借鉴意义。

　　通行本《系辞传》分上下两部分，共二十章。创作年代有战国前中期说，有战国后期说，有秦汉说。

第一章

　　天尊地卑，乾坤定矣。卑高以陈，贵贱位矣。动静有常，刚柔断矣。方以类聚，物以群分，吉凶生矣。在天成象，在地成形，变化见矣。是故刚柔相摩，八卦相荡。鼓之以雷霆，润之以风雨，日月运行，一寒一暑。乾道成男，坤道成女。乾知大始，坤作成物。乾以易知，坤以简能。易则易知，简则易从。易知则有亲，易从则有功。有亲则可久，有功则可大。可久则贤人之德，可大则贤人之业。易简而天下之理得矣。天下之理得，而成位乎其中矣。

【注释】

尊：高。这里是说天阳气轻清在上，故为尊。　卑：下。地阴气浊重在下，故为卑。　陈：列。　荡：动。　方：事的意思。　乾知大始：其中的"知"犹主也。

《系辞》解读：宇宙之中，天至高无上，大地所处低下，乾卦和坤卦就是根据天高地低的自然现象确定其象征意义的。乾象征天、坤象征地的意义一经明确，天地万物贵贱之位也就确定了。天性为动、地性为静，都有其规律，据此可以断定事物的刚健与柔顺。万事以其类相聚，万物以其群相分，吉凶便于事物的同异中产生了。天的变化成象，地的变化成形，万物的变化也由象和形显现出来了。所以刚（阳爻）柔（阴爻）相互组合形成八卦，八卦相互重叠形成六十四卦。以雷霆鼓动，以风雨滋润，日月运行，寒暑交替。乾卦象征男性，坤卦象征女性，乾主万物之始，坤育万物生成。乾的特性是容易认知，坤的特性是简约不繁。易则容易认识，简约则容易顺从。容易为人所知，就会使人亲附，简约顺从就会建功立业。有亲附则可以长久，建功立业则可以壮大。可长久才是贤人的德性，壮大才是贤人的事业。容易理解并简约，则天下万物之理就可以掌握了，掌握了天下万物的道理，所有事物都建立在其中了。

《周易》就是在认识天下之理的基础上构建起来的。

第二章

圣人设卦观象，系辞焉而明吉凶。刚柔相推而生变化。是故吉凶者，失得之象也。悔吝者，忧虞之象也。变化者，进退之象也。刚柔者，昼夜之象也。六爻之动，三极之道也。是故，君子所居而安者，《易》之序也。所乐而玩者，爻之辞也。是故，君子居则观其象而玩其辞，动则观其变而玩其占。是以"自天佑之，吉，无不利"。

【注释】

吉凶：吉，善。凶，恶。　悔吝：悔恨和困难。　虞：忧虑。　三极：三才，即天、地、人。八卦有三画，上画为天，中画为人，下画为地，六爻三才，初和二处下为地，三四处中为人，五和上处上为天。居：静处。　安：依。　玩：玩味，揣摩。　乐：变。　序：指爻位。

《系辞》解读：圣人构建易卦，通过观察自然万物变化的现象和变化规律形成符号系统，之后系之卦爻辞以明示吉凶。阳刚阴柔相互推移而产生变化，所以卦爻辞中的"吉凶"为得失之象，"悔吝"为忧虞之象。由刚柔两爻的变化而产生的"吉凶""悔吝"等变化就是一进一退之象。阳刚阴柔为昼夜之象。每卦六爻的变动都含着上（天）中（人）下（地）所谓三才之道，所以君子处于《易》中卦爻的何种地位就安于那个地位。君子喜爱而揣摩卦爻辞所含之义，因此君子闲居时观察卦象，玩味其文辞，行动时则占得一卦，观察六爻刚柔之变化，玩味卦爻之占筮，审时度势以定进退，所以自有上天保佑，吉祥无所不利。

第三章

象者，言乎象者也。爻者，言乎变者也。吉凶者，言乎其失得也。悔吝者，言乎其小疵也。无咎者，善补过也。是故列贵贱者存乎位，齐小大者存乎卦，辩吉凶者存乎辞，忧悔吝者存乎介，震无咎者存乎悔。是故卦有小大，辞有险易。辞也者，各指其所之。《易》与天地准，故能弥纶天地之道。仰以观于天文，俯以察于地理，是故知幽明之故。原始反终，故知死生之说。

【注释】

弥纶：包络，笼盖。　　幽明：幽暗光明。　　原始返终：由事物的开始返归到事物的终结。

《系辞》解读：彖辞（卦辞）是依据卦象立言断事，爻辞是根据六爻刚柔变化而做的文字说明。卦爻辞中的"吉凶"是说明事物有得或有失。"悔吝"是用来表达事物有小疵，"无咎"用来表示善于改过自新的。所以贵贱之分看其所处的爻位。卦虽有阴阳、小大之别，但在判定其得失好坏上是均等的，小大、好坏要在卦中进行演判。辨别吉凶，存在于卦爻辞中。忧虑、悔恨、困难，存在于吉与凶之间。在震动中免于灾祸，在于能够戒惧，知道悔改。因此卦有阴阳、小大，辞有凶险恶言、平易善语。卦爻辞各指出人们行事时所往的方向。《易》以天地为准则，所以能与天地之道相包络、弥合。仰首以观天文即日月星辰的运行，俯首察看土地形态的变化，由此知晓幽明、阴阳变化的缘故，推原万事万物其所始，又复归其所终，因此便知生死之说不外乎阴阳变化的一合一离、由始而终的发展过程。

第四章

精气为物，游魂为变，是故知鬼神之情状。与天地相似，故不违。知周乎万物而道济天下，故不过。旁行而不流，乐天知命，故不忧。安土敦乎仁，故能爱。范围天地之化而不过，曲成万物而不遗，通乎昼夜之道而知，故神无方而《易》无体。一阴一阳之谓道，继之者善也，成之者性也。仁者见之谓之仁，知者见之谓之知，百姓日用而不知，故君子之道鲜矣。

【注释】

鬼神：指阴阳的屈伸、合离。鬼，归也。神，伸也。

《系辞》解读：阴阳之精气相互积聚而成万物，万物积聚到极点气散（游魂）导致物的变化，因此可知阴阳变化的情状，即知道阴阳变化的一屈一伸、一合一离的道理。《易》的道理与天地的规律相似，所以不违背自然天地万物的变化规律，遍知万物而以其阐发的阴阳变化规律去济助于天下，则没有过错。通晓《易》理的人应变旁通而无流弊，顺应天道，知晓性命之理，因而不会忧愁。安静如大地，敦厚以仁，故有爱心。《易》理囊括天地间的一切变化，而无所遗漏，通晓了昼夜循环变化的道理，就能够知道天下万物兴衰变化的规律。故阴阳变化没有穷尽，没有边界，而《周易》的变化之道没有固定的形体。一阴一阳的矛盾对立与统一就是"道"，秉承"道"，即秉承自然规律，就是善良美好的，事物生成是"道"的本质属性。仁者见"道"便称道为"仁"，智者见"道"便称道为"智"。百姓天天用此阴阳之"道"却不知什么是"道"，所以践行君子之道的就很稀少了。

第五章

显诸仁，藏诸用，鼓万物而不与圣人同忧，盛德大业至矣哉。富有之谓大业，日新之谓盛德，生生之谓易。成象之谓乾，效法之谓坤，极数知来之谓占，通变之谓事，阴阳不测之谓神。夫《易》，广矣大矣，以言乎远则不御，以言乎迩则静而正，以言乎天地之间则备矣。夫乾，其静也专，其动也直，是以大生焉。夫坤，其静也翕，其动也辟，是以广生焉。广大配天地，变通配四时，阴阳之义配日月，易简之善配至德。子曰：《易》其至矣乎？夫《易》，圣人所以崇德而广业也。知崇礼卑，崇效天，卑法地。天地设位，而《易》行乎其中矣。成性存存，道义之门。

【注释】

富有：无所不备。　日新：变化不息，日日增新。　御：止境。

迩：近。　翕：闭合。　辟：开。　至：大。　存存：存而又存。

《系辞》解读：《易》中的阴阳之道造生万物，其仁爱功德显现于外，具体行为却深藏起来。鼓动化育万物，无思远迹，寂然无情，不像圣人爱民治教那样有忧有迹，盛大的德性和业绩至极啊！无所不备而富有叫作大业，日新叫作盛德，生生不息叫作"易"，阴阳之道生成万物。乾主气，以气而成象的是"乾"，呈现变化万物的形体和功绩的是"坤"，运用蓍草和数字预知未来的叫作"占"，通达应变叫作"事"，阴阳变化不可测度叫作"神"（神速）。《周易》阐述的道理是多么宽广盛大啊！从远处说则没有止境边界，从近处说则安静而正大，它可以验证任何事物连自己也包括在内，从天地间说则无所不包，无所不备。乾象征天，静止时宁静专一，是一个封闭的整体，运动时它就呈现一个开放的实体，所以弘大产生了。坤象征地，静止时是闭合的，运动时是一个发散的实体，所以广大就从坤中产生了。《易》理之广大与天地之广大相匹配，变化通达与春夏秋冬四时相匹配，阴阳互为变化之义与日月相匹配。容易、简约的至善之理可以与天地至高无上的德性相匹配。孔子说：《易》道的境界是最高的境界，圣人遵循易道提高道德水平，扩大自己的功业，智慧崇高，礼仪谦卑，崇高效法天，谦卑效法地。天地设定位置，而《易》道运行其中，形成了万物的自然本性，这种本性恒久地存之又存，事物就进入了道义之门。

第六章

圣人有以见天下之赜，而拟诸其形容，象其物宜，是故谓之象。圣人有以见天下之动，而观其会通，以行其典礼。系辞焉以断其吉凶，是故谓之爻。言天下之至赜而不可恶也。言天下之至动而不可乱也。拟之而后言，议之而后动，拟议以成其变化。

"鸣鹤在阴，其子和之，我有好爵，吾与尔靡之。"子曰：君子居其室，出其言善，则千里之外应之，况其迩者乎？居其室，出其言不善，则千里之外违之，况其迩者乎？言出乎身，加乎民。行发乎迩，见乎远。言行，君子之枢机。枢机之发，荣辱之主也。言行，君子之所以动天地也，可不慎乎？

"同人先号咷而后笑。"子曰：君子之道，或出或处，或默或语。二人同心，其利断金。同心之言，其臭如兰。

"初六，藉用白茅，无咎。"子曰：苟错诸地而可矣。藉之用茅，何咎之有？慎之至也。夫茅之为物薄，而用可重也。慎斯术也以往，其无所失矣。

"劳谦，君子有终，吉。"子曰：劳而不伐，有功而不德，厚之至也。语以其功下人者也。德言盛，礼言恭。谦也者，致恭以存其位者也。

"亢龙有悔。"子曰：贵而无位，高而无民，贤人在下位而无辅，是以动而有悔也。

"不出户庭，无咎。"子曰：乱之所生也，则言语以为阶。君不密则失臣，臣不密则失身，几事不密则害成，是以君子慎密而不出也。

子曰：作《易》者其知盗乎？《易》曰："负且乘，致寇至。"负也者，小人之事也；乘也者，君子之器也。小人而乘君子之器，盗思夺之矣。上慢下暴，盗思伐之矣。慢藏诲盗，冶容诲淫。《易》曰："负且乘，致寇至。"盗之招也。

【注释】

赜：本义指口里说话杂乱，此指事物繁杂。　拟：比拟，模仿。　典礼：典章礼仪。　仪：仿效。　枢：户枢，即门轴。　机：弩机。　臭：通嗅，即气味。　伐：夸。　德：得。　几事：事情一开始。　密：缜密。　诲：诱使。

《系辞》解读：圣人因见天下事物幽深繁杂，从而比拟分类以模仿其容貌形状，比拟象征得很适宜，构建起由卦图爻画组成的易象系统，这就叫作"象"。圣人见天下事物的运动，从而观察它的阴阳会合交感、变通的规律，运用规律去指导人们制定典章制度、行为仪礼。对画出的阴阳符号附以文字说明称"系辞"，"系辞"以断什么是吉，什么是凶，这称作"爻"。虽说天下的事物十分繁杂但不会厌恶，虽说天下事物运动变化繁多但不去扰乱。有了卦象和爻之后，比拟卦象而后言，效仿而后行动，通过比拟效仿形成各卦的变化。

"鸣鹤在阴，其子和之，我有好爵，吾与尔靡之。"孔子说：君子住在家中说出善言，千里之外的人都响应，更何况近处的人呢？君子住在家中说出不善之言，千里之外的人都违抗，更何况近处的人呢？君子的话出于自身却影响到民众，行动发生在近处，影响显现于远处。言语和行动像户枢和弩机一样，户枢一动则门开，弩机一动则机发，户枢开动或出或不出，弩机发动或射中或不中，言语和行动关系一生的荣辱和兴亡。言行对于君子来说能够惊天动地，怎么能不慎重呢？

"同人先号咷而后笑。"孔子说：君子之道，或出行或居处，或沉默或言语。二人同心，其利断金。同心的语言，气味相投，芳香如兰。

"初六，藉用白茅，无咎。"孔子说：祭品直接放在地上也是可以的，何况用白茅铺垫上又有什么过错呢？真是慎重之至了。茅草作为一种植物虽然轻薄，但作用很重大，能谨慎地像用这样的礼仪行事，就不会有所失误了。

"劳谦，君子有终，吉。"孔子说：有劳苦而不求荣誉，有功而不自居，是仁厚之至了。这就是所说的有功劳能甘居人下。德讲究盛大，礼讲究恭敬，所谓谦就是以恭敬而保其禄位。

"亢龙有悔。"孔子说：尊贵而无适当的职位，高高在上而失去民众，贤人在下而无所辅助，所以一行动就有悔。

"不出户庭，无咎。"孔子说：祸乱的产生，是以言语为台阶的，君主不慎重，言语不缜密，则失去臣的信任。臣不慎重，言语不缜密，则招致杀身之祸。事情一开始不慎重，言语不缜密，会妨害事情的成功，所以君子谨慎缜密而不轻易发表意见。

孔子说：作《易》的人，大概很了解盗寇的心理吧！《易》说："负且乘，致寇至。"以肩负物，这是小人做的事情，车子是君子使用的器具，小人乘君子的车子，强盗才思谋来抢夺。处在上位者骄慢下民，而处下位者不肯忍受而逞暴施虐，盗寇就会乘机攻伐。懒于收藏财物，就会招致盗寇来抢；打扮妖艳，就会诱发淫者前来行奸。《易》说："负且乘，致寇至。"盗寇就是这样招来的。

第七章

大衍之数五十（有五），其用四十有九，分而为二以象两，挂一以象三，揲之以四，以象四时，归奇于扐以象闰。五岁再闰，故再扐而后挂。天一，地二，天三，地四，天五，地六，天七，地八，天九，地十。天数五，地数五，五位相得而各有合。天数二十有五，地数三十，凡天地之数五十有五。此所以成变化而行鬼神也。乾之策二百一十有六，坤之策百四十有四，凡三百有六十，当期之日。二篇之策，万有一千五百二十，当万物之数也。

是故四营而成《易》，十有八变而成卦。八卦而小成。引而伸之，触类而长之，天下之能事毕矣。显道神德行，是故可与酬酢，可与佑神矣。子曰：知变化之道者，其知神之所为乎！

【注释】

衍：演，即演算。　揲：取，数。此是说将左右手之策以四根为一组而数之，象征有"四时"。　奇：余，在分完左右手之后，每只手中策数必有余数，或一，或二，或三，或四，此就是奇。　扐：勒。将蓍草勒于指间。　闰：闰月。　挂：此指布卦之一爻。　策：古人称蓍草根数为

"策"，一根蓍草为一策。　当期之日：乾卦二十六策，坤卦二十四策（见"二篇之策"注释），乾卦六爻故六乘三十六得二百一十六策，坤卦六爻故六乘二十四得一百四十四策，乾、坤策之合为三百六十策，三百六十与一年约三百六十天相当，故曰"当期之日"。　二篇之策：指《易经》共上下两篇，六十四卦，三百八十四爻，阴阳爻各半，阳爻一百九十二，老阳之策是三十六（阳数九，用四时乘之得三十六）用三十策乘一百九十二共得六千九百一十二策。阴爻一百九十二，老阴之策是二十四（阴数六，用四时乘之得二十四）用二十四乘一百九十二共得四千六百零八策。六千九百一十二加四千六百零八策，共得一万一千五百二十策，这个数与所谓"万物"之数相当，即用它来象征天地间的万物。　四营：四求。指一爻的生成需经过四次演算才得出。（一）分二，（二）挂一，（三）揲四，（四）归奇于扐。共为四营。　小成：占卜演算时，十八变才成一卦，九变只是一半，故曰"小成"。　酬酢：古代一种宾主饮酒之礼。主人给客人斟酒为献，宾人为主人斟酒为酢，主人饮之又斟酒给客人为酬。先举为酢，答报为酬，这情景阳唱阴合，变化相配。阳往为酬，阴来为酢。

《系辞》解读：演算天地之数是五十五，实际用四十九根蓍草。将四十九根蓍草一分之二，以象征两仪，从右手蓍草中任取一根，置于左手小指间，以象征天、地、人三才，左右手中的蓍草分别以四根为一组数出来，象征四时，将左右手中剩余的蓍草归于左手的第三指与第四指之间，象征一年的闰月，因五年有二次闰月，所以再一次归余蓍草于左手中指间，而后经三变而成卦的一爻。天数即奇数，一、三、五、七、九，其和为二十五；地数即偶数，二、四、六、八、十，其和为三十。天数地数相和为五十五。以此数进行演算形成变化而问鬼神，讨教如何趋利避害。乾的卦策数为二百一十六，坤的策数为一百四十四，乾、坤策数合为三百六十，正好与一年约三百六十天相当。《易》上下两篇策数为一万一千五百二十，正好与所谓的"万物"数相当。经过四道程序的演算而成《易》

卦一爻，十八次变化而成一卦，九次变化可变化出三画卦的一卦，这叫作小成。就小成引申其义，将三画卦的八个卦重叠而成六十四卦，三百八十四爻，通过三百八十四爻的种种变化以反映天地间万事万物的变化，则天下之事皆无所遗漏了。彰显易道，神化德行，所以如行客主饮酒之礼那样对万物应对自如，可以佑助神灵了。孔子说：通晓阴阳变化之道的人，就知道神灵所做的事情吧！

第八章

《易》有圣人之道四焉：以言者尚其辞，以动者尚其变，以制器者尚其象，以卜筮者尚其占。是以君子将有为也，将有行也，问焉而以言，其受命也如响。无有远近幽深，遂知来物。非天下之至精，其孰能与于此。参伍以变，错综其数。通其变，遂成天地之文。极其数，遂定天下之象。非天下之至变，其孰能与于此。《易》无思也，无为也，寂然不动，感而遂通天下之故。非天下之至神，其孰能与于此。

夫《易》，圣人之所以极深而研几也。唯深也，故能通天下之志；唯几也，故能成天下之务；唯神也，故不疾而速，不行而至。子曰：《易》有圣人之道四焉者，此之谓也。

【注释】

辞：指卦爻辞。　研几：研尽其几微。

《系辞》解读：《易》中蕴涵着圣人之道四项内容：用来说理论事的崇尚卦爻辞，用以指导行动的崇尚卦变，用以制造器物的崇尚卦爻之象，用以卜筮预测的崇尚占问。所以君子要有所作为、有所行动时，求问于《易》，《易》则告诉你吉凶或如何行动，它受问而回答之快如声音之回响，无论远的近的、幽暗不明的还是深奥难懂的，未来的事物变化都能知道。若不是《易》为最精细微妙的，又有谁能做到这样呢？三五爻位的变化，错综蓍数而成卦。通达其变化，就可以成就天地万物的文采，极尽其蓍数，就可定天下万物之象，若不是《易》为最能揭示表现天下之极至变化的，又有谁能达到这样呢？《易》无思无为，寂然不动，通过感应能通晓天下万事万物之理。若不是《易》为天下最神奇之物，谁能做到这样呢？

《易》是圣人穷极了深奥的道理研究了极其细微的运动变化之作。因为深奥所以能晓天下的心志，因为微妙所以能成就天下的事物，因为神妙所以不急却极其迅速，没看到如何行动，已达到了目的。孔子说的：《易》中含圣人之道四条，指的就是这些。

第九章

子曰：夫《易》何为者也？夫《易》开物成务，冒天下之道，如斯而已者也。是故圣人以通天下之志，以定天下之业，以断天下之疑。是故蓍之德圆而神，卦之德方以知，六爻之义易以贡。圣人以此洗心，退藏于密，吉凶与民同患。神以知来，知以藏往，其孰能与此哉？古之聪明睿知神武而不杀者夫！是以明于天之道而察于民之故，是兴神物以前民用。圣人以此齐戒，以神明其德夫。是故阖户谓之坤，辟户谓之乾，一阖一辟谓之变，往来不穷谓之通。见乃谓之象，形乃谓之器，制而用之谓之法，利用出入民咸用之谓之神。

是故《易》有太极，是生两仪，两仪生四象，四象生八卦。八卦定吉凶，吉凶生大业。是故法象莫大乎天地，变通莫大乎四时，县象著明莫大乎日月，崇高莫大乎富贵，备物致用，立成器以为天下利，莫大乎圣人。探赜索隐，钩深致远，以定天下之吉凶，成天下之亹亹者，莫大乎蓍龟。是故天生神物，圣人则之。天地变化，圣人效之。天垂象见吉凶，圣人象之。河出《图》，洛出《书》，圣人则之。《易》有四象，所以示也。系辞焉，所以告也。定之以吉凶，所以断也。《易》曰："自天佑之，吉无不利。"子曰：佑者助也，天之所助者顺也。人之所助者信也。履信思乎顺，又以尚贤也。是以自天佑之，吉无不利也。

【注释】

太极：无所不包、浑沌未判的宇宙本原。　贡：告之。　密：净。齐戒：齐通斋。指古代祭祀前沐浴更衣，不饮酒不吃荤，不同房，以洁身心。　阖户：关门。　辟户：开门。　两仪：指阴阳。　四象：即老阳、少阳、老阴、少阴。　县：即悬。　钩深致远：钩取深奥，招致远大。钩，曲而取之。　亹亹（wěi）：勤勉不倦的样子，这里是勤勉向前的意思。

《系辞》解读：孔子说：《易》是本什么书呢？《易》提示事物本质，成就人们的事业，概括天下事物的规律，如此而已。所以圣人可以通天下人的心志，成就天下的事业，决断天下人的疑惑，因此蓍占所得在于效法天的圆，故能变化神妙，易卦所得在于效法地的方正故能隐藏智慧。六爻之义在于以其变易而告诉人们吉凶。圣人预先知道事物的发展，便净化心灵藏于净密之处，吉凶与庶民共同承担。神妙之处不仅可以预知未来，还能隐藏着过去的智慧，谁能达到如此地步啊？古代聪明睿智神武的人而不假杀伐以服人，明白天道而察访民事，兴创神物（占筮），先于民用之。圣人为此斋戒身心，向神表明他的道德。闭户叫作坤，开户叫作乾，一闭一开叫作变，往来没有穷尽叫作通，经过变化表现出的具体事物叫作象，从物象中取其形叫作器，裁制而用的叫作法，利用这些规律、法则就像每天开门关门进进出出一样，百姓却不懂得其中的道理，这就叫作神。

《易》有太极，太极生两仪，两仪生四象，四象生成八卦，八卦推断吉凶，吉凶一定，则足以断疑而能趋吉避凶，大业由此而生。万物皆有形象可以效法，而法象最大者莫过于天地，变通莫过于四季的运行，悬垂其象最彰明昭著者莫过于日月，崇高莫过于富贵，具备天下之物而致其用，创立成就器物以利天下之民，莫过于圣人。探究繁杂事物，求索细微深隐的道理，搞清深奥的规律以断定天下吉凶，使天下人勤勉做事，莫大于龟卜蓍占。所以大自然生成蓍龟，圣人取法之。天地的变化，圣人仿效之。天垂示日月星辰之象示吉凶，圣人效法它。黄河出《图》、洛河出《书》，圣人取其要点精华。《易》有老阳、少阳、老阴、少阴四象来告诉人们卦爻之义，系以卦爻辞，是用来告知人们事物变化中的吉凶。推断吉凶之因，趋利避害。《易》说："自天佑之，吉无不利。"孔子曰：佑，就是佑助，天所佑助的是顺从的，人所帮助的是诚信的。履行诚信，而思于顺天，又崇尚圣贤，所以"自天佑之，吉无不利"。

第十章

子曰：书不尽言，言不尽意。然则圣人之意，其不可见乎？子曰：圣人立象以尽意，设卦以尽情伪，系辞焉以尽其言，变而通之以尽利，鼓之舞之以尽神。乾坤，其《易》之缊邪？乾坤成列，而《易》立乎其中矣。乾坤毁，则无以见《易》。

《易》不可见，则乾坤或几乎息矣。是故形而上者谓之道，形而下者谓之器，化而裁之谓之变，推而行之谓之通，举而错之天下之民谓之事业。是故夫象，圣人有以见天下之赜，而拟诸其形容，象其物宜，是故谓之象。圣人有以见天下之动，而观其会通，以行其典礼，系辞焉以断其吉凶，是故谓之爻。极天下之赜者存乎卦，鼓天下之动者存乎辞，化而裁之存乎变，推而行之存乎通，神而明之存乎其人，默而成之，不言而信，存乎德行。

【注释】

情伪：实情虚伪。阴阳变化，而情伪在其中。　　缊：藏，此指渊源。

形而上：指超出形体，在形体以外，无形而不可见的，抽象的事物。

形而下：指没有超出形体，在形体以内，有形可见的具体的事物。　　举：

用，推。　错：通"措"，当训为置于、施加。

《系辞》解读：孔子说：文字不能完全表达语言，语言也不能完全表达思想。那么，圣人的思想就不可以完全表达了吗？孔子曰：圣人创立卦象以穷尽所要表达的思想，设置卦爻以穷尽事物的真伪虚实，用文辞以穷尽所要表达的语言。变化使事物通达，以穷尽万物之利，鼓舞（行著）以穷尽筮占的神妙。乾坤蕴藏着《易》的极其深奥精微的道理吧！乾坤两卦一列成，而《易》的全部内容就在其中了。乾坤两卦毁灭，则无法显现《易》之变易的思想。《易》的思想无法显现，则乾坤两卦也许止息了，所以在形体以外抽象的道理叫作道，在形体以内有形可见的事物叫作器。阴阳转化而裁制万物的叫作变，阴阳推移往来运动的叫作通，将《易》的道理推举施于天下民众的叫作事业。所以卦象是圣人看见天下事物繁杂，比拟事物的外部形状、容貌而设。象与物很相宜，所以叫作卦象。圣人见天下万物的变动，而观察其会合变通，以了解其运动规律，推行典章礼仪，系辞以推断吉凶，所以叫作爻。极尽天下繁杂事物依存于卦象，推动指导天下行动依存于卦辞，相互转化裁成万物依存于变，推移事物运动依存于通，掌握神妙易理而能明依存于人。《易》在默然中成就一切，不用言语就使人相信，是因为存有天地生生不息的品德。

系辞传（下）

第一章

八卦成列，象在其中矣。因而重之，爻在其中矣。刚柔相推，变在其中矣。系辞焉而命之，动在其中矣。吉凶悔吝者，生乎动者也。刚柔者，立本者也。变通者，趣时者也。吉凶者，贞胜者也。天地之道，贞观者也。日月之道，贞明者也。天下之动，贞夫一者也。夫乾，确然示人易矣。夫坤，隤然示人简矣。爻也者，效此者也。象也者，像此者也。爻象动乎内，吉凶见乎外，功业见乎变，圣人之情见乎辞。天地之大德曰生，圣人之大宝曰位，何以守位曰仁，何以聚人曰财，理财正辞禁民为非曰义。

【注释】

刚柔：阳爻为刚，阴爻为柔。　命：告也。　趣：趋。　贞：正。隤：下坠，地卑下故曰隤。　生：生育。　正辞：正定号令。

《系辞》解读：八卦排成序列，卦象就包含在其中了。三画的八卦相互重叠变为六画的六十四卦，三百八十四爻尽在其中。阴阳刚柔两种卦画互相推移往来交错，变化就包含在其中了。卦辞爻辞告之以吉凶，占者如何行动就包含在其中了。吉凶悔吝，产生于爻动。阳刚阴柔是立卦的根本。阴阳两爻相互变化而通达，是根据客观条件和时机进行的。吉凶常相胜，居于正位者胜，大地之道一阴一阳，谁居于正位，谁就显示出来。日月之道，谁居于正位谁就明亮。天下事物的运动都是如此，只有一个方面居于正位。乾示人以刚健则易而不难，坤示以柔顺谦卑则简而不繁。爻仿效于此，卦象形态也像这样。爻和象变动于卦内，或吉或凶则见之于卦外。建功立业在于知道这些变化而趋吉避凶。圣人的思想情感体现在卦辞爻辞之中。天地的大德叫作孕育万物，生生不息；圣人宝贵的东西叫作位，就是得到适当的位置；如何守住位，用仁德；用什么聚合众人，用财物；管理财物以生息万民。正定律文，禁止人为非作恶叫作义。

第二章

古者包牺氏之王天下也，仰则观象于天，俯则观法于地，观鸟兽之文，与地之宜，近取诸身，远取诸物，于是始作八卦。以通神明之德，以类万物之情。作结绳而为网罟，以佃以渔，盖取诸离。包牺氏没，神农氏作，斫木为耜，揉木为耒，耒耨之利，以教天下，盖取诸益。日中为市，致天下之民，聚天下之货，交易而退，各得其所，盖取诸噬嗑。神农氏没，黄帝、尧、舜氏作，通其变，使民不倦，神而化之，使民宜之。易穷则变，变则通，通则久。是以自天佑之，吉无不利。黄帝、尧、舜垂衣裳而天下治，盖取诸乾坤。刳木为舟，剡木为楫，舟楫之利，以济不通，致远以利天下，盖取诸涣。服牛乘马，引重致远，以利天下，盖取诸随。重门击柝，以待暴客，盖取诸豫。断木为杵，掘地为臼，杵臼之利，万民以济，盖取诸小过。弦木为弧，剡木为矢，弧矢之利，以威天下，盖取诸睽。上古穴居而野处，后世圣人易之以宫室，上栋下宇，以待风雨，盖取诸大壮。古之葬者，厚衣之以薪，葬之中野，不封不树，丧期无数。后世圣人易之以棺椁，盖取诸大过。上古结绳而治，后世圣人易之以书契，百官以治，万民以察，盖取诸夬。是故易者象也，象也者像也。

【注释】

包牺氏：即伏羲氏，传说中原始社会圣王，被称为三皇之一。　　德：解作性质。　　神：变化。　　网：取兽之用曰网。　　罟：也指网，取鱼之网曰罟。　　佃：取兽曰佃。　　渔：取鱼曰渔。　　刳：此指把木头凿空。析：巡夜敲击的木梆。　　暴客：盗寇。　　衣：依附。

《系辞》解读：远古包牺氏称王于天下，仰首观察天体的现象，俯身观察大地的运动规律，观察鸟兽的皮色花纹，以及适合于生长在大地上的一切自然物，近处取象于人的自身，远处取象于万物，于是开始创建八卦，通过八卦来反映万物变化的性质、规律，分类归纳万物的情态。包牺氏用结绳制作了捕鸟兽的网和捕鱼的罟，教导人们用网捕鸟兽，用罟捕鱼，大概是受到离卦的启发吧！包牺氏死后，神农氏成了君主，砍削木头制造犁头，用弯曲的木头制成犁柄，把用犁来耕地的好处，教给天下的百姓，大概是受到了益卦的启发吧！以中午时分作为交易买卖的时间，招致天下百姓，集聚天下的货物，相互交换而归，各自得到所需的物品，大概是受噬嗑卦的启发吧！神农氏死后，黄帝、尧、舜相继为君王，他们改变生产方式，使百姓不怠倦，这些变革使百姓很快地接受，并很快适应，《易》的基本思想法则是：在没有道路可走的时候就要实行变革，变革则能畅通，畅通就能长久，这就是所谓的"自天佑之，吉无不利"。自黄帝、尧、舜开始作上衣下裳，以此垂示上下尊卑之别，明君臣之序，从而天下大治，大概是受到乾坤两卦的启发吧！凿空树木做成舟船，砍削木材做成船桨，使用舟楫利于渡涉，到达远的地方，以利于天下，这大概是受到涣卦的启发吧！用牛马运输，负载重物到达很远的地方，以便利天下，这大概是受到随卦的启发吧！设置多重门道，打梆巡夜以防盗寇，这大概是受到豫卦的启发吧！断削木头制成舂米的杵，在石头上挖一个洞，当作舂米的臼，使万民受益，这大概是受到小过卦的启发吧！把弯曲木材加弦制成弓，把木头砍削成箭，弓箭的作用可以威慑天下，这大概是受到睽卦的启发吧！上古时候的人冬天在洞穴中居住，夏天住在野外，后世圣人教导人们建筑房屋，上有栋梁，下有椽檐，以防御风雨，这大概是受到大壮卦的启发吧！古时丧葬，只用薪草厚厚地裹覆，埋葬在荒野之中，不聚土造坟墓，不植树为标记，丧期也无定数，后世圣人教导人们改用棺椁下葬，大概是受到大过卦的启发吧！上古时代，人们以结绳的方法记载事情，管理天下事物，后世圣人创造了文字，改用书契文字的方式以管理天下事物，万民用以明察事物，这大概是受到夬卦的启发吧！所以《易》是讲卦象的，卦象取象万物不是绝对的象，只是相似而已。

本章节中说，几种古人生产生活中的发明和改进均是从不同的卦象中受到的启发而产生的，笔者认为有所不妥。

本章开头就明言道："古者包牺氏之王天下也，仰则观象于天，俯则观法于地，观鸟兽之文，与地之宜，近取诸身，远取诸物，于是始作八卦。"明确了包牺氏是通过观察天地万物并取之于万物的特性而创作八卦的。也就是说八卦来源于自然万物，来源于人类自身的生活、生产的实践活动，而不是相反。比如结绳为网罟以渔猎，怎么会是受到离卦卦象的启发呢？这样的解释是有意夸大《易》的意义和能量。

第三章

象者，材也。爻也者，效天下之动者也。是故吉凶生而悔吝著也。阳卦多阴，阴卦多阳。其故何也？阳卦奇，阴卦耦。其德行何也？阳一君而二民，君子之道也。阴二君而一民，小人之道也。

【注释】

象：象辞，即卦辞。　材：通裁，有裁断之义。　耦：通偶，偶数。

小人：这里指庶民百姓。

《系辞》解读：象辞（卦辞）是用来说明判断裁决全卦之义的。爻辞是效法天下万物错综变化运动的。因此吉凶产生了，悔吝也显出了，阳卦多阴爻，阴卦多阳爻，这是什么缘故呢？奇谓刚画，偶谓柔画。"多阴"之所以称阳卦，是因为阳卦一奇二偶，以一奇为主。"多阳"之所以称阴卦，是因为阴卦一偶二奇，以一偶为主。其卦的德行怎样呢？阳卦是一个君主两个臣民，是君子的组织体系；阴卦是两个君主一个臣民，是小人的组织体系。

第四章

《易》曰："憧憧往来，朋从尔思。"子曰：天下何思何虑？天下同归而殊涂，一致而百虑。天下何思何虑？日往则月来，月往则日来，日月相推而明生焉。寒往则暑来，暑往则寒来，寒暑相推而岁成焉。往者屈也，来者信也，屈信相感而利生焉。尺蠖之屈，以求信也。龙蛇之蛰，以存身也。精义入神，以致用也。利用安身，以崇德也。过此以往，未之或知也。穷神知化，德之盛也。

《易》曰："困于石，据于蒺藜，入于其宫，不见其妻，凶。"子曰：非所困而困焉，名必辱。非所据而据焉，身必危。既辱且危，死期将至，妻其可得见邪？

《易》曰："公用射隼于高墉之上，获之无不利。"子曰：隼者，禽也。弓矢者，器也。射之者，人也。君子藏器于身，待时而动，何不利之有？动而不括，是以出而有获。语成器而动者也。

子曰：小人不耻不仁，不畏不义，不见利不劝，不威不惩。小惩而大诫，此小人之福也。《易》曰："履校灭趾，无咎。"此之谓也。善不积不足以成名，恶不积不足以灭身。小人以小善为无益而弗为也，以小恶为无伤而弗去也。故恶积而不可掩，罪大而不可解。《易》曰："何校灭耳，凶。"

子曰：危者，安其位者也。亡者，保其存者也。乱者，有其治者也。是故君子安而不忘危，存而不忘亡，治而不忘乱，是以身安而国家可保也。《易》曰："其亡其亡，系于包桑。"

子曰：德薄而位尊，知小而谋大，力小而任重，鲜不及矣。《易》曰："鼎折足，覆公𫗧，其形渥，凶。"言不胜其任也。

子曰：知几其神乎！君子上交不谄，下交不渎，其知几乎？几者动之微，吉之先见者也。君子见几而作，不俟终日。《易》曰："介于石，不终日，贞吉。"介如石焉，宁用终日，断可识矣。君子知微知彰，知柔知刚，万夫之望。

子曰：颜氏之子，其殆庶几乎？有不善未尝不知，知之未尝复行也。《易》曰："不远复，无祗悔，元吉。"天地纲缊，万物化醇，男女构精，万物化生。《易》曰："三人行，则损一人。一人行则得其友。"言致一也。

子曰：君子安其身而后动，易其心而后语，定其交而后求。君子修此三者，故全也。危以动，则民不与也。惧以语，则民不应也。无交而求，则民不与也。莫之与，则伤之者至矣。《易》曰："莫益之，或击之。立心勿恒，凶。"

【注释】

涂：同途，即道路。　屈：消退。　信：通伸，进长。　尺蠖：一种昆虫。这种虫虫体细长，行动时先屈后伸。　蛰：潜藏。　穷神知化：穷尽神道，通晓变化。神，意为阴阳不测。化，变化。　括：阻滞，闭塞。这里是迟疑之义。　劝：勉。　校：古代木制刑具的统称。　何：即荷。

俟：等待。　殆：大概。　醇：厚。　庶：近。　祗：大。　纲缊：指气附着交感。

《系辞》解读：《易》爻辞："憧憧往来，朋从尔思。"对此孔子解释说：天下之事有什么可去思考和忧虑的呢？天下事物目标是一致的，而达到目标的道路各不相同，天下的道理是一致的，只是思考这些道理的方式却是千差万别的。天下之事有什么可去思考和忧虑的呢？日去则月来，月去则日来，日月交相推移，光明产生了。寒冬过去，酷暑则来到，酷暑过去，寒冬到来，寒暑交相推移而一年形成。往意味着屈缩，来意味着伸展，屈缩伸展相互感应功利就产生了。尺蠖屈缩，以求伸展，龙蛇蛰伏，以保其生命，精通义理达到神奇的境界，以致利于运用。利用所研学的知识安居其身，提高道德品质，经过这样的推论再往前探究，未知的东西或许可以成为知道的东西，穷极微妙之理，通晓变化之规律，是道德之盛极。

《易》曰："困于石，据于蒺藜，入于其宫，不见其妻，凶。"孔子说：不该遇到的困危却遇到了，其名誉必然受到羞辱。不该攀附的却偏偏去攀附，自身必然遭到危险。既受羞辱，又有危险，死期将至，妻子还能见到吗？

《易》曰："公用射隼于高墉之上，获之无不利。"孔子说：隼是一种猛禽，弓箭是射鸟的器具，射隼的是人。君子把利器藏在身上，等待时机成熟而行动，那有什么不利的？行动果断而不迟疑，所以出手就有收获，这就是说备全所用的器具才能行动。

孔子说：小人不知道羞耻，不知道仁义，不认为不义是可畏惧的事情，不见到功利不会勉励自己，不用刑律威严就不知道什么叫惩罚。受到小的惩罚才知道在大的事情上有所戒惧，这是小人的福气。《易》曰："履校灭趾，无咎。"说的就是这个道理。善事不积累，不足以成名；恶事不积累，不足以毁灭自身。小人认为小的善事无益而不去做，认为小的恶事没有害处而不去掉。所以恶行积累到无法掩盖，罪大恶极不可能脱，所以《易》曰："何校灭耳，凶。"

孔子说：知道危惧才能安居其位，不忘败亡才能保其存在，知道祸乱才能有治理的办法。所以君子居安不忘记危险，生存不忘败亡，大治时不忘祸乱，只有这样自身可以平安，国和家才可以保全。《易》曰："其亡其亡，系于包桑。"

孔子说：德行浅薄而位处尊贵，才智低下而图谋大事，力量微小而肩负重任，很少有不受惩罚的。《易》曰："鼎折足，覆公悚，其形渥，凶。"这是说能力不胜其任。

孔子说：能知晓事物精细之处的微妙关系，不是很神奇吗？君子与上相交不谄媚，与下相交不渎慢，这就是知晓事物的微妙变化。"几"是事物细微的变化，是吉最先的征兆。君子见几而行动，不等到终日。《易》曰："介于石，不终日，贞吉。"耿介如石，做事怎么会宁可等到一日之终呢？中正刚强之德断然明识了，君子知几微知彰著，知柔顺知刚健，万众仰慕。

孔子说：颜氏的儿子颜回，大概算得上道德近乎完美了吧！有不善的事未尝不知道，知道后未曾再犯。《易》曰："不远复，无祇悔，元吉。"

天地阴阳二气缠绵在一起，万物才化结凝固成形体，阴阳相宜，男女构精交合，万物化育衍生。《易》曰："三人行，则损一人，一人行则得其友。"说的是由二化而一，达到统一的道理。

孔子说：君子先安定自身后再行动，平易其心后再发表言论。先有交情后才有所求，君子做到了这三点就很全面了。冒险采取行动则民众不给予帮助，用恐惧的言论吓民众，民众不响应，不与民众交流而求助于民众，民众不会给予帮助。没有人给予帮助，则伤害的事情就来了。《易》曰："莫益之，或击之，立心勿恒，凶。"

第五章

子曰：乾坤其易之门邪？乾，阳物也；坤，阴物也。阴阳合德而刚柔有体，以体天地之撰，以通神明之德。其称名也杂而不越。于稽其类，其衰世之意邪。夫《易》，彰往而察来，而微显阐幽。开而当名辨物，正言断辞则备矣。其称名也小，其取类也大，其旨远，其辞文，其言曲而中，其事肆而隐。因贰以济民行，以明失得之报。

【注释】

阳物：三画皆为阳称阳物，三画皆为阴称阴物。　阴阳合德：德，德性，这里指性质。　撰：所为。　稽：考也。　彰往：彰明以往之事。察来：察知未来之事。　阐：明。　当名：名实相符。　曲：隐晦婉转。肆：直，正。　贰：疑也。

《系辞》解读：孔子说：乾卦和坤卦不是《易经》的门吗？乾为阳物，象征阳性的物质；坤为阴物，象征阴性的物质。阴阳交合其性质，产生了各具刚柔爻画的六十四卦的实体，用刚柔的变化去体现天地的作为，通晓神妙变化的性质、规律。卦的名称虽然复杂但不紊乱，并未超出天地的作为和神妙的变化规律。推考卦名各类，大概是衰世时人的意识吧！《易》彰明往事，察知未来之事，显现细微之事，阐发幽隐之机。开列出六十四卦的卦名，所命定的卦名无不恰当，通过卦名和卦象就可以辨别出它所代表的各类事物。正言（卦爻辞叙过的言辞）和断辞（指吉凶吝悔之断语）都已具备。卦的名称小，它所类比的事物广大，所寓含的旨意深远，卦爻辞很有文采，它的语言委婉隐晦无不切中事理，它论述事物既直接又隐晦。因百姓心有疑惑，处事不定，圣人设卦以帮助民众决疑行事，以明得失以及所带来的报应。

第六章

《易》之兴也，其于中古乎？作《易》者其有忧患乎？是故履，德之基也；谦，德之柄也；复，德之本也；恒，德之固也；损，德之修也；益，德之裕也；困，德之辨也；井，德之地也；巽，德之制也。履，和而至；谦，尊而光；复，小而辨于物；恒，杂而不厌；损，先难而后易；益，长裕而不设；困，穷而通；井，居其所而迁；巽，称而隐。履以和行，谦以制礼，复以自知，恒以一德，损以远害，益以兴利，困以寡怨，井以辨义，巽以行权。

【注释】

中古：指殷末周初。 损：减损之义。 益：增益之义。 制：有裁断之义。

《系辞》解读：《易经》的创作大概是中古殷商的晚期吧！创作《易经》的人，大概有忧患意识吧！所以履卦象征道德修养的基础。谦卦象征谦虚是道德修养的手柄，执持谦恭逊让不自满，德性不失。复卦象征恢复仁慈友爱的本性，是道德修养的根本。恒卦象征持事有恒，使道德修养得以巩固。损卦象征减损私欲自我克制，是道德修养的方法。益卦象征提高自我道德修养，使道德修养更加充裕。困卦象征经过困苦的考验，才能辨别出道德是否充实完善。井卦象征施恩服务于大众，是道德修养的目的和根本。巽卦象征行德如风，深入事物细微之处，遇事裁制无不合宜，所以巽是道德修养的裁制。履卦教人平和而履礼，达到理想境界。谦卦意为执礼谦恭得到尊重，道德修养日盛而光大。复卦意为微小却能识辨于物。恒卦意为恒久地守持善德本性，对繁杂的人情事物也不厌倦。损卦意为减损私欲，开始难，以后就容易了。益卦意为增益善念善行，其德性必长进而宽裕，无须侈张造作。困卦意为身处困境，但能克服困难至于通达。井卦意为井居其所不动，井水却出井而济民众。巽卦意为像风那样顺于事理，衡量事物的轻重，随宜断制却不见形迹。履以平和处事行事，谦用以制定礼仪。自知归善的本性，恒用以持守善德始终如一，损用以减损恶念私欲就会远离祸害，益用以增益善念善行则福应之利日兴，困用以守正不移少怨天尤人，井用以辨人与事物的义与不义，巽用以处理事物顺情合理、裁断公正公平无不合宜。

第七章

《易》之为书也，不可远，为道也屡迁，变动不居。周流六虚，上下无常，刚柔相易，不可为典要，唯变所适。其出入以度，外内使知惧，又明于忧患与故。无有师保，如临父母。初率其辞而揆其方，既有典常，苟非其人，道不虚行。

【注释】

适：往。 师保：古代负责教育、辅导贵族子弟学习的人。 揆：度。 方：方向。

《系辞》解读：《易经》这部书，不可疏远，它所讲的一阴一阳的"道"总是在不断变化，这种变化不受具体事物的制约，也不会停止。一卦中六个爻画普遍流行，有时上有时下，没有一定的规律，阳刚阴柔相互变易，交换位置，不可把它当作不变的法则而去认识它，所往唯变，变化是绝对的。一卦六爻，下体三爻称内卦，上体三爻称外卦，自内应外叫"出"，自外应内叫"入"。六爻的刚柔爻画一旦画成，就会出现当位不当位，相应不相应，成比不成比，这就是六位的阴阳对立统一的公式，这就是涉及内外两卦相应爻位一出一入的法度。凡当位、相应、成比，构成了统一关系则吉；不当位，不相应，不成比的则凶。所以说爻位的内外出入关系使人知道危惧，同时又使人明了忧患产生的原因。虽然没有师长在身边教育辅导，也如同当面领受父母教诲一样。初学之时，遵循卦爻而揆度其方向，最终能在无常的变化中体察到有不变的常法，在没有规则之中又有规则。如果不是真正明白阴阳变化之理，就不会明白易道不是空虚的，而是可以运用于行动中的。

第八章

《易》之为书也，原始要终，以为质也。六爻相杂，唯其时物也。其初难知，其上易知，本末也。初辞拟之，卒成之终。若夫杂物撰德，辨是与非，则非其中爻不备。噫！亦要存亡吉凶，则居可知矣。知者观其彖辞，则思过半矣。二与四同功而异位，其善不同，二多誉，四多惧，近也。柔之为道，不利远者，其要无咎，其用柔中也。三与五同功而异位，三多凶，五多功，贵贱之等也。其柔危，其刚胜邪？

【注释】

时物：指不同条件下的事物。 本末：指初爻和上爻。 辛成：事物最后形成。 杂物：指阴阳杂居。 撰：论述。 德：这里是"性质"的意思。

《系辞》解读：《易经》这部书，考察事物之所始，探求事物之所终。一卦的六个爻刚柔错杂，代表着一定时间条件下的具体事物。初爻为事物之开始，仅见初爻难知其全部，上爻为事物之终了，易知其全部。初爻、上爻为本末之两端。初爻之辞拟成事物开端，上爻之辞表达事物最后形成。若是论述刚柔相杂所代表的事物的德性，辨别其爻位关系正确与否，非有中间四爻不能完备。啊！若要推断预测生死祸福，安坐在家中通过推演卦爻象系辞就知道了。有智慧的人仅观卦辞就能把一卦之义理解一多半。二与四都是阴位，其功用相同，都是用来表示阴阳对立统一原理的一个侧面，但所处的位置不相同，所表示的吉善危厉就不同。二多有美誉之辞，这是因为二之阴位与五之阳位相应，且居下卦之中位。四多有危惧之辞，是因为四之阴位与五之阳位相比，处于近君之地（五为尊贵之位，君位），迫于君位不得自安。三与五功用相同，都是代表阳位，但所处的位置不同而有不同，三多有凶险之辞，这是因为三处于下卦的偏位，是卑贱的，所以多凶。五多有功绩之辞，这是因为五处于上卦之中位，在六位之中最尊贵，所以多功。三与五不同之辞，这是因为贵贱之位等差不同造成的。是不是所有的爻都是这样的呢？柔弱就一定危险，刚强就一定吉胜吗？不完全是这样的吧！

第九章

《易》之为书也，广大悉备，有天道焉，有人道焉，有地道焉。兼三才而两之，故六。六者非它也，三才之道也。道有变动，故曰爻。爻有等，故曰物。物相杂，故曰文。文不当，故吉凶生焉。

《易》之兴也，其当殷之末世，周之盛德邪？当文王与纣之事邪？是故其辞危，危者使平，易者使倾。其道甚大，百物不废，惧以终始，其要无咎。此之谓《易》之道也。

【注释】

不当：指阴爻居阳位、阳爻居阴位。　　不废：无所遗。

《系辞》解读：《易经》这部书，内容广大，无所不备。有天道，有人道，有地道，兼备天、地、人三才。一卦之中，初、二为地，三、四为人，五、上为天，故三才共六画。六画不是别的，而是象征三才之道。三才之道有运动变化，所以称之为"爻"。爻有阴柔、阳刚的差别和爻位的差别，所以叫作"物"。"物"（阴阳）相交错形成纹理，所以叫作"文"。"文"有当与不当的区别，所以吉凶由此产生。

《易经》的创作产生大概在商代末期、周代道德礼制隆盛发达的时候吗？当是周文王与纣王发生相搏之时吧！所以《易经》多有危惧之辞。危险反而化为平安，简单容易的事物反而倾覆。《易经》所蕴含的道理十分博大，万物皆在其中而无一遗弃，其中的危惧之诫语贯穿始终，其要点是知惧而避免咎害，这就是《易经》的道理。

第十章

夫乾，天下之至健也，德行恒易以知险。夫坤，天下之至顺也，德行恒简以知阻。能说诸心，能研诸侯之虑，定天下之吉凶，成天下之亹亹者。是故变化云为，吉事有祥，象事知器，占事知来。天地设位，圣人成能，人谋鬼谋，百姓与能。八卦以象告，爻彖以情言，刚柔杂居，而吉凶可见矣。变动以利言，吉凶以情迁。是故爱恶相攻而吉凶生，远近相取而悔吝生，情伪相感而利害生。凡《易》之情，近而不相得则凶，或害之，悔且吝。将叛者其辞惭，中心疑者其辞枝，吉人之辞寡，躁人之辞多，诬善之人其辞游，失其守者其辞屈。

【注释】

至健：乾纯阳故至健。　亹亹：勉也。　其辞枝：意为不肯定，说话模棱两可，不敢肯定。枝，歧也。

《系辞》解读：乾卦象征天下最刚健的属性，其品德和行为永远平易，能察知天下的险陷之事。坤卦象征天下最柔顺的属性，其品德和行为永远坚持简易原则，能察知天下艰难险阻之事。乾坤两卦能喜悦人心，能研判各种复杂事物和诸侯的忧虑，判定天下的吉凶，从而成就天下勤勉的人。所以变化如云雾而不迷乱，吉祥的事情事先就会出现征兆。仿照卦象可以制造器物，筮占可以预知未来。天地立位于上下，只能示人以一定客观自然规律，不能告诉人其中的道理和吉凶，圣人则成就天地之不能之事。人们遇事不能决疑，先须人来谋测，而后再占筮向鬼神求问，这样百姓也能参与谋事。八卦是以卦象显示吉凶的，卦辞爻辞以实情说明，刚柔爻画互相杂居，而吉凶可以显现。六爻的变动表明利害，吉凶依据爻位的实际情况而变迁。所以爱与恶相互攻击而吉凶生成，爻与爻位的远近取舍而悔恨、困难产生，真情与虚伪相互感应而利害生成。凡《易经》所论的人的天性，近处有所图求而不能得则有凶，或者有人来伤害，或者有悔恨、困难之事。将要背叛你的人说话会有内疚惭愧的表情，心中有疑虑的人说话支支吾吾、杂乱无章，有善德的人言辞很少，浮躁的人言辞很多，诬陷好人的人言辞浮游不定，丧失操守的人言辞邪曲不正。

文 言 传

　　《文言传》是专门诠释《易经》中乾、坤两卦卦爻辞的文字。梁武帝认为《文言传》是文王所制，司马迁、班固都认为《文言传》是孔子所作。

　　对"文言"二字之义古来众说不一：一、依文而言其理，故曰"文言"。二、乾坤为《易经》之门户，文说乾坤，六十二卦皆仿焉。三、因卦爻辞为文王所作，故曰"文言"。四、因乾坤德大故特文饰以为"文言"。五、单就卦爻辞而推衍之，故曰"文言"等。

乾 文 言

　　元者，善之长也。亨者，嘉之会也。利者，义之和也。贞者，事之干也。君子体仁足以长人，嘉会足以合礼，利物足以和义，贞固足以干事。君子行此四德者，故曰：乾：元、亨、利、贞。初九曰："潜龙勿用。"何谓也？子曰：龙德而隐者也，不易乎世，不成乎名，遁世无闷，不见是而无闷。乐则行之，忧则违之，确乎其不可拔，潜龙也。

　　九二曰："见龙在田，利见大人。"何谓也？子曰：龙德而正中者也。庸言之信，庸行之谨，闲邪存其诚，善世而不伐，德博而化。《易》曰："见龙在田，利见大人。"君德也。

九三曰："君子终日乾乾,夕惕若厉,无咎。"何谓也？子曰：君子进德修业。忠信,所以进德也。修辞立其诚,所以居业也。知至至之,可与几也。知终终之,可与存义也。是故居上位而不骄,在下位而不忧,故乾乾因其时而惕,虽危无咎矣。

九四曰："或跃在渊,无咎。"何谓也？子曰：上下无常,非为邪也,进退无恒,非离群也。君子进德修业,欲及时也,故无咎。

九五曰："飞龙在天,利见大人。"何谓也？子曰：同声相应,同气相求。水流湿,火就燥,云从龙,风从虎。圣人作而万物睹。本乎天者亲上,本乎地者亲下,则各从其类也。

上九曰："亢龙有悔。"何谓也？子曰：贵而无位,高而无民,贤人在下位而无辅,是以动而有悔也。

《文言》解读：元始,是善美的初生,居众美之首。亨通,是善美事物的聚合。有利,是因为处事得宜和于义。贞固,是做事的根本。君子体现仁德,足以成为人们的尊长。美好的事物聚合在一起,足以合乎礼仪。利益万物,足以和合于义。贞正固守,足以成就事业。君子行此四德,所以说：乾:元、亨、利、贞。

初九爻说："潜龙勿用。"这是什么意思呢？孔子说：有圣人才德的人隐居不出,不为世俗所改变,甘心隐退世外而不烦闷,不为世人所肯定也不烦闷。感到快乐的事情就去做,感到忧虑的事情就回避它,坚强而不可动摇,这就是"潜龙"。

九二爻说："见龙在田,利见大人。"这是什么意思呢？孔子说：有圣人才德的人是正而且中的,平常的言论能言而有信,平常的行为能谨慎从事,防止邪恶而保持诚信,为善于世而不自夸。品德广博能感化世俗,《易经》说"见龙在田,利见大人",说的就是君子的品德。

九三爻说："君子终日乾乾,夕惕若厉,无咎。"这是什么意思呢？孔子说：君子提高道德境界修营功绩事业，忠与信是提高道德境界的基础和前提条件，修饰自己的言辞树立诚实可靠的形象，这样才能建立积蓄功业，知道所要达到的目标而努力去达到，可以抓住机遇。知道该终止而终止，可以与道义常存。所以这样的人居上位而不骄傲，在下位而不忧愁，所以爻辞用"乾乾"来形容君子自强不息，根据时机保持警惕，虽处于危险困境中也不会有什么咎灾。

九四爻说："或跃在渊，无咎。"这是什么意思呢？孔子说：或上或下并不是固定的，上下都不能为邪恶的念头所驱使。或进或退，都不是永恒的，进退都不能脱离民众。君子提高自己的品德，促进自己的功业，条件具备之后要及时而动，所以才无咎灾。

九五爻说："飞龙在天，利见大人。"这是什么意思呢？孔子说：同一类的声音是相互呼应的，同一本质属性的生存气息是共通互求的。水向潮湿处渗透，火就干燥处燃烧，云从龙生，风由虎出。圣人有作为，天下万物都可以看到，本来就是产生于天的东西亲附于上，产生于地的东西亲附于下，这是同类相从的意思。

上九爻说："亢龙有悔。"这是什么意思呢？孔子说：高贵而没有应有的地位，高高在上而没有民众，贤人在下位而没有可以辅助的君王，所以若妄动就有悔恨。

"潜龙勿用"，下也。"见龙在田"，时舍也。"终日乾乾"，行事也。"或跃在渊"，自试也。"飞龙在天"，上治也。"亢龙有悔"，穷之灾也。乾元"用九"，天下治也。

"潜龙勿用"，阳气潜藏。"见龙在田"，天下文明。"终日乾乾"，与时偕行。"或跃在渊"，乾道乃革。"飞龙在天"，乃位乎天德。"亢龙有悔"，与时偕极。乾元"用九"，乃见天则。

"乾元"者，始而亨者也。"利贞"者，性情也。乾始能以美利利天下，不言所利，大矣哉！大哉乾乎！刚健中正，纯粹精也。六爻发挥，旁通情也。时乘六龙，以御天也。云行雨施，天下平也。君子以成德为行，日可见之行也。

"潜"之为言也，隐而未见，行而未成，是以君子弗用也。君子学以聚之，问以辩之，宽以居之，仁以行之。

《易》曰："见龙在田，利见大人。"君德也。

九三重刚而不中，上不在天，下不在田，故乾乾，因其时而惕，虽危无咎矣。

九四重刚而不中，上不在天，下不在田，中不在人，故或之。或之者，疑之也，故无咎。

夫大人者，与天地合其德，与日月合其明，与四时合其序，与鬼神合其吉凶。先天而天弗违，后天而奉天时。天且弗违，而况于人乎？况于鬼神乎？

亢之为言也，知进而不知退，知存而不知亡，知得而不知丧。其为圣人乎！知进退存亡而不失其正者，其唯圣人乎？

《文言》解读："潜龙勿用"，是因为地位卑下。"见龙在田"，处于这种时节就暂安于此。"终日乾乾"，是说君子勤勉做事。"或跃在渊"，是说自测知其深浅。"飞龙在天"，意为大德之人居上位治理天下。"亢龙有悔"，是说穷极则必有灾。乾元"用九"，是说用阴阳互变、乾坤对转的思想治理天下，天下就长治久安。

"潜龙勿用"，阳气潜藏于地下。"见龙在田"，天下出现光明。"终日乾乾"，随着天时而进。"或跃在渊"，天之道即将出现变革。"飞龙在天"，占据了具有天德的位置。"亢龙有悔"，与时运俱终极。乾元"用九"，阴阳二气互相移位是天道自然运行的法则。

卦辞"乾元"，是指万物始生之后繁茂而亨通。"利贞"，是万物的本质性情。乾天创始万物，施予最美善的利以利天下万物，却不言这是他给予天下万物的利，伟大啊！伟大的乾卦啊！刚健中正，纯粹精微！乾卦六爻变化发动，触类旁通，天下万物之情理，犹如驾乘六龙，顺时节以驾驭天下万物，兴云布雨，天下有序而太平。君子以成就道德修养为行动目标，每天都有道德修为的行动。"潜"的意思是隐藏还没有显现，行动作为的条件未成熟，所以君子暂时不能有所作为。

君子通过学习积聚自己的知识，质疑问难以明辨是非，涵养宽容使美善居于心中，以仁爱之心见之于行动之中。《易经》说"见龙在田，利见大人"，指的是君子的品德。

九三以阳爻相叠而不得中位，上不在天位，下不在地位，所以必须自强不息，因时势而戒惕，虽然处在危险的处境却没有灾祸。

九四以阳爻相叠而不得中位。上不在天位，下不在地位，人道之中，人下近于地，上远于天，而九四下远于地，上近于天，非人所处，所以中不在人的主位而偏位，爻辞用"或之"，就是疑惑不确定的意思，因疑惑而警惕，故无咎灾。

九五的"大人"与天地化育万物的德性相合，与日月合其光明而照耀四方，与春夏秋冬四时合其序而言语行为无偏差，与鬼神相合而断裁吉凶。先于天道自然规律而动，而天道的自然规律与大德之人相默契而不违背；后于天道自然规律而动，则顺奉天时。天道都不违背他，更何况人呢？更何况鬼神呢？

上九的"亢"字是说，只知道前进不知道退却，只知道生存而不知道灭亡，只知道获得而不知道丧失，这怎么能是圣人呢？知道进退存亡之理而不失正道，唯有圣人才能做到呢。

坤 文 言

坤，至柔而动也刚，至静而德方。后得主而有常，含万物而化光。坤道其顺乎，承天而时行。

积善之家必有余庆，积不善之家必有余殃。臣弑其君，子弑其父，非一朝一夕之故，其所由来者渐矣。由辩之不早辩也。《易》曰："履霜坚冰至。"盖言顺也。

直其正也，方其义也。君子敬以直内，义以方外，敬义立而德不孤。"直方大，不习无不利。"则不疑其所行也。

阴虽有美，含之以从王事，弗敢成也。地道也，妻道也，臣道也。地道无成而代有终也。

天地变化，草木蕃，天地闭，贤人隐。《易》曰："括囊，无咎无誉。"盖言谨也。

君子黄中通理，正位居体，美在其中，而畅于四支，发于事业，美之至也！

阴疑于阳必战，为其嫌于无阳也。故称龙焉。犹未离其类也，故称血焉。夫玄黄者，天地之杂也，天玄而地黄。

《文言》解读：坤极其柔顺，动则显示出它的刚强。它的特点极为安静，但是它承乾之施生成万物的德性流布于四方。以乾阳为主，随从其后生育万物而有永恒的常理，含藏孕育万物而使之化育广大。坤道多么柔顺啊！顺承天道依时而行。

修身积善的家族必然有许多福庆留给后代，积恶行的家族必然有许多祸殃留给子孙。大臣杀掉国君，儿子杀死父亲，并非一朝一夕所形成的，祸患的产生是逐渐积累而成。这些都是由于没有能早早地察觉。《易经》说："履霜坚冰至。"大概是强调阴险丑恶、危险隐患都是积小成大，顺其积累之势而成的。

六二爻中的"直"表示品行正直。"方"表示行为仁义。君子以恭敬之心使内心正直，用仁义之心规范外在的行为。恭敬与仁义一旦确立于心中，道德也就不孤立了。"直方大，不习无不利"，只要道德美好，就会对自己的行为没有疑惑了。阴柔虽有美好的品德，但要含藏不显露，跟从君王做事，不敢自居功名，这就是地道。妻道、臣道也是如此。地道没有成就功名，却代天道终结了养育万物之事。在天地阴阳变化之中，草木茂盛。天地闭塞，贤人隐退。《易经》说："括囊，无咎，无誉。"大概是说谨慎的道理。

六五爻"黄裳、元吉"，是说君子具有"黄"即中的品格，居中不偏，通达事理。处正当位置，美善存在于心中而通畅于四肢，发扬光大于事业，这可是美到极点了。

阴比之阳，势均力敌，必然发生战斗，坤有无阳之嫌，无龙不足以与阳战，故称"龙战于野"，然而又未曾离开阴的本质属性，故称"血"。"玄黄"是天地的杂色。天色为玄，地色为黄。

说 卦 传

《说卦传》是论说由八卦相重而为六十四卦的缘起，分析八卦取象的专著。

《说卦传》是所有易传中最为古老的篇章。主体说卦象的部分为战国中期或以前的作品，和《易经》并行而用，是具有工具书性质的筮法书籍。后汉代的儒生对其做了改编，加入了部分儒家易传的内容，被编入了儒家经典文献《易传》的"十翼"中，共分十一章。

对于《说卦传》中论述八卦卦象的内容，高亨《周易大传今注》认为：《说卦》之主要内容乃记叙八卦所象之事物。八卦基本卦象为："乾为天，坤为地，震为雷，巽为风，坎为水，离为火，艮为山，兑为泽。"后有引申卦象，如"乾为马，坤为牛，震为龙，巽为鸡，坎为豕，离为雉，艮为狗，兑为羊"等等。筮人可以由基本卦象触类旁通，灵活运用，甚至信口雌黄。《说卦》所记引申卦象，只是一家之言，不可专信。有的琐碎而无用，无助于解经，似也无助于占事，吾人解《易》必要时可越其藩篱。

学《说卦传》了解基本大概精神，重在取其对理解《易经》义理有帮助的部分。

第一章

昔者圣人之作《易》也，幽赞于神明而生蓍，参天两地而倚数，观变于阴阳而立卦，发挥于刚柔而生爻，和顺于道德而理于义，穷理尽性以至于命。

【注释】

幽：幽暗。　赞：佐助。　生蓍：创立揲蓍之法。　参天两地：即三天两地，三、二之和为五，意为取地数2、4、6、8、10五个偶数之和为30，取天数1、3、5、7、9五个奇数之和为25，奇数偶数之和为55，即大衍之数55。

《说卦》解读：古代圣人作《易经》，奇妙地得到神明的帮助而创制蓍法。以天数三与地数二为依据确立蓍数，观察阴阳的变化而确立了卦象，变动刚柔而产生了爻，和顺于阴阳之道、仁义之德而条理出卦中所蕴含的义理，穷尽了事理和人之性情，以至推及天命，即天下万物的生存规律。

第二章

昔者圣人之作《易》也，将以顺性命之理。是以立天之道曰阴与阳，立地之道曰柔与刚，立人之道曰仁与义。兼三才而两之，故《易》六画而成卦。分阴分阳，迭用柔刚，故《易》六位而成章。

《说卦》解读：古代圣人作《易经》将顺应天命人性的至理，所以确立了天之道为阴与阳，地之道为柔与刚，人之道为仁与义。仁者爱人主于柔，义者做事主于刚。用三画的八卦两两相重，因此《易经》六画而成一卦，其中每一个卦都包含了天、地、人三才。六画又分二、四、上为阴位，初、三、五为阳位，更迭使用柔刚，所以《易经》六爻六位的相互关系，就构成了《易经》的根本章法。

第三章

天地定位，山泽通气。雷风相薄，水火不相射，八卦相错。数往者顺，知来者逆，是故《易》逆数也。

【注释】

射：入。

《说卦》解读：天地确定上下的位置，山泽气息相通，雷风同声相应相迫而互不相入，水火不相入。八卦相互错叠成六十四卦。以数推算过去时顺，对过去的事容易了解认识，预知未来时逆，也就是说对未来的事则难以认识和预料，所以《易经》多来推演未来之事，是逆数。

第四章

雷以动之，风以散之，雨以润之，日以烜之，艮以止之，兑以说之，乾以君之，坤以藏之。

【注释】

动：鼓动。　烜：干的意思。　君：主。　藏：收藏。

《说卦》解读：雷震动使万物萌生；风吹拂万物，使之舒展伸开；雨滋润万物茁壮成长；日以照耀万物，使万物茂盛；艮以静止，使万物成熟；兑以愉悦，使万物光华喜悦；乾主始物，坤以成物收纳藏之。

第五章

帝出乎震，齐乎巽，相见乎离，致役乎坤，说言乎兑，战乎乾，劳乎坎，成言乎艮。万物出乎震，震东方也。齐乎巽，巽东南也。齐也者，言万物之絜齐也。离也者明也，万物皆相见，南方之卦也。圣人南面而听天下，向明而治，盖取诸此也。坤也者地也，万物皆致养焉，故曰致役乎坤。兑，正秋也，万物之所说也，故曰说言乎兑。战乎乾，乾，西北之卦也，言阴阳相薄也。坎者水也，正北方之卦也，劳卦也，万物之所归也，故曰劳乎坎。艮，东北之卦也，万物之所成终而所成始也，故曰成言乎艮。

【注释】

帝出乎震：帝，万物生机的主宰。后天八卦顺序从震卦开始，震卦方位为正东，于时为正春，春雷震动，万物萌发，故万物出生取决于震。齐乎巽：巽为风，方位在东南，万物由震而生出至巽位，风吹拂使万物舒展整齐。 相见乎离：离时为正夏，万物正值繁茂盛长之时，彼此能相互接触，故到离卦时万物互相可见。 致役乎坤：役，致，使之至也，即取到、得到。坤为地，方位在西南，于时为立秋，此时，万物皆从大地那里取得充足的养分，到了成熟期。 说言乎兑：说同悦。言，言语。兑，兑卦，为悦。万物喜悦在乎兑。 战乎乾：乾卦位于西北，于时为秋末冬初，万物由成熟走向枯老，阴气上升，阳气下降，此时为阴与阳的搏斗时期，故"战乎乾"。 劳乎坎：坎卦居正北，于时为冬，万物归藏于内而未息，故坎为劳。 成言乎艮：艮卦居东北，八卦至艮而终。从震卦居东为春天开始，至艮在东北为冬止，完成了一个周期过程。

《说卦》解读：万物的生机出于震位，万物生长整齐于巽位，显现于离位，得地滋养于坤位，欣悦于兑位，相接相转换于乾位，劳倦于坎位，成就终于艮位。万物生于震，因震象征东方。整齐于巽，因巽象征东南方。齐，是说万物整齐。离是光明的象征，因光明照耀万物皆相互显现。离居正南，是处南方的卦。圣人面南而坐施政于天下，向着光明方向治理天下，大概就是取于此义吧！坤，象征大地，万物都在大地养育下，所以说致养于坤。兑，象征正秋季节，万物因成熟而喜悦，所以说喜悦来自于兑。战乎乾，乾方居西北，说的是阴阳相迫。坎象征水，方位居正北方，是劳倦之卦，万物劳倦需归而休息，所以说疲劳于坎。艮，方位居东北，是东北之卦，万物在此完成它的终结，而又有新的开始，所以说，终成万物于艮。

第六章

神也者，妙万物而为言者也。动万物者莫疾乎雷，桡万物者莫疾乎风，燥万物者莫熯乎火，说万物者莫说乎泽，润万物者莫润乎水，终万物始万物者莫盛乎艮。故水火相逮，雷风不相悖。山泽通气，然后能变化，既成万物也。

【注释】

疾：急速。　桡：本指舟楫，此引申为散、吹拂。　盛：成。　逮：及，到。　勃：逆。　熯：焙，用极少的油煎。

《说卦》解读：所谓神，是指奇妙生成万物而言。催动万物没有比雷更疾速的，吹散万物没有比风更疾速的，干燥万物没有比火更炎热的，喜悦万物没有比泽更喜悦的，滋润万物没有比水更湿润的，成终万物催始万物没有比艮更盛美的。所以水火相和，雷风不相悖逆，山泽气息相通，然后才能发生变化而生成万物。

第七章

乾，健也。坤，顺也。震，动也。巽，入也。坎，陷也。离，丽也。艮，止也。兑，说也。

【注释】

丽：附丽，即附丽于物。

《说卦》解读：乾其性刚健，坤其性柔顺，震其性震动，巽其性深入，坎其性险陷，离其性附丽，艮其性静止，兑其性喜悦。

第八章

乾为马，坤为牛，震为龙，巽为鸡，坎为豕，离为雉，艮为狗，兑为羊。

《说卦》解读：乾象征马，坤象征牛，震象征龙，巽象征鸡，坎象征猪，离象征野鸡，艮象征狗，兑象征羊。

第九章

乾为首，坤为腹，震为足，巽为股，坎为耳，离为目，艮为手，兑为口。

《说卦》解读：乾象征头，坤象征肚子，震象征足，巽象征腿，坎象征耳朵，离象征眼睛，艮象征手，兑象征口。

第十章

乾，天也，故称乎父。坤，地也，故称乎母。震，一索而得男，故谓之长男。巽，一索而得女，故谓之长女。坎，再索而得男，故谓之中男。离，再索而得女，故谓之中女。艮，三索而得男，故谓之少男。兑，三索而得女，故谓之少女。

《说卦》解读：乾象征天，所以称它为父。坤象征地，所以称它为母。震卦是母卦向父卦初次求取一阳爻而成的卦，所以为长男。巽卦是父卦向母卦初次求取一阴爻而成的卦，所以为长女。坎卦是母卦向父卦第二次求取一个阳爻后而成的卦，所以称为中男。离卦是父卦向母卦第二次求得一个阴爻后而形成的卦，所以称为中女。艮卦是母卦向父卦第三次求得一个阳爻后产生的卦，所以称为少男。兑卦是父卦向母卦第三次求得一个阴爻后产生的卦，所以称为少女。

乾父　　坤母　　震长男　　巽长女

坎中男　离中女　艮少男　　兑少女

第十一章

乾为天、为圜、为君、为父、为玉、为金、为寒、为冰、为大赤、为良马、为老马、为瘠马、为驳马、为木果。坤为地、为母、为布、为釜、为吝啬、为均、为子母牛、为大舆、为文、为众、为柄，其于地也为黑。震为雷、为龙、为玄黄、为旉、为大涂、为长子、为决躁、为苍筤竹、为萑苇。其于马也，为善鸣、为馵足，为作足，为的颡。其于稼也，为反生。其究为健，为蕃鲜。巽为木、为风、为长女、为绳直、为工、为白、为长、为高、为进退、为不果、为臭。其于人也，为寡发、为广颡、为多白眼、为近利市三倍。其究为躁卦。

坎为水、为沟渎、为隐伏、为矫輮、为弓轮。其于人也，为加忧、为心病、为耳痛、为血卦、为赤。其于马也，为美脊、为亟心、为下首、为薄蹄、为曳。其于舆也，为多眚。为通、为月、为盗。其于木也，为坚多心。离为火、为日、为电、为中女、为甲胄、为戈兵。其于人也，为大腹，为干卦。为鳖、为蟹、为赢、为蚌、为龟。其于木也，为科上槁。艮为山、为径路、为小石、为门阙、为果蓏、为阍寺、为指、为狗、为鼠、为黔喙之属。其于木也，为坚多节。兑为泽、为少女、为巫、为口舌、为毁折、为附决。其于地也，为刚卤。为妾、为羊。

【注释】

驳马：毛色不纯的马。　布：布帛。　文：万物相杂。　柄：本，万物以地为本之义。　玄黄：天地之杂色。天为玄色，地为黄色。　敷：花的通名。　大涂：大道。　苍筤：青色。　萑苇：指荻与芦苇。　馵：马后左蹄白。　作足：指马四足奔腾。　的颡：这里指白色额头的马。的，白。颡，额。　反生：指豆之类作物戴甲而出。震阴在阳上，阳在下动，故为反生。　蕃鲜：草木蕃育而鲜明。　寡发：头发稀少。　广颡：前额宽阔。　近利市三倍：将近从集中获得三倍之利。　躁卦：指震卦。

渎：沟。　矫輮：使曲者变直为矫，使直变曲为輮。　弓轮：弓为弓箭的弓，轮为车轮，二者为矫輮而成。　血卦：人体有血如地有水，故坎为血卦。　曳：引拖。　眚：眼生病，这里指灾难。　科：木中空易折为科。　槁：枯槁。　果蓏：指桃梨瓜果。　阍寺：指掌管王宫门禁之人。　黔喙：食肉之兽。　　刚卤：指坚硬而含咸质。

《说卦》解读：乾卦象征天，象征圆形，象征君主，象征父亲，象征美玉，象征金属，象征寒冷，象征冰冻，象征大红色，象征好马，象征老马，象征瘦马，象征杂色的马，象征树上的果实。

坤卦象征地，象征布帛，象征釜锅，象征吝啬鬼，象征平均，象征小母牛，象征大车，象征文采，象征众多，象征手柄，象征地上的黑色。

震卦象征雷，象征龙，象征天地杂交的玄黄颜色，象征将要开的花，象征大路，象征长子，象征跳动，象征青翠茂盛的竹子，象征芦苇。对于马来说，象征马善嘶叫，象征后左脚白色的马，象征快速奔跑的马，象征白额头的马。对于庄稼而言，象征反生禾。终究是健壮、茂盛、新鲜的卦象。

巽卦象征木，象征风，象征长女，象征准绳，象征工匠，象征白色，象征长度，象征高度，象征进退，象征不果断，象征气味。对于人而言，象征秃顶头发少，象征额头宽，象征白多黑少的眼睛，象征做买卖得到近三倍的利润。终究是急躁的卦象。

坎卦象征水，象征沟渠，象征隐蔽埋伏，象征矫曲而揉直，象征弓箭、轮盘。对于人而言，象征忧愁，象征心病，象征耳朵痛，为血的卦象象征红色。对于马而言，象征脊背美的马，象征心中烦躁的马，象征低着头的马，象征马蹄磨破了的马，象征蹩脚的马。对于车而言，象征多毛病的车。象征通达，象征月亮，象征盗贼，象征木质美丽、坚硬。

离卦象征火，象征太阳，象征闪电，象征中女，象征甲壳，象征武器，对于人而言象征大肚皮，象征干燥，象征鳖、蟹、螺、蚌、龟等有坚硬的外壳生物。象征腐木枯枝。

艮卦象征山，象征山间小路，象征小石头，象征门阀，象征果实，象征守门的宦官，象征手指，象征狗，象征老鼠，象征黑嘴巴的动物。对于木而言，象征多节坚硬的木材。

兑卦象征泽，象征少女，象征巫师，象征口舌，象征毁灭摧残，象征附决。对于地而言，象征盐碱地。象征妾，象征羔羊。

序 卦 传

　　《序卦传》是对通行本六十四卦卦名与卦义之间的联系和区别进行阐述，从而对六十四卦的排列次序进行诠释的专论。

　　《序卦传》从天地万物的生长说起，说明乾坤两卦居于六十四卦首位的缘由，然后以万物生长的过程、事物变化的因果关系，以及物极必反、相克相生的运动规律等，对六十四爻卦的排列次序加以解说。但这种试图将六十四卦建立起因果关系链的方式，难免陷入以偏概全的误区，并不能完全反映六十四卦卦序的原本思想。对于两卦之间联系的诠释有的也略显牵强。尽管如此，《序卦传》反映了作者的宇宙观、社会观、家庭观等思想，这些思想夹杂于论述六十四卦前后卦次序的逻辑关系中，仍然值得我们研究与挖掘。而且《序卦传》对于我们学习《易经》的六十四卦有着直接的指导和引导的意义。

　　《序卦传》的作者及创作年代众说纷纭，或言为孔子所作，或言出于汉代，或言成于秦汉之间，并无定论。对《序卦传》的理解，笔者已在六十四卦每卦卦首做了讨论。

　　有天地，然后万物生焉。盈天地之间者唯万物，故受之以屯。屯者，盈也。屯者，物之始生也。物生必蒙，故受之以蒙。蒙者，蒙也，物之稚也。物稚不可不养也，故受之以需。需者，饮食之道也。饮食必有讼，故受之以讼。讼必有众起，故受之以师。师者，众也。众必有所比，故受之以比。比者，比也。比必有所畜，故受之以小畜。物畜然后有礼，故受之以履。履者，礼也。履而泰然后安，故受之以泰。泰者，通也。物不可以终通，故受之以否。物不可以终否，故受之以同人。与人同者，物必归焉，故受之以大有。有大者，不可以盈，故受之以谦。有大而能谦，必豫，故受之以豫。豫必有随，故受之以随。以喜随人者必有事，故受之以蛊。蛊者，事也。有事而后可大，故受之以临。临者，大也。物大然后可观，故受之以观。可观而后有所合，故受之以噬嗑。嗑者，合也。物不可以苟合而已，故受之以贲。贲者，饰也。致饰然后亨则尽矣，故受之以剥。剥者，剥也。物不可以终尽剥，穷上反下，故受之以复。复则不妄矣，故受之以无妄。有无妄然后可畜，故受之以大畜。物畜然后可养，故受之以颐。颐者，养也。不养则不可动，故受之以大过。物不可以终过，故受之以坎。坎者，陷也。陷必有所丽，故受之以离。离者，丽也。

《序卦》解读：乾卦象征天，坤卦象征地。有了天地，万物产生了。充满天地之间的只有万物，故乾坤后编排了屯卦。屯，表示盈满，表示万物开始生长。万物生长之初必然处于蒙昧之中，所以屯卦后面编排了蒙卦。蒙，蒙昧，是指万物幼稚。万物幼稚不可不养育，所以在蒙卦之后是需卦。需，是人生存的饮食需要，饮食必会引起争夺诉讼，所以继之以讼。争讼必然会将众人激起，所以讼卦之后继之以师卦。师，聚众。人众必有一股亲和力，所以继之以比。比，从众亲附的意思。亲附必须要积聚人力、物力，所以比卦之后是小畜卦。当人力财物积蓄到一定程度，就必须用礼仪进行节制，所以小畜卦后编排履卦。履礼而泰和然后民安，所以继履卦之后是泰卦。泰，亨通。万物不会永远亨通，所以继泰卦之后是否卦。万物不可以永远闭塞，所以继否卦之后是同人卦。与人同仁，万物归顺，所以继同人卦之后是大有卦。大有财富不可盈满，所以继大有卦后是谦卦。有大的财富而能谦逊必定安乐，所以继谦卦之后是豫卦。安乐必定有人随从，所以继豫卦之后是随卦。追随必定有事可为，所以继随卦之后是蛊卦。蛊，有事业可为。有事业可为必能建立大的功业，所以继蛊卦之后是临卦。临，盛大。事业盛大后必然可观，所以临之后是观卦。有了可观的事业，人们就会向往融合，所以继观卦后是噬嗑卦。嗑是合的意思。事物不可以随意迎合，所以继噬嗑卦后是贲卦。贲为文饰。文饰虽亨通，但过分则会失去事物的本质而导致通达穷尽，因此继贲卦之后是剥卦。剥，剥落。万物不可能总是剥落，剥落穷尽必复返于下，所以继剥卦之后是复卦。复归人的本性就不会妄行，所以继复卦之后是无妄卦。只有不妄动，万物才会有大的积蓄，所以无妄卦后是大畜卦。财物有大的积蓄，才可以颐养，所以继大畜卦后是颐卦。颐，养育。不颐养则不能有所作为，所以继颐卦之后是大过。万物不会总处在过的状态，所以继大过卦之后是坎卦。坎，险陷。险陷必定附着于美丽的事物上，所以继坎卦之后是离卦。离，附丽。

有天地然后有万物，有万物然后有男女，有男女然后有夫妇，有夫妇然后有父子，有父子然后有君臣，有君臣然后有上下，有上下然后礼义有所错。夫妇之道不可以不久也，故受之以恒。恒者，久也。物不可以久居其所，故受之以遁。遁者，退也。物不可以终遁，故受之以大壮。物不可以终壮，故受之以晋。晋者，进也。进必有所伤，故受之以明夷。夷者，伤也。伤于外者必反于家，故受之以家人。家道穷必乖，故受之以睽。睽者，乖也。乖必有难，故受之以蹇。蹇者，难也。物不可以终难，故受之以解。解者，缓也。缓必有所失，故受之以损。损而不已必益，故受之以益。益而不已必决，故受之以夬。夬者，决也。决必有所遇，故受之以姤。姤者，遇也。物相遇而后聚，故受之以萃。萃者，聚也。聚而上者谓之升，故受之以升。升而不已必困，故受之以困。困乎上者必反下，故受之以井。井道不可不革，故受之以革。革物者莫若鼎，故受之以鼎。主器者莫若长子，故受之以震。震者，动也。物不可以终动，止之，故受之以艮。艮者，止也。物不可以终止，故受之以渐。渐者，进也。进必有所归，故受之以归妹。得其所归者必大，故受之以丰。丰者，大也。穷大者必失其居，故受之以旅。旅而无所容，故受之以巽。巽者，入也。入而后说之，故受之以兑。兑者，说也。说而后散之，故受之以涣。

涣者，离也。物不可以终离，故受之以节。节而信之，故受之以中孚。有其信者必行之，故受之以小过。有过物者必济，故受之以既济。物不可穷也，故受之以未济。终焉。

《序卦》解读：有天地然后才有万物，有万物然后有男女，有男女然后才能匹配夫妇，有夫妇然后才产生父子关系，有父子关系然后才有君臣之别，有君臣之别然后有上下等级之分，有上下等级之分然后礼仪才有所设置。这一段论述男女、夫妇、父子、君臣关系，这些关系无一不是由"感"即相互感应而产生，所以这里论述的是咸卦的意义。夫妇之间的关系不可以不长久，继咸卦之后所以设以恒卦。恒，长久。事物不可以长久地保持一种状态，所以继恒卦之后是遁卦。遁是隐退、退避的意思。事物不可以永远退避，所以继遁卦之后是大壮卦。事物不可以长久盛壮，所以继大壮卦之后是晋卦。晋，是上进的意思。上进必遭伤害，所以继晋卦之后是明夷卦。夷是伤害、损伤的意思。在外遭受伤害必然回到家中休养生息，所以继明夷卦后是家人卦。家道穷困必定是因为有背离差错之事，所以继家人卦之后是睽卦。睽，是乖离、背离的意思。乖离、背离必定带来险难，所以继睽卦之后是蹇卦。蹇，是险难的意思。事物不可以始终有险难，所以继蹇卦之后是解卦。解是缓解之意。缓解必有所损失，所以继解卦之后是损卦。不停地损失必走向反面转而增益，所以继损卦之后是益卦。不断充盈增益必会决去，所以继益卦之后是夬卦。夬，是决去的意思。决去必定有所交遇，所以继夬卦之后是姤卦。姤，是交遇的意思。万物相遇之后则会相聚，所以继姤卦之后是萃卦。萃，是会聚的意思。会聚之后就会有上者，上者谓之升，所以继萃卦之后是升卦。不断地上升，必定在上升过程中遇到困难，所以继升卦之后是困卦。穷困到至极必反下，所以继困卦之后是井卦。井的使用和养护不可不变革，所以继井卦之后是革卦。改变诸物的性质莫过于鼎，所以继革卦之后是鼎卦。主管鼎器的人莫过于长子，所以继鼎卦之后是震卦。震，是震动。事物不可以始终震动，应当有所抑止，所以继震卦之后是艮卦。艮，是止的意思。事物不可以永久停止，所以继艮卦之后是渐卦。渐是渐进的意思。进必有所归处，所以继渐卦之后是归妹卦。得到所归的人和事必定盛大，所以继归妹卦之后是丰卦。丰，是盛大的意思。盛大至极必会失去居所，所以继丰卦之后是旅卦。旅者无处容身，所以继旅卦之后是巽卦。巽，意为入。能进入适合的住所会感到愉悦，所以继巽卦之后是兑卦。兑，是欢悦。欢悦后必然分散，所以继兑卦之后是涣卦。涣，是涣散、离散的意思。万物不可以长久离散，所以继涣卦之后是节卦。有节制必然诚信，所以继节卦之后是中孚卦。有诚信必然有所行动，所以继中孚卦之后是小过卦。有超过普通事物的能力的人就有可能成功，因此继小过卦之后是既济卦。事物不可以穷极，所以继既济卦之后是未济卦。六十四卦至此结束。

杂卦传

《杂卦传》是所谓《十翼》之一。《杂卦传》将六十四卦分为三十二对，两两一组，一正一反，用一两个字解释卦名的含义和特点及两个卦之间的相互关系。因为六十四卦卦名的排列顺序与通行六十四卦的顺序不同，是交杂而列的，所以称之为《杂卦传》。

《杂卦传》有助于更精准地理解六十四卦的义理，是学习《周易》不可或缺的读本。

乾刚坤柔，比乐师忧。临、观之义，或与或求。屯见而不失其居，蒙杂而著。震，起也。艮，止也。损、益，盛衰之始也。大畜，时也。无妄，灾也。萃聚而升不来也。谦轻而豫怠也。噬嗑，食也。贲，无色也。兑见而巽伏也。随，无故也。蛊则饬也。剥，烂也。复，反也。晋，昼也。明夷，诛也。井通而困相遇也。咸，速也。恒，久也。涣，离也。节，止也。解，缓也。蹇，难也。睽，外也。家人，内也。否、泰，反其类也。大壮则止，遁则退也。大有，众也。同人，亲也。革，去故也。鼎，取新也。小过，过也。中孚，信也。丰，多故也。亲寡旅也。离上而坎下也。小畜，寡也。履，不处也。需，不进也。讼，不亲也。大过，颠也。姤，遇也，柔遇刚也。渐，女归待男行也。颐，养正也。既济，定也。归妹，女之终也。未济，男之穷也。

夬，决也，刚决柔也，君子道长，小人道忧也。

《杂卦》解读：乾象征着刚健而坤象征着柔顺，比象征着欢乐而师象征着忧愁。临、观的义旨，或是施予，或是索求。屯象征着初生显现而各居其所，蒙错杂而昭著。震为起，艮为止。损、益象征着盛旺、衰微的开始。大畜因时蓄积，无妄防备意想不到的灾祸。萃聚集而升不返回，谦轻己（尊人）而豫懈怠。噬嗑为食用，贲为无色。兑喜悦外观而巽（进入）而隐伏。随不应拘系于故旧可见，蛊（有事）则整治。剥为剥烂，复为返回正道。晋，白昼的太阳在上升，明夷（光明）受伤。井通达而困则阻塞。咸指感应神速，恒乃长久。涣为离散。节为节止。解为缓解。蹇为险难。睽（乖异）而在外，家人（和睦）而在内。否与泰，是两个相反的事类。大壮是壮而停止，遁则因时而隐退。大有象征着众多。同人，象征着亲附。革去除故旧，鼎取其新义。小过稍有越中。中孚为诚信。丰象征着家业丰大而多故旧之亲。旅象征着少亲。离火炎上而坎水流下。小畜积蓄得少。履不停止。需（待时）而不躁进。讼纷争而不亲。大过为颠覆。姤为交通，柔与刚相交遇。渐女子出嫁等待男人礼毕才能成行。颐养正。既济乃成功。归妹，女子最终的归宿。未济，指男子穷困于事业。夬为决去，刚决去柔。象征君子的人生道路宽长，而小人的人生道路狭窄。

附：学习参考书目

《易学百科全书》　上海辞书出版社 2018 年。

《周易大传今注》　高亨著，齐鲁书社 2009 年。

《周易古经今注》　高亨著，清华大学出版社 2010 年。

《周易古经通说》　高亨著，中华书局 1958 年。

《白话易经》　邓球柏著，岳麓书社 1993 年。

《周易全书》　郑红峰主编，光明日报出版社 2016 年。

《乐天知命》　傅佩荣著，东方出版社 2018 年。

《易经系传别讲》　南怀瑾著述，复旦大学出版社 2018 年。

《周易正义》　［唐］孔颖达撰，北京大学出版社 2017 年。

《周易概论》　刘大钧著，巴蜀书社 2016 年。

《易经杂说》　南怀瑾著述，复旦大学出版社 2018 年。

《易经》　王辉编著，云南人民出版社 2018 年。

《周易全解》　金景芳、吕绍纲著，华东师范大学出版社 2019 年。

《白话易经》　郑同著，华龄出版社 2012 年。

《周易注疏》　［魏］王弼、［晋］韩康伯注，［唐］孔颖达疏，［唐］陆德明音义，中央编译出版社 2013 年。

《周易程传注评》　黄忠天著，花山文艺出版社 2016 年。

《周易入门》　曹胜高、刘银昌著，中华书局 2017 年。

《周易卦爻辞新解》　许钦彬著，齐鲁书社 2008 年。

《周易》　黄寿祺、张善文译注，上海古籍出版社 2007 年。

《易经的智慧》　曾仕强著，陕西师范大学出版社 2014 年。

《周易译注》　周振甫译注，中华书局 2018 年。

《周易今注今译》　陈鼓应、赵建伟注译，商务印书馆 2016 年。

《周易》　杨天才译注，中华书局 2016 年。

《帛书周易注译》　张立文著，中州古籍出版社 2008 年。

《名家批注周易》　北京联合出版公司 2015 年。